# Эмпирическая оценка ВЫЖИВАЕМОСТИ КОМПАНИЙ В РОССИИ

## Региональный обзор за 1991–2014 гг.

Евгений Кузьмин

УДК 311.42
ББК 65.051
JEL Y10, E32

**Кузьмин, Е. А.** Эмпирическая оценка выживаемости компаний в России: региональный обзор за 1991–2014 гг. / Е. А. Кузьмин. – North Charleston, USA : CreateSpace, 2017. – 95,[5] с.

Материалы издания основаны на результатах научно-исследовательского проекта «Эмпирическое исследование корпоративной демографии в России: структурные изменения, кризисы и жизненный цикл» (№ 16-02-18009), поддержанного Российским гуманитарным научным фондом (РГНФ).

В работе приведены данные об уровне выживаемости компаний в России за основной период 1991–2014 гг. и факультативный период 1987–1990 гг. Методика исследования основана на перекрестном объединении различных формальных периодов жизни компаний (юридического и финансово-хозяйственного), которое позволяет говорить об условно-активном времени существования компании с рядом допущений. Результаты эмпирического исследования сгруппированы по регионам России и отраслям (в настоящем издании не приводятся), а также обобщены в единой базе для проведения анализа жизненного цикла компаний и выживаемости, поиска зависимостей в отклонениях по расчетным параметрам. Работа призвана восполнить фактологический пробел различных фундаментальных исследований, затрагивающих изучение жизненного цикла компаний в России, в отсутствии достаточной официальной статистической базы. Данные представляют интерес для анализа предпринимательской активности в России, определения институционального и инфраструктурного обеспеченности, оценки степени развитости рынка, и рисков создания новых компаний в сложившихся условиях ведения бизнеса. Результаты могут быть использованы для измерения риска ведения бизнеса в России за период наблюдений в разрезе регионов и отраслей, а также при оценке благоприятствования условий для создания бизнеса.

Редактирование и набор текста авторами, 1-е издание: декабрь 2016 (обновления – сентябрь 2017).

8.5" x 11" (21.59 x 27.94 cm)
Уч.-изд. л. 4,0. Печ. л. 6,5.
Отпечатано в США. Издательство CreateSpace Independent Publishing Platform
CreateSpace
4900 LaCross Road
North Charleston, SC 29406
USA

1. Уровень выживаемости компаний–Россия. 2. Жизненный цикл. 3. Бизнес-демография–Россия. 4. Регионы России. 5. Продолжительность периода жизни компаний–Россия. 6. Стойкость выживаемости.

# СОДЕРЖАНИЕ

# ВВЕДЕНИЕ

Конкурентные преимущества любого экономического агента формируются под воздействием множества разнообразных факторов. Функционируя в открытой стохастической системе, экономические субъекты все чаще взаимодействуют с внешней средой, которая в современных условиях играет весомую роль в подверженности предприятий различным рискам. Априорная обусловленность рисков и неопределенности в организационно-экономических системах подчеркивает важность проблематики эффективного управления, в котором нивелирование угроз позволяет следовать оптимальной стратегии и траектории развития.

Безусловно, оптимальная траектория развития достигается тогда и только тогда, когда выбор основополагающих условий хозяйствования, вместе с моментом начала деятельности, является верным. Выбор вида экономической деятельности и места реализации является выбором, который сложно, а порой невозможно изменить. Его предупреждение, основанное на взвешенной политике, позволит устранить отраслевое и региональное воздействие. Основополагающие условия формируют первооснову проявления рисков, задают тон будущих флуктуационный колебаний. Но проблема реализации эффективного управления не замыкается на восприятии рисков и неопределенности. Условия окружения также претерпевают изменения, указывая на необходимость изучения закономерностей смены деструктивных периодов, при которых состояние внешней среды проецируется на внутренние процессы, как в прочем и наоборот. Это взаимно обуславливающая реакция связывается с деловыми или жизненными циклами, без исследования которых управление рисками будет заложником ошибочной апперцепции, когда уровни допустимого и приемлемого риска статичны в своей динамике, что, конечно же, не так. Именно поэтому управление рисками должно рассматриваться в неразрывной связке с жизненным циклом.

Учитывая, что и количество, и качество «воздействия рисков меняется в течение жизненного цикла»[1], становится целесообразным обратиться к данной концепции. Адаптация организационно-экономических систем в условиях, когда неопределенность только усиливается, приводит к возникновению «мягких» моделей управления, в которых жизненный цикл выступает в качестве эталонной структурообразующей конструкции. Подтверждение тому можно найти в исследовании A. Molina, J.M. Sánchez и A. Kusiak[2], которые справедливо указывают, что в настоящее время «большая срочность в проектировании [организаций] для окружающей среды… [приводит] к необходимости всесторонней и надежной оценки жизненного цикла».

Жизненный цикл в самом общем понимании является кумулятивной характеристикой противоречивых на первый взгляд тенденций протекания внутренних и внешних процессов, которые в действительности проявляют самоорганизацию в последовательном балансировании. В противном случае организационно-экономическая система, а вместе с ней и хозяйствующие субъекты, под гнетом прогрессирующих дисбалансов несовершенства экономического механизма были бы обречены на саморазрушение.

Следование траектории развития связывается с вопросом циклических спадов и подъемов, которые при прочих равных условиях являются нормальными. Традиционно считается, что жизненный цикл конкретного экономического агента не повторяется со временем и представляет собой конечную последовательность стадий или фаз развития. Однако практически не существует моделей, где в качестве критерия определения той или иной фазы принимался бы один качественный или количественных индикатор. Во всех моделях эти индикаторы комплексные и чаще всего дополнят друг друга. В итоге отождествление жизненного состояния экономического агента с определенной стадией или фазой развития является очень сложной задачей.

В данном ключе и построено настоящее исследование, в котором на фоне проблемы неустранимости воздействия неопределенности и рисков, адаптации экономических субъектов к нестабильности среды, ставятся и решаются ряд частных научных задач, позволяющих приоткрыть завесу над вопросом формирования эффективного управления с учетом жизненного цикла, который наиболее отчетливо проявляется в динамике уровня выживаемости компаний. Эмпирическое исследование корпоративной демографии призвано укрепить методологию, дать твердую основу к аргументированному анализу тенденций институционального воздействия на компании в их отраслевом и региональном распределении.

[1] Atef M. A-Moneim Risk Assessment and Risk Management. Pathways to Higher Education. Cairo, 2005.
[2] Molina A., Sánchez J.M., Kusiak A. Handbook of Life Cycle Engineering: Concepts, Models and Technologies. Springer, 1999. P. 445.

# МЕТОДИЧЕСКИЙ ПОДХОД

*Цель работы* заключается в развитии методического инструментария оценки и анализа показателей корпоративной демографии (демографии организаций) путем проведения эмпирического исследования с 1991 г. по настоящее время (2014/2015 гг.) с факультативным охватом периода 1987–1990 гг. Концепция исследования заключается в получении новых данных, позволяющих комплексно охарактеризовать и конкретизировать жизненный цикл экономических субъектов (предприятий и организаций) в дифференциации их отраслевого и регионального распределения.

*Научная проблема*, на решение которой направлен исследовательский проект, заключается в недостаточной проработке отдельных теоретических и прикладных аспектов отождествления этапов жизненного цикла, нехватки официальных статистических данных для проведения анализа уровня выживаемости компаний России. В условиях неопределенности проблемой любого предприятия или организации становится поиск подхода, руководствуясь которым становится возможным обеспечить устойчивость и безопасность развития. При этом государство заинтересовано в создании такой институциональной среды, которая была бы в силах сформировать у экономических субъектов достаточные самоорганизационные способности, навыки и умения выживать под воздействием внешней напряженности и риска. Однако, выявление таких способностей, их оценка и анализ, ограничены весьма скудными исследованиями лишь небольшого количества предприятий, притом эти исследования носят субъективный характер, поскольку изучают качественное отношение предприятий к внешней среде, персональное (индивидуальное) восприятие рисков и неопределенности, которые в действительности не подкреплены значимыми данными (как например, средний возраст компаний в России по выборке Г.В. Широковой составляет 19,2 года[1] в 2006 г., через 10 лет в 2016 г. – 7,8 года[2]; по другим работам А.А. Шамрай в 2010 г. средний возраст компаний был 7,1 года[3]). Условия внешнего окружения экономических субъектов перманентно изменяются, указывая на необходимость изучения закономерностей смены деструктивных периодов, при которых состояние среды проецируется на внутренние процессы, как в прочем и наоборот. Это взаимно обуславливающая реакция связывается с деловыми или жизненными циклами, без исследования которых управление как научное направление будет заложником ошибочной апперцепции. И именно поэтому настоящий проект направлен на получение новых знаний и сведений, позволяющих достоверным образом охарактеризовать, проанализировать и оценить тенденции корпоративной практики в России.

*Актуальность научной проблемы* определяется эвристическим потенциалом использования «мягких» моделей управления, которые приходят на смену «жестким» подходам менеджмента. Развитие мягкого управления распространённо связывается с исследованием концепции жизненного цикла. Характерные особенности стадий или фаз цикла сказываются на подходах к управлению, где цикл выступает в качестве эталонной структурообразующей конструкции. Стоит отметить, что в российской научном практике отсутствуют примеры масштабных эмпирических работ по определению стадий циклического развития, выживаемости хозяйствующих субъектов и оценки их приверженности к риску и неопределенности. Эти и другие предпосылки во многом определили актуальность исследования.

*Фактологическую базу* эмпирического исследования составляют первичные отчетные сведения предприятий, собранные и систематизированные в рамках научно-исследовательского проекта. Проведение исследования подразумевает рассмотрение записей СтатРегистре и реестра юридических лиц с последующим уточнением выбранных классификационных критериев сортировки, в том числе по территориальному и отраслевому признаку.

*Теоретическая значимость* проекта состоит в нивелировании имеющих место методологических пробелов и существенном дополнении фактологической базы исследований жизненного цикла предприятий и организаций.

---

[1] Широкова Г.В., Меркурьева И.С., Серова О.Ю. Особенности формирования жизненных циклов российских компаний (эмпирический анализ) // Российский журнал менеджмента. 2006. Т. 4, № 3. С. 3–26.

[2] Иввонен Л.А., Широкова Г.В. Стратегическое предпринимательство: сущность и основные направления исследований // Вестник Санкт-Петербургского университета. Серия 8: Менеджмент. 2016. № 4. С. 21–53.

[3] Жизненный цикл малого предприятия / под общ. ред. А.А. Шамрая. М.: Фонд «Либеральная миссия», 2010.

*Прикладная значимость* проекта заключается в использовании полученных результатов для устранения или некоторого сглаживания угроз развития кризисных явлений в экономике, создании инструментария проектирования и моделирования будущего развития, отличающегося меньшей восприимчивостью к неопределенности и рискам.

*Эмпирическое исследование* направлено на первичный сбор сведений о компаниях независимо от их размера по выручке или численности персонала с соблюдением принципа случайной выборки с достижением целевого уровня охвата до 10 000 организаций для одного региона по каждому году обследования с повторами (между годами). В случае если компаний было менее 10 000, то принимались все доступные данные. Для генеральной совокупности и выборки рассматривались только те компании, которые были включены в СтатРегистр на год их создания (по сведениям Федеральной службы государственной статистики Российской Федерации). Источником первичной информации о регистрационных данных компаний и их финансовых отчетах является сетевое издание «СПАРК-Интерфакс»[1]. Выборка производилась без учета признака «действующая» компания. На момент обобщения данных и формирования сводного реестра за год повторы исключались. Эмпирическое исследование проведено по случайной выборке со средним количеством наблюдений без повторов (количеством компаний) за каждый год обследования в размере 75 958 (минимально 24 236, максимально 126 953). Фактическая предельная средняя ошибка $\Delta p$ составила 2,24% с достоверностью результатов 99%.

Охват эмпирического исследования позволил включить объекты различных организационно-правовых форм, ориентированные на рынок и предоставление услуг:

а) юридических лиц, являющихся коммерческими корпоративными организациями (широко);

б) юридических лиц, являющихся некоммерческими корпоративными организациями (узко);

в) организаций, созданных без прав юридического лица (узко);

г) международных организаций, осуществляющих деятельность на территории России (узко);

д) юридических лиц, являющихся коммерческими унитарными организациями (узко);

е) юридических лиц, являющихся некоммерческими унитарными организациями (узко).

В выборку не вошли организационно-правовые формы деятельности физических лиц (индивидуальных предпринимателей) за исключением нескольких ранних периодов оценки, но в усеченном виде. Для сохранения унифицированности базы данных региональная структура объектов закреплена в исследовании в формате до изменений, вступивших в юридическую силу в 2014 г. (за недостаточностью данных для репрезентативной выборки в издании ответствуют сведения по Республике Крым и г. Севастополь).

В исследовании обеспечено покрытие почти всех видов экономической деятельности, ориентированных на рынок, согласно классификатору, за исключением Деятельности экстерриториальных организаций и органов, а также Деятельности недифференцированная частных домашних хозяйств по производству товаров и предоставлению услуг для собственного потребления.

*Отличительной особенностью эмпирического исследования* является авторский подход, который позволяет скорректировать период функционирования компании до рамок *условно-активного промежутка времени*, в течение которого организации проявляют признаки ведения финансово-хозяйственной деятельности. Здесь стоит отметить, что не редки случаи, когда компании существуют в номинальном виде без ведения операций, что искажает истинную картину для оценки общей выживаемости компаний и длительности жизненного цикла.

Суть подхода заключается в перекрестном объединении двух периодов: 1) период юридической жизни компании от момента регистрации до момента ликвидации; 2) период финансово-хозяйственной деятельности, который в рамках исследования определяется исходя из предоставленных финансовых отчетов компаний. Приоритет для определения длительности устанавливался по левой границе – для года регистрации компании, по правой границе – для последнего года финансового отчета. Такое объединение требует проверки на наличие технических ошибок (как например, когда год начала больше года окончания – такие ошибки встречались для компаний, для которых в информационной системе был неверно указан год создания). Получение выборки с 1987–1991 гг. по 1998 г. стало результатом допущения, так как финансовые отчеты компаний были предоставлены только с 1999 г. Допущение предполагает, что компании, созданные в период 1987–1998 гг., продолжают свою деятельность если имеется подтверждение, что в 1999 г. и позже они проводили финансовые операции. Это допущение также создает белое поле в оценке выживаемости компаний до 1999 года, однако это не мешает проведению комплексного анализа для периода $T + 1$ и выше с временным лагом. Ретроспективное объединение позволяет значительно расширить горизонт исследования до 17 лет.

---

[1] Сетевое издание «Информационный ресурс СПАРК» / Информационное агентство «Интерфакс». URL: http://www.spark-interfax.ru.

В издании приведены данные о выживаемости компаний России за 1991–2014 гг. (2015 г. принимается как финальный год для проведения расчетов). В эмпирическом исследовании за счет широкого горизонта охвата удалось получить расчетные значения до $T + 23$ по основной выборке и до $T + 27$ включая факультативную выборку за период с 1987 по 1990 г. Группировка результатов проводилась по трем направлениям: 1) общие данные без учета признаков [данные не представлены в издании[1]]; 2) данные в разрезе видов экономической деятельности (согласно ОКВЭД) [данные не представлены в издании[1]]; 3) данные в разрезе распределения компаний по регионам страны.

К основным расчетным параметрам эмпирического исследования относятся сведения о количестве вновь созданных компаний; естественная убыль вновь созданных компаний (нарастающим итогом и по каждому году); удельный уровень выживаемости компаний; скорректированная и нескорректированная продолжительность жизни. Дополнительно оценивается стойкость компаний каждого года (в значении показателя как удельного фактического времени жизни по отношению к максимально возможной продолжительности существования компании для данного периода), а также средняя продолжительность периода жизни компаний по годам их создания и в целом по выборке за все время наблюдений.

Издание свободно от личного мнения автора и аналитических заключений относительно полученных результатов, что позволяет исследователям независимо интерпретировать данные.

---

[1] Доступ реализуется по запросу через Институт экономики УрО РАН (г. Екатеринбург, Россия) или Уральский государственный экономический университет (г. Екатеринбург, Россия).

Таблица 1.01 – Выживаемость компаний Дальневосточного федерального округа за период 1991–2014 гг., %* (скорректировано)

| Т+ | 1991 | 1992 | 1993 | 1994 | 1995 | 1996 | 1997 | 1998 | 1999 | 2000 | 2001 | 2002 | 2003 | 2004 | 2005 | 2006 | 2007 | 2008 | 2009 | 2010 | 2011 | 2012 | 2013 | 2014 |
|---|---|---|---|---|---|---|---|---|---|---|---|---|---|---|---|---|---|---|---|---|---|---|---|---|
| 0 |  |  |  |  |  |  |  |  | 94,3 | 92,4 | 91,9 | 87,1 | 87,5 | 88,9 | 91,2 | 93,8 | 92,7 | 92,7 | 94,9 | 94,1 | 95,9 | 95,7 | 90,8 | 87,5 |
| 1 |  |  |  |  |  |  |  | 89,0 | 82,2 | 78,6 | 73,5 | 69,6 | 73,7 | 76,4 | 81,5 | 85,2 | 82,4 | 85,2 | 86,2 | 86,7 | 88,3 | 80,5 | 71,8 |  |
| 2 |  |  |  |  |  |  | 87,6 | 78,4 | 70,1 | 61,9 | 59,9 | 58,9 | 64,6 | 68,5 | 73,9 | 78,5 | 75,6 | 78,3 | 80,5 | 79,8 | 73,7 | 63,2 |  |  |
| 3 |  |  |  |  |  | 88,3 | 76,3 | 68,1 | 56,4 | 51,6 | 50,9 | 51,6 | 58,4 | 61,8 | 67,8 | 73,8 | 70,5 | 73,8 | 74,6 | 67,6 | 59,7 |  |  |  |
| 4 |  |  |  |  | 87,2 | 77,6 | 67,3 | 54,7 | 48,2 | 44,3 | 44,8 | 46,8 | 53,3 | 57,0 | 64,2 | 69,5 | 66,6 | 69,6 | 65,1 | 56,3 |  |  |  |  |
| 5 |  |  |  | 90,3 | 77,6 | 67,9 | 56,2 | 46,7 | 42,3 | 39,2 | 40,4 | 42,0 | 49,0 | 53,4 | 59,8 | 65,6 | 63,0 | 61,0 | 54,2 |  |  |  |  |  |
| 6 |  |  | 91,6 | 82,0 | 68,5 | 56,1 | 48,6 | 42,3 | 38,5 | 36,3 | 37,0 | 38,7 | 46,5 | 50,5 | 57,7 | 62,4 | 55,5 | 51,6 |  |  |  |  |  |  |
| 7 |  | 90,9 | 83,3 | 73,7 | 56,3 | 48,6 | 42,4 | 38,6 | 35,7 | 33,3 | 34,6 | 36,5 | 43,8 | 48,7 | 55,4 | 56,5 | 47,0 |  |  |  |  |  |  |  |
| 8 | 91,3 | 83,3 | 74,1 | 62,8 | 49,7 | 43,6 | 38,7 | 35,9 | 32,9 | 30,8 | 32,4 | 34,1 | 42,1 | 46,8 | 50,3 | 49,1 |  |  |  |  |  |  |  |  |
| 9 | 84,7 | 74,8 | 63,5 | 56,0 | 44,5 | 39,5 | 35,8 | 33,4 | 30,7 | 29,1 | 30,4 | 32,7 | 40,6 | 42,5 | 44,2 |  |  |  |  |  |  |  |  |  |
| 10 | 75,9 | 64,2 | 55,9 | 50,5 | 41,1 | 37,0 | 33,2 | 31,3 | 29,1 | 27,5 | 29,3 | 31,5 | 37,1 | 37,3 |  |  |  |  |  |  |  |  |  |  |
| 11 | 64,3 | 57,1 | 51,3 | 46,4 | 38,8 | 34,7 | 30,9 | 29,5 | 27,8 | 26,5 | 28,4 | 28,6 | 32,6 |  |  |  |  |  |  |  |  |  |  |  |
| 12 | 58,0 | 52,2 | 47,3 | 43,1 | 36,5 | 32,8 | 29,5 | 28,1 | 26,7 | 25,4 | 25,7 | 25,3 |  |  |  |  |  |  |  |  |  |  |  |  |
| 13 | 54,0 | 47,3 | 44,2 | 39,8 | 35,1 | 31,1 | 27,7 | 27,4 | 25,9 | 23,2 | 22,3 |  |  |  |  |  |  |  |  |  |  |  |  |  |
| 14 | 49,0 | 44,1 | 40,9 | 37,2 | 33,6 | 29,3 | 26,7 | 26,7 | 24,2 | 20,5 |  |  |  |  |  |  |  |  |  |  |  |  |  |  |
| 15 | 46,0 | 41,5 | 38,9 | 35,7 | 31,9 | 28,5 | 25,7 | 24,8 | 21,9 |  |  |  |  |  |  |  |  |  |  |  |  |  |  |  |
| 16 | 43,5 | 38,8 | 37,5 | 34,0 | 30,7 | 27,7 | 23,8 | 22,4 |  |  |  |  |  |  |  |  |  |  |  |  |  |  |  |  |
| 17 | 41,2 | 37,7 | 35,9 | 32,6 | 29,3 | 25,5 | 21,4 |  |  |  |  |  |  |  |  |  |  |  |  |  |  |  |  |  |
| 18 | 39,3 | 35,9 | 34,6 | 31,7 | 27,4 | 22,9 |  |  |  |  |  |  |  |  |  |  |  |  |  |  |  |  |  |  |
| 19 | 37,0 | 34,8 | 33,6 | 29,7 | 24,4 |  |  |  |  |  |  |  |  |  |  |  |  |  |  |  |  |  |  |  |
| 20 | 36,2 | 33,6 | 31,3 | 27,2 |  |  |  |  |  |  |  |  |  |  |  |  |  |  |  |  |  |  |  |  |
| 21 | 35,0 | 31,6 | 28,8 |  |  |  |  |  |  |  |  |  |  |  |  |  |  |  |  |  |  |  |  |  |
| 22 | 33,1 | 29,1 |  |  |  |  |  |  |  |  |  |  |  |  |  |  |  |  |  |  |  |  |  |  |
| 23 | 29,5 |  |  |  |  |  |  |  |  |  |  |  |  |  |  |  |  |  |  |  |  |  |  |  |
| **Статистика эмпирического исследования** | | | | | | | | | | | | | | | | | | | | | | | | |
| K1 | 1301 | 3568 | 3606 | 2844 | 2950 | 2989 | 3555 | 3900 | 5119 | 4788 | 4968 | 5294 | 4952 | 4510 | 5423 | 8403 | 6087 | 5981 | 5357 | 5918 | 6205 | 6600 | 6043 | 5300 |
| K2 | 13,9 | 12,7 | 11,7 | 10,6 | 9,3 | 8,2 | 7,2 | 6,1 | 5,3 | 4,9 | 4,7 | 4,4 | 4,5 | 4,5 | 4,7 | 4,8 | 4,3 | 4,1 | 3,8 | 3,4 | 3,0 | 2,4 | 1,7 | - |
| K3 | 7,1 |  |  |  |  |  |  |  |  |  |  |  |  |  |  |  |  |  |  |  |  |  |  |  |  |

Примечание. Здесь и далее в таблицах используются следующие условные обозначения:

K1 – количество организаций по СтатРегистру за период X, вошедших в выборку исследования;

K2 – средняя продолжительность периода «жизни» компаний, созданных в X год;

K3 – средняя продолжительность периода «жизни» компаний за 1991–2014 гг.

Таблица 1.02 – Выживаемость компаний Республики Саха (Якутия) за период 1991–2014 гг., %

| T+ | 1991 | 1992 | 1993 | 1994 | 1995 | 1996 | 1997 | 1998 | 1999 | 2000 | 2001 | 2002 | 2003 | 2004 | 2005 | 2006 | 2007 | 2008 | 2009 | 2010 | 2011 | 2012 | 2013 | 2014 |
|---|---|---|---|---|---|---|---|---|---|---|---|---|---|---|---|---|---|---|---|---|---|---|---|---|
| 0 | | | | | | | | | 95,5 | 93,7 | 91,9 | 83,5 | 88,7 | 94,6 | 95,2 | 96,2 | 90,2 | 94,0 | 95,9 | 97,1 | 96,5 | 96,8 | 90,1 | 85,6 |
| 1 | | | | | | | | 90,0 | 83,0 | 81,0 | 74,0 | 64,1 | 80,5 | 85,4 | 87,5 | 87,2 | 83,5 | 86,6 | 88,4 | 93,1 | 91,7 | 78,8 | 71,3 | |
| 2 | | | | | | | 88,4 | 79,4 | 71,8 | 62,6 | 57,6 | 56,8 | 74,9 | 80,6 | 78,9 | 81,8 | 77,9 | 81,6 | 84,3 | 88,6 | 76,2 | 59,7 | | |
| 3 | | | | | | 90,1 | 76,3 | 68,0 | 56,7 | 51,2 | 49,5 | 51,7 | 70,2 | 71,9 | 73,6 | 77,6 | 74,6 | 77,8 | 79,4 | 76,2 | 62,3 | | | |
| 4 | | | | | 89,3 | 79,3 | 68,3 | 51,8 | 47,0 | 44,9 | 43,1 | 49,0 | 63,8 | 66,9 | 69,5 | 74,2 | 72,0 | 74,4 | 68,4 | 63,0 | | | | |
| 5 | | | | 89,1 | 79,8 | 69,1 | 58,0 | 43,3 | 39,7 | 39,3 | 40,1 | 43,7 | 57,5 | 62,0 | 64,2 | 70,4 | 68,8 | 62,9 | 52,5 | | | | | |
| 6 | | | 89,5 | 80,7 | 71,8 | 57,0 | 49,6 | 38,8 | 36,0 | 36,6 | 35,8 | 41,0 | 53,7 | 58,1 | 62,3 | 66,7 | 60,2 | 50,7 | | | | | | |
| 7 | | 90,0 | 82,7 | 71,7 | 57,6 | 47,5 | 41,6 | 35,5 | 32,6 | 32,0 | 32,0 | 38,5 | 50,0 | 55,7 | 60,3 | 56,8 | 49,0 | | | | | | | |
| 8 | 93,1 | 81,0 | 73,5 | 60,3 | 49,1 | 42,5 | 37,3 | 33,7 | 29,5 | 28,3 | 29,6 | 35,2 | 48,3 | 53,0 | 53,3 | 47,2 | | | | | | | | |
| 9 | 79,3 | 75,7 | 65,1 | 51,7 | 43,6 | 37,4 | 33,8 | 30,4 | 26,7 | 26,3 | 28,4 | 33,8 | 46,9 | 48,0 | 43,9 | | | | | | | | | |
| 10 | 70,1 | 64,9 | 57,6 | 45,8 | 40,0 | 34,3 | 30,4 | 29,2 | 24,6 | 24,9 | 27,7 | 33,0 | 41,6 | 40,6 | | | | | | | | | | |
| 11 | 59,8 | 55,9 | 53,2 | 41,7 | 38,4 | 32,2 | 29,7 | 26,7 | 22,9 | 23,7 | 27,1 | 28,7 | 35,2 | | | | | | | | | | | |
| 12 | 56,3 | 50,7 | 49,2 | 39,5 | 35,1 | 30,5 | 27,6 | 24,5 | 21,6 | 22,5 | 23,9 | 25,2 | | | | | | | | | | | | |
| 13 | 51,7 | 44,6 | 46,1 | 35,6 | 34,0 | 28,9 | 25,9 | 24,3 | 20,5 | 20,2 | 19,0 | | | | | | | | | | | | | |
| 14 | 47,1 | 42,7 | 43,3 | 33,1 | 33,1 | 27,2 | 25,4 | 23,1 | 18,5 | 18,0 | | | | | | | | | | | | | | |
| 15 | 46,0 | 40,1 | 41,9 | 32,2 | 31,8 | 26,1 | 24,4 | 21,0 | 16,2 | | | | | | | | | | | | | | | |
| 16 | 40,2 | 37,7 | 40,7 | 31,3 | 30,2 | 24,8 | 21,6 | 19,4 | | | | | | | | | | | | | | | | |
| 17 | 37,9 | 36,4 | 37,9 | 30,2 | 28,2 | 23,1 | 17,0 | | | | | | | | | | | | | | | | | |
| 18 | 35,6 | 34,0 | 36,8 | 28,6 | 26,4 | 20,1 | | | | | | | | | | | | | | | | | | |
| 19 | 33,3 | 33,5 | 34,7 | 26,3 | 24,2 | | | | | | | | | | | | | | | | | | | |
| 20 | 32,2 | 30,6 | 32,1 | 24,0 | | | | | | | | | | | | | | | | | | | | |
| 21 | 31,0 | 28,8 | 28,8 | | | | | | | | | | | | | | | | | | | | | |
| 22 | 29,9 | 25,1 | | | | | | | | | | | | | | | | | | | | | | |
| 23 | 27,6 | | | | | | | | | | | | | | | | | | | | | | | |

## Статистика эмпирического исследования

| | 1991 | 1992 | 1993 | 1994 | 1995 | 1996 | 1997 | 1998 | 1999 | 2000 | 2001 | 2002 | 2003 | 2004 | 2005 | 2006 | 2007 | 2008 | 2009 | 2010 | 2011 | 2012 | 2013 | 2014 |
|---|---|---|---|---|---|---|---|---|---|---|---|---|---|---|---|---|---|---|---|---|---|---|---|---|
| K1 | 87 | 379 | 427 | 441 | 450 | 463 | 464 | 490 | 536 | 494 | 469 | 551 | 574 | 540 | 640 | 991 | 810 | 739 | 773 | 764 | 806 | 872 | 937 | 827 |
| K2 | 13,6 | 12,9 | 11,9 | 10,4 | 9,3 | 8,4 | 7,6 | 6,1 | 5,6 | 5,1 | 4,9 | 4,4 | 5,5 | 5,6 | 5,5 | 5,4 | 4,6 | 4,5 | 4,2 | 3,8 | 3,1 | 2,4 | 1,7 | - |
| K3 | 6,9 | | | | | | | | | | | | | | | | | | | | | | | |

Таблица 1.03 – Выживаемость компаний Сахалинской области за период 1991–2014 гг., %

| Т+ | 1991 | 1992 | 1993 | 1994 | 1995 | 1996 | 1997 | 1998 | 1999 | 2000 | 2001 | 2002 | 2003 | 2004 | 2005 | 2006 | 2007 | 2008 | 2009 | 2010 | 2011 | 2012 | 2013 | 2014 |
|---|---|---|---|---|---|---|---|---|---|---|---|---|---|---|---|---|---|---|---|---|---|---|---|---|
| 0 | | | | | | | | | 94,1 | 94,1 | 93,0 | 91,2 | 95,1 | 94,2 | 94,9 | 96,9 | 96,1 | 94,1 | 96,9 | 96,5 | 96,9 | 96,9 | 91,2 | 89,9 |
| 1 | | | | | | | | 89,3 | 81,2 | 76,9 | 78,4 | 78,5 | 84,2 | 86,8 | 89,2 | 93,9 | 88,5 | 87,5 | 92,1 | 92,6 | 91,7 | 84,7 | 71,6 | |
| 2 | | | | | | | 88,0 | 80,5 | 66,1 | 61,4 | 65,4 | 71,3 | 74,0 | 81,6 | 84,8 | 87,7 | 83,8 | 81,6 | 86,2 | 88,1 | 79,2 | 68,6 | | |
| 3 | | | | | | 89,2 | 78,1 | 70,3 | 55,2 | 54,1 | 58,9 | 64,5 | 68,8 | 76,3 | 80,8 | 82,9 | 79,9 | 78,4 | 80,1 | 77,2 | 67,0 | | | |
| 4 | | | | | 84,0 | 77,8 | 69,0 | 58,0 | 47,7 | 46,2 | 51,9 | 59,7 | 65,5 | 70,5 | 77,0 | 78,6 | 75,0 | 74,2 | 70,1 | 68,0 | | | | |
| 5 | | | | 87,5 | 76,0 | 64,4 | 58,1 | 51,5 | 42,7 | 42,5 | 47,0 | 56,3 | 60,3 | 67,4 | 73,8 | 75,9 | 72,0 | 68,0 | 61,2 | | | | | |
| 6 | | | 91,0 | 82,4 | 63,4 | 54,6 | 51,3 | 46,9 | 38,3 | 38,9 | 45,1 | 50,0 | 56,6 | 65,5 | 70,9 | 73,1 | 63,2 | 59,5 | | | | | | |
| 7 | | 89,9 | 81,3 | 74,1 | 53,0 | 45,4 | 46,1 | 43,3 | 36,2 | 37,7 | 42,2 | 47,5 | 53,2 | 62,1 | 67,9 | 66,7 | 54,1 | | | | | | | |
| 8 | 89,4 | 79,8 | 72,0 | 65,3 | 49,5 | 41,5 | 41,9 | 40,8 | 33,9 | 35,5 | 38,6 | 45,9 | 51,4 | 60,5 | 60,6 | 59,2 | | | | | | | | |
| 9 | 85,2 | 69,7 | 61,1 | 59,7 | 45,3 | 39,9 | 39,8 | 39,2 | 32,0 | 33,8 | 33,8 | 44,1 | 50,1 | 56,1 | 53,4 | | | | | | | | | |
| 10 | 77,5 | 59,6 | 56,0 | 53,2 | 42,2 | 38,6 | 37,0 | 37,2 | 30,5 | 33,0 | 31,6 | 42,3 | 47,3 | 50,8 | | | | | | | | | | |
| 11 | 67,8 | 51,6 | 53,0 | 50,5 | 40,1 | 37,6 | 34,6 | 35,1 | 30,3 | 31,3 | 31,1 | 38,2 | 42,6 | | | | | | | | | | | |
| 12 | 63,1 | 47,4 | 50,0 | 48,1 | 39,4 | 35,3 | 34,1 | 34,2 | 29,5 | 29,9 | 28,4 | 32,8 | | | | | | | | | | | | |
| 13 | 60,2 | 43,3 | 46,2 | 45,4 | 38,7 | 33,0 | 33,9 | 33,3 | 28,7 | 27,3 | 25,1 | | | | | | | | | | | | | |
| 14 | 53,4 | 42,7 | 44,6 | 42,6 | 36,6 | 32,0 | 32,8 | 33,1 | 27,8 | 23,9 | | | | | | | | | | | | | | |
| 15 | 51,3 | 41,2 | 42,9 | 40,7 | 34,8 | 31,0 | 31,8 | 31,7 | 25,3 | | | | | | | | | | | | | | | |
| 16 | 50,8 | 38,9 | 41,3 | 39,4 | 33,1 | 30,7 | 30,5 | 29,9 | | | | | | | | | | | | | | | | |
| 17 | 49,2 | 37,8 | 39,4 | 38,9 | 31,7 | 28,4 | 28,4 | | | | | | | | | | | | | | | | | |
| 18 | 48,3 | 36,8 | 37,2 | 38,4 | 30,3 | 27,1 | | | | | | | | | | | | | | | | | | |
| 19 | 45,3 | 35,5 | 36,7 | 34,7 | 26,5 | | | | | | | | | | | | | | | | | | | |
| 20 | 44,5 | 34,5 | 33,4 | 33,8 | | | | | | | | | | | | | | | | | | | | |
| 21 | 42,8 | 33,2 | 31,5 | | | | | | | | | | | | | | | | | | | | | |
| 22 | 41,1 | 30,6 | | | | | | | | | | | | | | | | | | | | | | |
| 23 | 38,1 | | | | | | | | | | | | | | | | | | | | | | | |
| **Статистика эмпирического исследования** | | | | | | | | | | | | | | | | | | | | | | | | |
| К1 | 236 | 386 | 368 | 216 | 287 | 306 | 384 | 441 | 478 | 355 | 370 | 442 | 385 | 380 | 526 | 884 | 593 | 593 | 508 | 540 | 518 | 574 | 578 | 564 |
| К2 | 13,8 | 12,1 | 11,6 | 10,4 | 9,1 | 7,7 | 6,9 | 5,9 | 4,9 | 5,0 | 5,3 | 5,4 | 5,1 | 5,3 | 5,7 | 5,5 | 4,9 | 4,1 | 4,1 | 3,6 | 3,0 | 2,4 | 1,7 | – |
| К3 | 7,7 | | | | | | | | | | | | | | | | | | | | | | | |

Таблица 1.04 – Выживаемость компаний Чукотского автономного округа за период 1991–2014 гг., %

| T+ | 1991 | 1992 | 1993 | 1994 | 1995 | 1996 | 1997 | 1998 | 1999 | 2000 | 2001 | 2002 | 2003 | 2004 | 2005 | 2006 | 2007 | 2008 | 2009 | 2010 | 2011 | 2012 | 2013 | 2014 |
|---|---|---|---|---|---|---|---|---|---|---|---|---|---|---|---|---|---|---|---|---|---|---|---|---|
| 0 | | | | | | | | | 100 | 86,4 | 96,8 | 94,7 | 85,7 | 93,3 | 100 | 96,4 | 89,2 | 100 | 100 | 100 | 100 | 90,6 | 100 | 90,5 |
| 1 | | | | | | | | 90,9 | 76,2 | 77,3 | 87,1 | 84,2 | 66,7 | 86,7 | 95,5 | 87,3 | 86,5 | 95,2 | 100 | 100 | 95,8 | 81,3 | 95,5 | |
| 2 | | | | | | | 100 | 63,6 | 66,7 | 72,7 | 87,1 | 84,2 | 61,9 | 73,3 | 95,5 | 81,8 | 83,8 | 90,5 | 100 | 89,5 | 95,8 | 65,6 | | |
| 3 | | | | | | 93,8 | 85,7 | 54,5 | 61,9 | 72,7 | 80,6 | 78,9 | 61,9 | 73,3 | 90,9 | 78,2 | 67,6 | 90,5 | 100 | 84,2 | 75,0 | | | |
| 4 | | | | | 90,5 | 62,5 | 76,2 | 45,5 | 52,4 | 63,6 | 61,3 | 73,7 | 57,1 | 73,3 | 77,3 | 76,4 | 64,9 | 85,7 | 82,4 | 73,7 | | | | |
| 5 | | | | 93,3 | 38,1 | 43,8 | 71,4 | 45,5 | 52,4 | 59,1 | 54,8 | 68,4 | 57,1 | 73,3 | 77,3 | 74,5 | 59,5 | 85,7 | 82,4 | | | | | |
| 6 | | | 97,1 | 66,7 | 23,8 | 37,5 | 66,7 | 27,3 | 42,9 | 54,5 | 54,8 | 63,2 | 57,1 | 73,3 | 77,3 | 74,5 | 56,8 | 76,2 | | | | | | |
| 7 | | 93,8 | 80,0 | 50,0 | 14,3 | 37,5 | 61,9 | 18,2 | 33,3 | 54,5 | 51,6 | 63,2 | 52,4 | 73,3 | 72,7 | 70,9 | 40,5 | | | | | | | |
| 8 | 92,3 | 84,4 | 62,9 | 43,3 | 14,3 | 31,3 | 61,9 | 18,2 | 33,3 | 50,0 | 48,4 | 52,6 | 52,4 | 73,3 | 68,2 | 65,5 | | | | | | | | |
| 9 | 76,9 | 68,8 | 54,3 | 43,3 | 14,3 | 25,0 | 57,1 | 18,2 | 33,3 | 45,5 | 48,4 | 42,1 | 52,4 | 73,3 | 54,5 | | | | | | | | | |
| 10 | 69,2 | 65,6 | 42,9 | 36,7 | 14,3 | 25,0 | 47,6 | 18,2 | 28,6 | 45,5 | 48,4 | 42,1 | 42,9 | 60,0 | | | | | | | | | | |
| 11 | 69,2 | 53,1 | 40,0 | 33,3 | 14,3 | 25,0 | 47,6 | 18,2 | 28,6 | 45,5 | 48,4 | 42,1 | 38,1 | | | | | | | | | | | |
| 12 | 69,2 | 50,0 | 34,3 | 33,3 | 14,3 | 25,0 | 38,1 | 18,2 | 23,8 | 45,5 | 48,4 | 36,8 | | | | | | | | | | | | |
| 13 | 53,8 | 50,0 | 34,3 | 30,0 | 14,3 | 25,0 | 33,3 | 18,2 | 23,8 | 45,5 | 45,2 | | | | | | | | | | | | | |
| 14 | 46,2 | 43,8 | 31,4 | 26,7 | 14,3 | 25,0 | 33,3 | 18,2 | 23,8 | 36,4 | | | | | | | | | | | | | | |
| 15 | 46,2 | 40,6 | 31,4 | 26,7 | 9,5 | 25,0 | 33,3 | 18,2 | 23,8 | | | | | | | | | | | | | | | |
| 16 | 46,2 | 28,1 | 31,4 | 26,7 | 4,8 | 25,0 | 33,3 | 18,2 | | | | | | | | | | | | | | | | |
| 17 | 46,2 | 28,1 | 31,4 | 26,7 | 4,8 | 25,0 | 33,3 | | | | | | | | | | | | | | | | | |
| 18 | 46,2 | 25,0 | 31,4 | 26,7 | 4,8 | 25,0 | | | | | | | | | | | | | | | | | | |
| 19 | 30,8 | 25,0 | 31,4 | 26,7 | 4,8 | | | | | | | | | | | | | | | | | | | |
| 20 | 30,8 | 25,0 | 31,4 | 26,7 | | | | | | | | | | | | | | | | | | | | |
| 21 | 30,8 | 21,9 | 31,4 | | | | | | | | | | | | | | | | | | | | | |
| 22 | 30,8 | 21,9 | | | | | | | | | | | | | | | | | | | | | | |
| 23 | 15,4 | | | | | | | | | | | | | | | | | | | | | | | |

Статистика эмпирического исследования

| | 1991 | 1992 | 1993 | 1994 | 1995 | 1996 | 1997 | 1998 | 1999 | 2000 | 2001 | 2002 | 2003 | 2004 | 2005 | 2006 | 2007 | 2008 | 2009 | 2010 | 2011 | 2012 | 2013 | 2014 |
|---|---|---|---|---|---|---|---|---|---|---|---|---|---|---|---|---|---|---|---|---|---|---|---|---|
| K1 | 13 | 32 | 35 | 30 | 21 | 16 | 21 | 11 | 21 | 22 | 31 | 19 | 21 | 15 | 22 | 55 | 37 | 21 | 17 | 19 | 24 | 32 | 22 | 21 |
| K2 | 15,5 | 12,8 | 9,8 | 8,6 | 7,3 | 6,1 | 8,8 | 4,7 | 5,3 | 5,9 | 5,2 | 6,5 | 4,7 | 5,2 | 6,8 | 4,4 | 4,8 | 4,8 | 5,0 | 4,0 | 3,7 | 2,2 | 2,0 | - |
| K3 | 8,5 | | | | | | | | | | | | | | | | | | | | | | | |

Таблица 1.05 – Выживаемость компаний Хабаровского края за период 1991–2014 гг., %

| T+ | 1991 | 1992 | 1993 | 1994 | 1995 | 1996 | 1997 | 1998 | 1999 | 2000 | 2001 | 2002 | 2003 | 2004 | 2005 | 2006 | 2007 | 2008 | 2009 | 2010 | 2011 | 2012 | 2013 | 2014 |
|---|---|---|---|---|---|---|---|---|---|---|---|---|---|---|---|---|---|---|---|---|---|---|---|---|
| 0 | | | | | | | | | 95,2 | 94,4 | 90,6 | 87,8 | 85,1 | 88,4 | 89,3 | 92,3 | 92,6 | 95,0 | 95,8 | 92,6 | 97,3 | 96,5 | 90,4 | 88,9 |
| 1 | | | | | | | | 89,8 | 83,3 | 80,9 | 71,1 | 67,7 | 69,2 | 73,8 | 77,3 | 83,1 | 84,0 | 89,0 | 86,1 | 85,8 | 90,9 | 81,6 | 72,0 | |
| 2 | | | | | | | 88,9 | 80,6 | 72,5 | 63,5 | 56,0 | 55,3 | 59,3 | 63,3 | 69,0 | 77,1 | 77,7 | 81,1 | 81,1 | 79,4 | 76,3 | 65,4 | | |
| 3 | | | | | | 89,6 | 80,3 | 69,9 | 57,1 | 52,6 | 45,8 | 46,8 | 53,0 | 56,0 | 63,8 | 73,1 | 71,5 | 77,0 | 76,1 | 67,1 | 62,2 | | | |
| 4 | | | | | 87,2 | 80,7 | 72,3 | 58,8 | 49,3 | 43,7 | 40,1 | 40,7 | 47,0 | 52,2 | 60,8 | 66,9 | 68,3 | 72,7 | 66,6 | 54,4 | | | | |
| 5 | | | | 90,0 | 77,8 | 73,7 | 60,9 | 51,3 | 42,4 | 36,9 | 35,7 | 35,5 | 43,9 | 49,2 | 56,3 | 63,6 | 65,0 | 64,4 | 55,9 | | | | | |
| 6 | | | 92,4 | 84,3 | 68,7 | 60,9 | 53,7 | 46,7 | 38,2 | 33,5 | 32,5 | 33,5 | 42,0 | 45,8 | 55,0 | 61,1 | 56,5 | 54,7 | | | | | | |
| 7 | | 89,4 | 84,0 | 77,9 | 56,4 | 54,1 | 46,9 | 41,7 | 34,8 | 30,7 | 30,7 | 32,1 | 40,1 | 44,6 | 53,0 | 56,0 | 49,1 | | | | | | | |
| 8 | 91,7 | 83,8 | 75,8 | 68,9 | 50,4 | 48,0 | 43,0 | 38,0 | 32,2 | 28,6 | 28,8 | 29,1 | 38,7 | 42,9 | 47,9 | 48,3 | | | | | | | | |
| 9 | 86,4 | 76,0 | 65,7 | 62,5 | 44,8 | 41,4 | 38,6 | 34,9 | 30,7 | 27,1 | 26,7 | 28,3 | 37,9 | 38,3 | 42,7 | | | | | | | | | |
| 10 | 77,4 | 66,1 | 57,9 | 55,9 | 41,3 | 36,7 | 35,7 | 32,9 | 29,4 | 24,5 | 26,0 | 27,6 | 35,2 | 33,0 | | | | | | | | | | |
| 11 | 62,3 | 60,1 | 54,0 | 50,0 | 38,5 | 34,4 | 33,5 | 31,0 | 27,5 | 23,8 | 24,9 | 25,3 | 31,4 | | | | | | | | | | | |
| 12 | 54,0 | 55,2 | 48,4 | 46,5 | 35,7 | 32,5 | 32,0 | 29,5 | 25,8 | 22,9 | 22,9 | 22,6 | | | | | | | | | | | | |
| 13 | 50,6 | 48,2 | 44,6 | 43,7 | 34,3 | 31,6 | 28,2 | 28,7 | 25,3 | 21,1 | 20,1 | | | | | | | | | | | | | |
| 14 | 46,8 | 42,9 | 41,5 | 40,5 | 33,5 | 28,5 | 27,0 | 28,1 | 23,9 | 18,6 | | | | | | | | | | | | | | |
| 15 | 44,2 | 40,5 | 39,4 | 38,7 | 31,3 | 27,4 | 26,2 | 26,2 | 21,7 | | | | | | | | | | | | | | | |
| 16 | 41,9 | 37,7 | 38,7 | 37,1 | 30,1 | 26,8 | 23,1 | 24,5 | | | | | | | | | | | | | | | | |
| 17 | 40,0 | 37,1 | 37,4 | 35,7 | 29,2 | 25,1 | 21,2 | | | | | | | | | | | | | | | | | |
| 18 | 38,1 | 34,8 | 36,1 | 34,8 | 27,0 | 21,9 | | | | | | | | | | | | | | | | | | |
| 19 | 36,2 | 33,4 | 34,9 | 32,5 | 23,3 | | | | | | | | | | | | | | | | | | | |
| 20 | 35,8 | 32,7 | 33,1 | 29,2 | | | | | | | | | | | | | | | | | | | | |
| 21 | 35,5 | 30,8 | 29,8 | | | | | | | | | | | | | | | | | | | | | |
| 22 | 33,2 | 28,6 | | | | | | | | | | | | | | | | | | | | | | |
| 23 | 30,2 | | | | | | | | | | | | | | | | | | | | | | | |
| **Статистика эмпирического исследования** | | | | | | | | | | | | | | | | | | | | | | | | |
| K1 | 265 | 679 | 682 | 630 | 571 | 471 | 603 | 645 | 897 | 1085 | 1125 | 1254 | 1172 | 1069 | 1350 | 1908 | 1321 | 1442 | 1256 | 1411 | 1604 | 1819 | 1562 | 1309 |
| K2 | 13,6 | 12,8 | 11,8 | 11,1 | 9,4 | 8,6 | 7,7 | 6,2 | 5,4 | 5,0 | 4,4 | 4,1 | 4,0 | 4,4 | 4,3 | 4,6 | 4,4 | 4,3 | 3,9 | 3,4 | 3,1 | 2,4 | 1,7 | - |
| K3 | 6,7 | | | | | | | | | | | | | | | | | | | | | | | |

Таблица 1.06 – Выживаемость компаний Магаданской области за период 1991–2014 гг., %

| T+ | 1991 | 1992 | 1993 | 1994 | 1995 | 1996 | 1997 | 1998 | 1999 | 2000 | 2001 | 2002 | 2003 | 2004 | 2005 | 2006 | 2007 | 2008 | 2009 | 2010 | 2011 | 2012 | 2013 | 2014 |
|---|---|---|---|---|---|---|---|---|---|---|---|---|---|---|---|---|---|---|---|---|---|---|---|---|
| 0 | | | | | | | | | 97,6 | 94,7 | 90,3 | 85,3 | 89,5 | 87,0 | 91,4 | 97,6 | 93,5 | 93,8 | 98,4 | 95,5 | 97,5 | 96,9 | 94,7 | 87,6 |
| 1 | | | | | | | | 94,2 | 88,3 | 83,4 | 72,7 | 62,7 | 77,8 | 72,4 | 79,5 | 89,2 | 83,3 | 86,9 | 87,0 | 86,5 | 93,7 | 88,1 | 72,2 | |
| 2 | | | | | | | 84,5 | 84,5 | 78,7 | 70,4 | 57,9 | 52,9 | 67,8 | 63,4 | 67,5 | 83,6 | 73,8 | 80,0 | 80,5 | 82,1 | 82,3 | 65,6 | | |
| 3 | | | | | | 86,7 | 68,6 | 69,4 | 65,3 | 54,3 | 48,6 | 44,1 | 59,6 | 53,7 | 62,3 | 79,4 | 67,3 | 72,5 | 76,4 | 69,2 | 63,9 | | | |
| 4 | | | | | 84,4 | 75,4 | 55,9 | 51,5 | 58,1 | 47,0 | 41,2 | 37,7 | 53,2 | 50,4 | 58,9 | 74,8 | 63,7 | 70,6 | 69,1 | 55,8 | | | | |
| 5 | | | | 88,2 | 74,0 | 62,1 | 49,1 | 44,2 | 52,7 | 40,1 | 36,1 | 33,8 | 49,1 | 48,0 | 55,6 | 68,5 | 59,5 | 60,0 | 61,0 | | | | | |
| 6 | | | 85,8 | 75,0 | 62,3 | 52,1 | 41,4 | 40,8 | 48,5 | 35,2 | 29,2 | 30,4 | 46,8 | 44,7 | 53,6 | 63,6 | 51,8 | 48,1 | | | | | | |
| 7 | | 85,3 | 72,3 | 66,7 | 44,8 | 44,1 | 34,5 | 36,9 | 46,7 | 32,0 | 27,8 | 28,9 | 45,6 | 41,5 | 51,0 | 59,8 | 45,2 | | | | | | | |
| 8 | 88,0 | 77,6 | 56,0 | 55,6 | 37,7 | 41,7 | 29,1 | 33,5 | 43,1 | 30,8 | 26,4 | 28,4 | 42,1 | 39,8 | 47,0 | 49,7 | | | | | | | | |
| 9 | 74,0 | 65,5 | 48,2 | 49,3 | 33,1 | 37,9 | 25,5 | 32,0 | 40,4 | 28,3 | 23,1 | 26,0 | 39,2 | 35,0 | 39,1 | | | | | | | | | |
| 10 | 64,0 | 51,7 | 43,3 | 38,2 | 29,9 | 35,1 | 24,5 | 30,6 | 37,1 | 26,7 | 22,2 | 25,5 | 31,6 | 30,1 | | | | | | | | | | |
| 11 | 56,0 | 44,8 | 33,3 | 34,7 | 28,6 | 31,8 | 23,6 | 28,6 | 36,8 | 25,1 | 21,8 | 23,0 | 25,7 | | | | | | | | | | | |
| 12 | 48,0 | 40,5 | 27,0 | 31,3 | 26,6 | 28,9 | 20,9 | 27,7 | 35,9 | 24,7 | 19,9 | 19,6 | | | | | | | | | | | | |
| 13 | 44,0 | 36,2 | 22,7 | 26,4 | 23,4 | 27,5 | 18,6 | 26,7 | 34,7 | 23,1 | 18,1 | | | | | | | | | | | | | |
| 14 | 40,0 | 33,6 | 20,6 | 22,9 | 22,1 | 25,6 | 17,7 | 25,7 | 32,0 | 20,2 | | | | | | | | | | | | | | |
| 15 | 28,0 | 28,4 | 17,7 | 22,2 | 20,1 | 25,1 | 16,4 | 21,8 | 28,7 | | | | | | | | | | | | | | | |
| 16 | 24,0 | 25,9 | 16,3 | 20,8 | 19,5 | 24,6 | 15,0 | 18,0 | | | | | | | | | | | | | | | | |
| 17 | 24,0 | 25,0 | 14,2 | 17,4 | 18,8 | 22,3 | 14,1 | | | | | | | | | | | | | | | | | |
| 18 | 24,0 | 23,3 | 13,5 | 16,7 | 18,8 | 21,3 | | | | | | | | | | | | | | | | | | |
| 19 | 22,0 | 21,6 | 12,8 | 16,0 | 16,9 | | | | | | | | | | | | | | | | | | | |
| 20 | 18,0 | 21,6 | 10,6 | 14,6 | | | | | | | | | | | | | | | | | | | | |
| 21 | 16,0 | 20,7 | 9,2 | | | | | | | | | | | | | | | | | | | | | |
| 22 | 16,0 | 19,8 | | | | | | | | | | | | | | | | | | | | | | |
| 23 | 16,0 | | | | | | | | | | | | | | | | | | | | | | | |

Статистика эмпирического исследования

| | 1991 | 1992 | 1993 | 1994 | 1995 | 1996 | 1997 | 1998 | 1999 | 2000 | 2001 | 2002 | 2003 | 2004 | 2005 | 2006 | 2007 | 2008 | 2009 | 2010 | 2011 | 2012 | 2013 | 2014 |
|---|---|---|---|---|---|---|---|---|---|---|---|---|---|---|---|---|---|---|---|---|---|---|---|---|
| K1 | 50 | 116 | 141 | 144 | 154 | 211 | 220 | 206 | 334 | 247 | 216 | 204 | 171 | 123 | 151 | 286 | 168 | 160 | 123 | 156 | 158 | 160 | 133 | 97 |
| K2 | 13,1 | 11,8 | 10,9 | 10,2 | 8,5 | 7,8 | 6,7 | 6,6 | 6,1 | 5,2 | 4,4 | 4,0 | 5,3 | 4,4 | 4,5 | 5,4 | 4,2 | 4,4 | 3,7 | 3,5 | 3,3 | 2,6 | 1,8 | - |
| K3 | 7,5 | | | | | | | | | | | | | | | | | | | | | | | |

Таблица 1.07 – Выживаемость компаний Еврейской автономной области за период 1991–2014 гг., %

| T+ | 1991 | 1992 | 1993 | 1994 | 1995 | 1996 | 1997 | 1998 | 1999 | 2000 | 2001 | 2002 | 2003 | 2004 | 2005 | 2006 | 2007 | 2008 | 2009 | 2010 | 2011 | 2012 | 2013 | 2014 |
|---|---|---|---|---|---|---|---|---|---|---|---|---|---|---|---|---|---|---|---|---|---|---|---|---|
| 0 | | | | | | | | | 96,8 | 96,2 | 94,2 | 92,2 | 91,9 | 90,8 | 96,7 | 96,3 | 96,8 | 96,0 | 96,1 | 94,5 | 97,2 | 98,1 | 88,7 | 91,6 |
| 1 | | | | | | | | 90,9 | 87,3 | 84,6 | 82,7 | 79,2 | 85,5 | 80,0 | 95,1 | 88,4 | 91,5 | 90,7 | 94,8 | 90,9 | 96,3 | 81,9 | 73,9 | |
| 2 | | | | | | | 85,7 | 81,8 | 81,0 | 73,1 | 61,5 | 64,9 | 75,8 | 73,8 | 95,1 | 86,0 | 84,0 | 85,3 | 93,5 | 89,1 | 83,5 | 70,0 | | |
| 3 | | | | | | 100 | 85,7 | 78,8 | 65,1 | 63,5 | 53,8 | 62,3 | 62,9 | 67,7 | 86,9 | 83,5 | 81,9 | 84,0 | 89,6 | 63,6 | 72,5 | | | |
| 4 | | | | | 84,6 | 93,9 | 80,0 | 63,6 | 52,4 | 55,8 | 46,2 | 54,5 | 56,5 | 63,1 | 82,0 | 80,5 | 77,7 | 76,0 | 71,4 | 57,3 | | | | |
| 5 | | | | 83,6 | 79,5 | 87,9 | 65,7 | 60,6 | 46,0 | 44,2 | 44,2 | 53,2 | 54,8 | 58,5 | 73,8 | 76,8 | 73,4 | 66,7 | 59,7 | | | | | |
| 6 | | | 91,2 | 70,9 | 69,2 | 75,8 | 51,4 | 51,5 | 36,5 | 42,3 | 44,2 | 48,1 | 53,2 | 58,5 | 72,1 | 75,0 | 63,8 | 62,7 | | | | | | |
| 7 | | 98,0 | 84,2 | 65,5 | 61,5 | 63,6 | 42,9 | 48,5 | 36,5 | 36,5 | 38,5 | 45,5 | 50,0 | 58,5 | 72,1 | 68,9 | 52,1 | | | | | | | |
| 8 | 100 | 86,0 | 78,9 | 52,7 | 51,3 | 54,5 | 34,3 | 42,4 | 31,7 | 36,5 | 34,6 | 42,9 | 48,4 | 55,4 | 67,2 | 62,2 | | | | | | | | |
| 9 | 87,5 | 84,0 | 64,9 | 50,9 | 43,6 | 51,5 | 28,6 | 42,4 | 30,2 | 36,5 | 30,8 | 40,3 | 45,2 | 50,8 | 63,9 | | | | | | | | | |
| 10 | 62,5 | 78,0 | 54,4 | 45,5 | 38,5 | 48,5 | 25,7 | 33,3 | 30,2 | 34,6 | 30,8 | 40,3 | 40,3 | 44,6 | | | | | | | | | | |
| 11 | 62,5 | 62,0 | 50,9 | 36,4 | 38,5 | 45,5 | 22,9 | 27,3 | 28,6 | 32,7 | 28,8 | 40,3 | 32,3 | | | | | | | | | | | |
| 12 | 50,0 | 58,0 | 40,4 | 30,9 | 30,8 | 42,4 | 22,9 | 27,3 | 28,6 | 30,8 | 23,1 | 32,5 | | | | | | | | | | | | |
| 13 | 50,0 | 54,0 | 36,8 | 29,1 | 30,8 | 36,4 | 22,9 | 27,3 | 27,0 | 30,8 | 19,2 | | | | | | | | | | | | | |
| 14 | 37,5 | 48,0 | 36,8 | 23,6 | 25,6 | 30,3 | 20,0 | 27,3 | 25,4 | 28,8 | | | | | | | | | | | | | | |
| 15 | 37,5 | 46,0 | 36,8 | 21,8 | 25,6 | 27,3 | 20,0 | 24,2 | 25,4 | | | | | | | | | | | | | | | |
| 16 | 25,0 | 40,0 | 33,3 | 21,8 | 25,6 | 27,3 | 20,0 | 21,2 | | | | | | | | | | | | | | | | |
| 17 | 25,0 | 40,0 | 31,6 | 20,0 | 23,1 | 24,2 | 17,1 | | | | | | | | | | | | | | | | | |
| 18 | 25,0 | 40,0 | 31,6 | 20,0 | 23,1 | 21,2 | | | | | | | | | | | | | | | | | | |
| 19 | 25,0 | 40,0 | 31,6 | 18,2 | 20,5 | | | | | | | | | | | | | | | | | | | |
| 20 | 25,0 | 40,0 | 29,8 | 16,4 | | | | | | | | | | | | | | | | | | | | |
| 21 | 25,0 | 40,0 | 29,8 | | | | | | | | | | | | | | | | | | | | | |
| 22 | 12,5 | 38,0 | | | | | | | | | | | | | | | | | | | | | | |
| 23 | 12,5 | | | | | | | | | | | | | | | | | | | | | | | |
| | **Статистика эмпирического исследования** | | | | | | | | | | | | | | | | | | | | | | | |
| K1 | 8 | 50 | 57 | 55 | 39 | 33 | 35 | 33 | 63 | 52 | 52 | 77 | 62 | 65 | 61 | 164 | 94 | 75 | 77 | 110 | 109 | 160 | 142 | 131 |
| K2 | 14,7 | 12,5 | 11,1 | 10,1 | 9,3 | 10,2 | 7,5 | 7,2 | 5,3 | 5,1 | 5,5 | 5,1 | 5,6 | 4,8 | 5,6 | 5,2 | 5,3 | 4,3 | 4,6 | 3,6 | 3,2 | 2,3 | 1,6 | - |
| K3 | 6,8 | | | | | | | | | | | | | | | | | | | | | | | |

Таблица 1.08 – Выживаемость компаний Приморского края за период 1991–2014 гг., %

| T+ | 1991 | 1992 | 1993 | 1994 | 1995 | 1996 | 1997 | 1998 | 1999 | 2000 | 2001 | 2002 | 2003 | 2004 | 2005 | 2006 | 2007 | 2008 | 2009 | 2010 | 2011 | 2012 | 2013 | 2014 |
|---|---|---|---|---|---|---|---|---|---|---|---|---|---|---|---|---|---|---|---|---|---|---|---|---|
| 0 |  |  |  |  |  |  |  |  | 92,9 | 89,6 | 92,4 | 86,7 | 85,7 | 83,5 | 88,2 | 92,0 | 91,8 | 89,1 | 92,5 | 92,0 | 93,6 | 92,8 | 91,5 | 85,6 |
| 1 |  |  |  |  |  |  |  | 87,0 | 80,3 | 75,2 | 73,3 | 68,6 | 68,5 | 68,8 | 77,3 | 82,4 | 77,1 | 79,2 | 82,1 | 80,6 | 81,7 | 77,4 | 72,6 |  |
| 2 |  |  |  |  |  |  | 86,0 | 75,2 | 68,3 | 57,5 | 60,3 | 57,1 | 58,3 | 60,8 | 69,3 | 74,0 | 68,8 | 71,3 | 74,8 | 70,5 | 66,2 | 59,1 |  |  |
| 3 |  |  |  |  |  | 87,3 | 74,7 | 65,9 | 54,8 | 48,1 | 51,0 | 49,6 | 52,1 | 55,2 | 61,8 | 68,8 | 63,5 | 65,6 | 66,8 | 59,1 | 52,4 |  |  |  |
| 4 |  |  |  |  | 87,5 | 76,7 | 66,5 | 53,0 | 46,2 | 41,3 | 45,1 | 45,4 | 47,5 | 49,9 | 57,7 | 64,4 | 58,8 | 61,0 | 58,7 | 49,0 |  |  |  |  |
| 5 |  |  |  | 91,1 | 78,2 | 68,2 | 55,2 | 45,3 | 40,2 | 37,2 | 40,9 | 40,7 | 43,0 | 46,2 | 53,1 | 60,4 | 54,8 | 53,9 | 49,5 |  |  |  |  |  |
| 6 |  |  | 91,9 | 82,6 | 70,4 | 56,0 | 47,3 | 41,1 | 37,3 | 35,0 | 37,5 | 37,5 | 40,8 | 43,5 | 50,5 | 57,0 | 49,0 | 45,7 |  |  |  |  |  |  |
| 7 |  | 91,3 | 84,1 | 74,2 | 60,3 | 49,9 | 40,6 | 37,5 | 35,0 | 32,2 | 35,3 | 35,2 | 37,9 | 41,6 | 48,3 | 52,4 | 41,8 |  |  |  |  |  |  |  |
| 8 | 92,5 | 84,1 | 76,0 | 62,4 | 53,3 | 44,3 | 37,3 | 35,0 | 32,0 | 29,7 | 33,1 | 33,0 | 36,2 | 40,0 | 44,8 | 46,3 |  |  |  |  |  |  |  |  |
| 9 | 86,6 | 76,7 | 64,5 | 56,8 | 47,9 | 41,2 | 35,1 | 32,3 | 29,8 | 28,3 | 31,7 | 31,8 | 34,5 | 36,9 | 40,0 |  |  |  |  |  |  |  |  |  |
| 10 | 76,9 | 65,6 | 57,0 | 52,0 | 44,5 | 39,4 | 33,3 | 30,2 | 28,4 | 27,4 | 30,3 | 30,4 | 32,0 | 33,5 |  |  |  |  |  |  |  |  |  |  |
| 11 | 64,8 | 57,9 | 52,1 | 48,5 | 41,7 | 37,1 | 30,4 | 28,6 | 27,0 | 26,4 | 29,3 | 27,9 | 28,4 |  |  |  |  |  |  |  |  |  |  |  |
| 12 | 57,4 | 52,9 | 48,7 | 44,6 | 40,4 | 35,2 | 29,2 | 27,3 | 26,3 | 25,5 | 26,6 | 25,1 |  |  |  |  |  |  |  |  |  |  |  |  |
| 13 | 53,2 | 48,1 | 46,2 | 40,8 | 39,0 | 33,5 | 27,7 | 26,4 | 25,5 | 23,6 | 23,1 |  |  |  |  |  |  |  |  |  |  |  |  |  |
| 14 | 48,2 | 45,4 | 42,8 | 39,0 | 36,9 | 32,1 | 26,8 | 25,5 | 23,9 | 20,9 |  |  |  |  |  |  |  |  |  |  |  |  |  |  |
| 15 | 44,9 | 42,9 | 40,8 | 37,7 | 35,6 | 31,3 | 25,7 | 23,6 | 21,5 |  |  |  |  |  |  |  |  |  |  |  |  |  |  |  |
| 16 | 42,6 | 40,5 | 39,4 | 35,8 | 34,4 | 30,6 | 24,4 | 20,7 |  |  |  |  |  |  |  |  |  |  |  |  |  |  |  |  |
| 17 | 39,2 | 38,9 | 37,8 | 34,2 | 33,0 | 28,0 | 22,0 |  |  |  |  |  |  |  |  |  |  |  |  |  |  |  |  |  |
| 18 | 36,9 | 37,7 | 36,8 | 33,2 | 30,9 | 25,4 |  |  |  |  |  |  |  |  |  |  |  |  |  |  |  |  |  |  |
| 19 | 36,1 | 36,6 | 35,5 | 31,2 | 27,8 |  |  |  |  |  |  |  |  |  |  |  |  |  |  |  |  |  |  |  |
| 20 | 35,2 | 35,9 | 33,5 | 28,2 |  |  |  |  |  |  |  |  |  |  |  |  |  |  |  |  |  |  |  |  |
| 21 | 34,0 | 33,9 | 31,2 |  |  |  |  |  |  |  |  |  |  |  |  |  |  |  |  |  |  |  |  |  |
| 22 | 32,1 | 31,0 |  |  |  |  |  |  |  |  |  |  |  |  |  |  |  |  |  |  |  |  |  |  |
| 23 | 27,9 |  |  |  |  |  |  |  |  |  |  |  |  |  |  |  |  |  |  |  |  |  |  |  |

Статистика эмпирического исследования

| | 1991 | 1992 | 1993 | 1994 | 1995 | 1996 | 1997 | 1998 | 1999 | 2000 | 2001 | 2002 | 2003 | 2004 | 2005 | 2006 | 2007 | 2008 | 2009 | 2010 | 2011 | 2012 | 2013 | 2014 |
|---|---|---|---|---|---|---|---|---|---|---|---|---|---|---|---|---|---|---|---|---|---|---|---|---|
| K1 | 477 | 1205 | 1265 | 840 | 1015 | 1120 | 1326 | 1482 | 2082 | 1884 | 1998 | 2036 | 1918 | 1691 | 1939 | 2927 | 2247 | 2119 | 1878 | 2051 | 2019 | 1827 | 1525 | 1322 |
| K2 | 14,0 | 12,7 | 11,6 | 10,7 | 9,4 | 8,2 | 7,0 | 6,1 | 5,1 | 4,6 | 4,7 | 4,2 | 4,1 | 3,9 | 4,2 | 4,4 | 3,9 | 3,7 | 3,5 | 3,1 | 2,8 | 2,3 | 1,7 | - |
| K3 | 7,0 |  |  |  |  |  |  |  |  |  |  |  |  |  |  |  |  |  |  |  |  |  |  |  |

Таблица 1.09 – Выживаемость компаний Амурской области за период 1991–2014 гг., %

| T+ | 1991 | 1992 | 1993 | 1994 | 1995 | 1996 | 1997 | 1998 | 1999 | 2000 | 2001 | 2002 | 2003 | 2004 | 2005 | 2006 | 2007 | 2008 | 2009 | 2010 | 2011 | 2012 | 2013 | 2014 |
|---|---|---|---|---|---|---|---|---|---|---|---|---|---|---|---|---|---|---|---|---|---|---|---|---|
| 0 | | | | | | | | | 93,9 | 95,9 | 90,1 | 90,4 | 92,2 | 95,9 | 96,0 | 95,6 | 94,4 | 95,5 | 95,1 | 97,8 | 97,8 | 97,5 | 90,3 | 87,9 |
| 1 | | | | | | | | 92,2 | 83,3 | 83,1 | 73,5 | 82,1 | 83,9 | 86,7 | 89,8 | 84,3 | 87,9 | 91,5 | 89,8 | 94,1 | 92,9 | 83,5 | 72,0 | |
| 2 | | | | | | | 92,1 | 82,2 | 69,4 | 69,5 | 64,8 | 69,9 | 77,6 | 79,8 | 81,9 | 77,3 | 81,9 | 87,0 | 85,7 | 89,6 | 79,4 | 66,2 | | |
| 3 | | | | | | 88,0 | 82,5 | 72,5 | 57,0 | 59,3 | 54,1 | 63,2 | 73,0 | 73,2 | 76,7 | 72,6 | 77,1 | 83,4 | 82,7 | 77,0 | 64,6 | | | |
| 4 | | | | | 89,8 | 77,0 | 69,2 | 59,1 | 51,8 | 53,6 | 48,7 | 57,3 | 69,3 | 68,9 | 73,5 | 71,0 | 73,6 | 79,9 | 72,5 | 65,0 | | | | |
| 5 | | | | 91,7 | 80,6 | 68,9 | 58,8 | 49,8 | 45,5 | 48,1 | 43,4 | 52,3 | 64,7 | 64,5 | 71,2 | 67,5 | 70,1 | 69,6 | 62,9 | | | | | |
| 6 | | | 95,2 | 83,0 | 74,0 | 55,2 | 51,3 | 44,2 | 39,4 | 44,7 | 40,3 | 46,9 | 62,8 | 62,0 | 70,0 | 65,5 | 63,8 | 59,0 | | | | | | |
| 7 | | 92,3 | 85,7 | 74,3 | 59,2 | 48,1 | 47,1 | 41,3 | 34,2 | 40,7 | 37,5 | 45,3 | 60,8 | 61,7 | 67,9 | 58,4 | 55,3 | | | | | | | |
| 8 | 89,0 | 86,7 | 74,6 | 62,3 | 52,0 | 44,8 | 44,6 | 39,8 | 31,2 | 38,0 | 36,1 | 43,5 | 59,4 | 59,7 | 62,1 | 51,7 | | | | | | | | |
| 9 | 79,5 | 75,1 | 63,0 | 52,2 | 44,9 | 38,8 | 42,5 | 37,2 | 28,2 | 34,9 | 34,1 | 41,7 | 58,4 | 53,3 | 56,3 | | | | | | | | | |
| 10 | 76,7 | 64,2 | 52,4 | 47,8 | 41,8 | 36,1 | 37,9 | 35,3 | 27,6 | 32,2 | 33,0 | 39,6 | 53,3 | 46,4 | | | | | | | | | | |
| 11 | 67,1 | 59,3 | 47,4 | 44,6 | 39,8 | 32,8 | 35,4 | 34,6 | 26,1 | 30,8 | 32,4 | 36,0 | 47,9 | | | | | | | | | | | |
| 12 | 61,6 | 53,4 | 44,7 | 41,7 | 35,7 | 31,7 | 33,8 | 33,5 | 25,2 | 29,5 | 29,6 | 33,4 | | | | | | | | | | | | |
| 13 | 57,5 | 49,5 | 42,1 | 39,1 | 33,2 | 29,0 | 32,9 | 33,1 | 24,8 | 27,5 | 25,6 | | | | | | | | | | | | | |
| 14 | 52,1 | 45,7 | 36,8 | 37,7 | 31,6 | 27,3 | 31,7 | 33,1 | 23,3 | 24,7 | | | | | | | | | | | | | | |
| 15 | 52,1 | 42,6 | 33,6 | 35,5 | 30,6 | 26,8 | 31,7 | 32,0 | 21,2 | | | | | | | | | | | | | | | |
| 16 | 46,6 | 39,7 | 32,5 | 33,0 | 30,6 | 25,1 | 29,6 | 29,4 | | | | | | | | | | | | | | | | |
| 17 | 46,6 | 38,5 | 32,0 | 33,0 | 28,6 | 25,1 | 27,9 | | | | | | | | | | | | | | | | | |
| 18 | 43,8 | 36,2 | 30,7 | 32,2 | 26,0 | 22,4 | | | | | | | | | | | | | | | | | | |
| 19 | 41,1 | 35,1 | 30,7 | 31,2 | 25,0 | | | | | | | | | | | | | | | | | | | |
| 20 | 39,7 | 33,5 | 28,3 | 28,6 | | | | | | | | | | | | | | | | | | | | |
| 21 | 37,0 | 31,8 | 26,2 | | | | | | | | | | | | | | | | | | | | | |
| 22 | 35,6 | 29,7 | | | | | | | | | | | | | | | | | | | | | | |
| 23 | 30,1 | | | | | | | | | | | | | | | | | | | | | | | |

Статистика эмпирического исследования

| | 1991 | 1992 | 1993 | 1994 | 1995 | 1996 | 1997 | 1998 | 1999 | 2000 | 2001 | 2002 | 2003 | 2004 | 2005 | 2006 | 2007 | 2008 | 2009 | 2010 | 2011 | 2012 | 2013 | 2014 |
|---|---|---|---|---|---|---|---|---|---|---|---|---|---|---|---|---|---|---|---|---|---|---|---|---|
| К1 | 73 | 481 | 378 | 276 | 196 | 183 | 240 | 269 | 330 | 295 | 355 | 386 | 411 | 392 | 430 | 656 | 481 | 553 | 469 | 540 | 632 | 793 | 807 | 759 |
| К2 | 14,4 | 12,8 | 11,6 | 10,3 | 9,3 | 8,1 | 7,2 | 6,0 | 5,4 | 5,5 | 4,8 | 5,0 | 5,4 | 5,5 | 5,2 | 4,7 | 4,6 | 4,7 | 4,0 | 3,8 | 3,2 | 2,4 | 1,7 | – |
| К3 | 7,0 | | | | | | | | | | | | | | | | | | | | | | | |

Таблица 1.10 – Выживаемость компаний Камчатского края за период 1991–2014 гг., %

| Т+ | 1991 | 1992 | 1993 | 1994 | 1995 | 1996 | 1997 | 1998 | 1999 | 2000 | 2001 | 2002 | 2003 | 2004 | 2005 | 2006 | 2007 | 2008 | 2009 | 2010 | 2011 | 2012 | 2013 | 2014 |
|---|---|---|---|---|---|---|---|---|---|---|---|---|---|---|---|---|---|---|---|---|---|---|---|---|
| 0 | | | | | | | | | 94,7 | 92,7 | 93,7 | 83,3 | 88,1 | 97,4 | 94,4 | 94,7 | 94,9 | 94,6 | 98,4 | 96,9 | 95,5 | 95,9 | 90,2 | 88,1 |
| 1 | | | | | | | | 88,2 | 83,6 | 80,8 | 74,1 | 66,9 | 82,6 | 87,6 | 87,5 | 87,4 | 86,8 | 86,3 | 90,0 | 91,1 | 87,5 | 78,5 | 65,9 | |
| 2 | | | | | | | 88,2 | 77,3 | 69,0 | 65,5 | 61,0 | 57,9 | 73,2 | 80,3 | 80,5 | 83,2 | 82,3 | 80,1 | 83,7 | 85,2 | 72,8 | 62,5 | | |
| 3 | | | | | | 84,9 | 70,6 | 66,1 | 54,8 | 53,7 | 56,1 | 52,3 | 63,4 | 71,4 | 74,6 | 78,5 | 77,5 | 76,5 | 79,3 | 72,0 | 57,6 | | | |
| 4 | | | | | 85,7 | 72,6 | 60,7 | 52,5 | 46,8 | 47,2 | 49,9 | 47,1 | 57,4 | 66,7 | 72,3 | 74,4 | 73,4 | 72,6 | 66,5 | 59,7 | | | | |
| 5 | | | | 93,8 | 75,1 | 58,1 | 45,8 | 40,7 | 43,4 | 43,8 | 43,6 | 40,6 | 54,0 | 63,2 | 66,3 | 67,6 | 68,9 | 58,5 | 49,4 | | | | | |
| 6 | | | 90,1 | 83,9 | 62,2 | 48,4 | 38,9 | 37,3 | 39,9 | 41,0 | 39,9 | 38,1 | 49,8 | 59,8 | 63,7 | 61,6 | 57,5 | 48,0 | | | | | | |
| 7 | | 93,8 | 83,4 | 72,5 | 48,4 | 38,7 | 37,0 | 33,9 | 37,6 | 37,6 | 37,3 | 33,7 | 46,8 | 57,7 | 60,1 | 54,6 | 43,7 | | | | | | | |
| 8 | 90,2 | 82,5 | 73,9 | 60,2 | 41,9 | 34,4 | 35,1 | 31,7 | 35,4 | 34,7 | 35,6 | 31,9 | 43,8 | 55,1 | 52,1 | 44,4 | | | | | | | | |
| 9 | 84,8 | 71,3 | 64,0 | 51,7 | 39,6 | 31,7 | 32,1 | 28,9 | 33,1 | 32,2 | 33,0 | 29,7 | 41,7 | 48,3 | 42,6 | | | | | | | | | |
| 10 | 75,0 | 61,7 | 56,9 | 50,2 | 35,9 | 29,6 | 29,0 | 25,5 | 30,7 | 30,5 | 32,5 | 28,2 | 34,0 | 39,3 | | | | | | | | | | |
| 11 | 65,2 | 56,3 | 52,6 | 47,4 | 33,6 | 26,9 | 26,0 | 24,2 | 29,4 | 29,4 | 31,3 | 24,1 | 28,1 | | | | | | | | | | | |
| 12 | 60,9 | 52,9 | 49,4 | 43,6 | 30,9 | 25,3 | 25,2 | 22,4 | 27,8 | 26,3 | 27,9 | 19,5 | | | | | | | | | | | | |
| 13 | 56,5 | 50,4 | 45,1 | 40,8 | 29,5 | 23,1 | 23,3 | 22,0 | 26,7 | 22,0 | 23,9 | | | | | | | | | | | | | |
| 14 | 52,2 | 46,7 | 40,7 | 37,0 | 28,1 | 21,5 | 22,5 | 21,4 | 23,8 | 18,1 | | | | | | | | | | | | | | |
| 15 | 48,9 | 42,9 | 37,5 | 35,1 | 25,3 | 21,5 | 21,0 | 19,6 | 21,7 | | | | | | | | | | | | | | | |
| 16 | 45,7 | 41,3 | 34,8 | 32,2 | 24,0 | 21,0 | 18,7 | 17,7 | | | | | | | | | | | | | | | | |
| 17 | 43,5 | 40,0 | 32,8 | 30,3 | 22,6 | 16,7 | 15,6 | | | | | | | | | | | | | | | | | |
| 18 | 40,2 | 38,3 | 31,6 | 29,4 | 19,8 | 12,9 | | | | | | | | | | | | | | | | | | |
| 19 | 33,7 | 37,1 | 30,4 | 28,0 | 17,1 | | | | | | | | | | | | | | | | | | | |
| 20 | 33,7 | 33,8 | 27,3 | 26,5 | | | | | | | | | | | | | | | | | | | | |
| 21 | 32,6 | 30,0 | 24,9 | | | | | | | | | | | | | | | | | | | | | |
| 22 | 30,4 | 27,5 | | | | | | | | | | | | | | | | | | | | | | |
| 23 | 26,1 | | | | | | | | | | | | | | | | | | | | | | | |
| **Статистика эмпирического исследования** | | | | | | | | | | | | | | | | | | | | | | | | |
| К1 | 92 | 240 | 253 | 211 | 217 | 186 | 262 | 322 | 378 | 354 | 351 | 323 | 235 | 234 | 303 | 531 | 334 | 277 | 251 | 325 | 335 | 363 | 337 | 270 |
| К2 | 14,4 | 13,1 | 12,0 | 10,6 | 9,2 | 8,1 | 7,0 | 6,0 | 5,5 | 5,7 | 5,0 | 4,7 | 5,5 | 5,9 | 5,7 | 5,4 | 5,2 | 4,5 | 4,4 | 3,6 | 3,0 | 2,3 | 1,7 | – |
| К3 | 7,4 | | | | | | | | | | | | | | | | | | | | | | | |

Таблица 2.01 – Выживаемость компаний Приволжского федерального округа за период 1991–2014 гг., % (скорректировано)

| T+ | 1991 | 1992 | 1993 | 1994 | 1995 | 1996 | 1997 | 1998 | 1999 | 2000 | 2001 | 2002 | 2003 | 2004 | 2005 | 2006 | 2007 | 2008 | 2009 | 2010 | 2011 | 2012 | 2013 | 2014 |
|---|---|---|---|---|---|---|---|---|---|---|---|---|---|---|---|---|---|---|---|---|---|---|---|---|
| 0 | | | | | | | | | 95,1 | 91,3 | 91,6 | 88,0 | 89,2 | 90,3 | 91,2 | 92,0 | 91,1 | 90,8 | 93,4 | 91,4 | 93,5 | 93,1 | 88,9 | 84,5 |
| 1 | | | | | | | | 90,0 | 84,4 | 78,0 | 74,9 | 72,3 | 76,8 | 78,0 | 80,1 | 82,4 | 79,6 | 80,7 | 80,8 | 80,9 | 81,8 | 75,9 | 69,1 | |
| 2 | | | | | | | 87,9 | 78,3 | 73,4 | 62,8 | 62,2 | 61,6 | 66,2 | 68,8 | 71,2 | 73,8 | 70,0 | 71,2 | 71,3 | 69,9 | 65,7 | 58,1 | | |
| 3 | | | | | | 88,4 | 75,3 | 67,0 | 61,3 | 52,1 | 53,8 | 53,4 | 59,1 | 61,3 | 64,0 | 67,1 | 62,5 | 64,5 | 63,7 | 58,4 | 51,7 | | | |
| 4 | | | | | 89,9 | 76,5 | 65,0 | 55,0 | 52,4 | 44,8 | 46,8 | 47,4 | 53,5 | 55,1 | 58,4 | 61,3 | 57,8 | 58,7 | 54,7 | 47,6 | | | | |
| 5 | | | | 90,3 | 79,2 | 67,2 | 54,5 | 47,0 | 46,4 | 39,6 | 42,0 | 42,6 | 49,1 | 50,6 | 53,6 | 56,6 | 53,2 | 51,0 | 45,2 | | | | | |
| 6 | | | 91,8 | 80,5 | 70,3 | 56,4 | 47,3 | 41,8 | 41,3 | 35,7 | 38,3 | 38,8 | 45,4 | 46,6 | 50,3 | 52,5 | 46,9 | 42,8 | | | | | | |
| 7 | | 94,0 | 83,0 | 71,9 | 60,7 | 49,6 | 42,3 | 37,7 | 37,2 | 32,6 | 34,9 | 36,0 | 42,2 | 44,1 | 47,3 | 46,9 | 40,0 | | | | | | | |
| 8 | 91,6 | 87,2 | 74,5 | 61,4 | 53,9 | 44,6 | 37,7 | 34,6 | 34,3 | 30,1 | 32,1 | 33,2 | 40,0 | 41,7 | 42,5 | 40,5 | | | | | | | | |
| 9 | 84,2 | 78,8 | 64,0 | 54,0 | 48,6 | 40,3 | 34,5 | 32,0 | 32,0 | 28,1 | 30,0 | 31,4 | 37,9 | 37,6 | 37,0 | | | | | | | | | |
| 10 | 76,5 | 69,1 | 56,9 | 48,7 | 43,4 | 37,2 | 31,9 | 29,8 | 29,9 | 26,1 | 28,3 | 29,7 | 34,6 | 33,1 | | | | | | | | | | |
| 11 | 66,5 | 61,6 | 51,4 | 43,6 | 40,0 | 34,5 | 29,7 | 27,2 | 28,1 | 24,8 | 26,8 | 27,1 | 30,7 | | | | | | | | | | | |
| 12 | 59,2 | 55,3 | 46,3 | 39,6 | 37,1 | 32,0 | 28,0 | 25,6 | 26,8 | 23,6 | 24,5 | 24,1 | | | | | | | | | | | | |
| 13 | 54,3 | 48,8 | 42,3 | 37,0 | 34,6 | 30,1 | 26,1 | 24,6 | 25,6 | 21,5 | 21,8 | | | | | | | | | | | | | |
| 14 | 49,2 | 44,5 | 39,5 | 34,6 | 32,4 | 28,1 | 24,9 | 23,5 | 23,7 | 19,0 | | | | | | | | | | | | | | |
| 15 | 45,5 | 41,0 | 37,1 | 32,4 | 30,0 | 26,9 | 23,8 | 21,8 | 21,5 | | | | | | | | | | | | | | | |
| 16 | 41,9 | 38,6 | 35,1 | 30,1 | 28,7 | 25,8 | 21,8 | 19,7 | | | | | | | | | | | | | | | | |
| 17 | 39,4 | 36,4 | 33,0 | 28,6 | 27,3 | 23,7 | 19,7 | | | | | | | | | | | | | | | | | |
| 18 | 37,0 | 34,4 | 31,4 | 27,2 | 24,9 | 21,4 | | | | | | | | | | | | | | | | | | |
| 19 | 34,8 | 33,0 | 30,0 | 25,2 | 22,3 | | | | | | | | | | | | | | | | | | | |
| 20 | 32,8 | 31,3 | 27,8 | 22,8 | | | | | | | | | | | | | | | | | | | | |
| 21 | 31,1 | 29,0 | 25,1 | | | | | | | | | | | | | | | | | | | | | |
| 22 | 28,7 | 26,1 | | | | | | | | | | | | | | | | | | | | | | |
| 23 | 25,7 | | | | | | | | | | | | | | | | | | | | | | | |

**Статистика эмпирического исследования**

| | 1991 | 1992 | 1993 | 1994 | 1995 | 1996 | 1997 | 1998 | 1999 | 2000 | 2001 | 2002 | 2003 | 2004 | 2005 | 2006 | 2007 | 2008 | 2009 | 2010 | 2011 | 2012 | 2013 | 2014 |
|---|---|---|---|---|---|---|---|---|---|---|---|---|---|---|---|---|---|---|---|---|---|---|---|---|
| K1 | 4855 | 18105 | 14373 | 10331 | 9233 | 9122 | 10673 | 12558 | 19301 | 19061 | 19351 | 19235 | 18355 | 18339 | 21284 | 28624 | 23693 | 22503 | 19674 | 22180 | 23177 | 22701 | 21038 | 18736 |
| K2 | 14,2 | 13,3 | 11,9 | 10,7 | 9,7 | 8,3 | 7,2 | 6,2 | 5,7 | 5,0 | 4,9 | 4,6 | 4,7 | 4,6 | 4,6 | 4,5 | 4,0 | 3,8 | 3,5 | 3,1 | 2,8 | 2,3 | 1,6 | – |
| K3 | 7,0 | | | | | | | | | | | | | | | | | | | | | | | |

Таблица 2.02 – Выживаемость компаний Кировской области за период 1991–2014 гг., %

| Т+ | 1991 | 1992 | 1993 | 1994 | 1995 | 1996 | 1997 | 1998 | 1999 | 2000 | 2001 | 2002 | 2003 | 2004 | 2005 | 2006 | 2007 | 2008 | 2009 | 2010 | 2011 | 2012 | 2013 | 2014 |
|---|---|---|---|---|---|---|---|---|---|---|---|---|---|---|---|---|---|---|---|---|---|---|---|---|
| 0 |  |  |  |  |  |  |  |  | 91,9 | 83,5 | 90,9 | 90,1 | 89,3 | 90,3 | 92,7 | 91,1 | 90,7 | 89,0 | 94,4 | 89,1 | 91,5 | 91,0 | 87,8 | 82,6 |
| 1 |  |  |  |  |  |  |  | 91,6 | 77,3 | 72,4 | 77,2 | 75,2 | 77,4 | 79,5 | 82,5 | 80,1 | 79,5 | 81,1 | 80,5 | 79,2 | 79,3 | 70,4 | 67,6 |  |
| 2 |  |  |  |  |  |  | 87,1 | 77,5 | 66,7 | 61,9 | 65,5 | 65,6 | 68,5 | 69,1 | 70,1 | 71,8 | 71,0 | 71,5 | 70,0 | 70,1 | 62,7 | 53,2 |  |  |
| 3 |  |  |  |  |  | 86,5 | 75,3 | 68,2 | 57,3 | 52,5 | 58,7 | 56,7 | 62,3 | 62,1 | 64,4 | 66,9 | 63,6 | 64,7 | 62,6 | 58,8 | 49,3 |  |  |  |
| 4 |  |  |  |  | 91,0 | 72,9 | 66,4 | 58,4 | 49,1 | 44,9 | 50,8 | 51,1 | 55,8 | 55,7 | 59,6 | 62,4 | 59,4 | 58,5 | 54,3 | 47,3 |  |  |  |  |
| 5 |  |  |  | 91,8 | 81,0 | 61,4 | 58,5 | 50,2 | 42,9 | 40,8 | 46,7 | 45,5 | 50,6 | 52,6 | 55,9 | 58,6 | 55,5 | 52,4 | 44,2 |  |  |  |  |  |
| 6 |  |  | 93,2 | 81,3 | 74,0 | 53,0 | 52,2 | 43,8 | 38,5 | 37,7 | 42,4 | 41,8 | 48,0 | 48,9 | 53,6 | 55,3 | 48,5 | 45,0 |  |  |  |  |  |  |
| 7 |  | 95,6 | 85,1 | 74,7 | 65,0 | 46,7 | 48,1 | 41,1 | 35,5 | 34,0 | 39,0 | 39,6 | 45,7 | 46,9 | 50,6 | 50,6 | 41,1 |  |  |  |  |  |  |  |
| 8 | 93,8 | 88,9 | 76,8 | 66,0 | 60,6 | 43,1 | 44,7 | 38,7 | 33,0 | 32,0 | 37,1 | 37,1 | 43,3 | 44,4 | 46,1 | 45,1 |  |  |  |  |  |  |  |  |
| 9 | 87,2 | 79,6 | 67,9 | 57,3 | 55,9 | 40,9 | 41,8 | 36,3 | 30,9 | 30,6 | 34,9 | 35,4 | 41,1 | 40,5 | 41,5 |  |  |  |  |  |  |  |  |  |
| 10 | 83,0 | 69,7 | 61,6 | 51,9 | 50,1 | 37,7 | 38,8 | 34,9 | 28,6 | 28,4 | 33,9 | 33,7 | 38,4 | 37,3 |  |  |  |  |  |  |  |  |  |  |
| 11 | 73,7 | 63,1 | 56,0 | 48,1 | 47,6 | 34,5 | 35,2 | 33,3 | 27,5 | 27,1 | 32,4 | 30,7 | 34,1 |  |  |  |  |  |  |  |  |  |  |  |
| 12 | 65,7 | 56,6 | 49,5 | 43,5 | 44,5 | 32,1 | 34,2 | 31,8 | 27,1 | 26,1 | 30,0 | 28,0 |  |  |  |  |  |  |  |  |  |  |  |  |
| 13 | 57,8 | 48,3 | 46,4 | 40,7 | 42,2 | 31,2 | 32,1 | 31,2 | 26,1 | 23,7 | 27,0 |  |  |  |  |  |  |  |  |  |  |  |  |  |
| 14 | 50,5 | 43,3 | 43,8 | 38,4 | 40,8 | 29,8 | 31,0 | 30,3 | 24,6 | 21,0 |  |  |  |  |  |  |  |  |  |  |  |  |  |  |
| 15 | 47,4 | 38,9 | 41,3 | 36,8 | 33,9 | 28,0 | 29,6 | 27,7 | 22,2 |  |  |  |  |  |  |  |  |  |  |  |  |  |  |  |
| 16 | 40,5 | 36,3 | 39,1 | 34,5 | 32,0 | 27,5 | 28,1 | 25,6 |  |  |  |  |  |  |  |  |  |  |  |  |  |  |  |  |
| 17 | 36,7 | 34,4 | 36,6 | 33,2 | 30,4 | 25,7 | 26,5 |  |  |  |  |  |  |  |  |  |  |  |  |  |  |  |  |  |
| 18 | 34,6 | 32,1 | 35,6 | 32,2 | 29,2 | 24,6 |  |  |  |  |  |  |  |  |  |  |  |  |  |  |  |  |  |  |
| 19 | 32,5 | 30,0 | 34,7 | 30,2 | 26,7 |  |  |  |  |  |  |  |  |  |  |  |  |  |  |  |  |  |  |  |
| 20 | 32,2 | 28,4 | 33,4 | 27,1 |  |  |  |  |  |  |  |  |  |  |  |  |  |  |  |  |  |  |  |  |
| 21 | 30,8 | 26,7 | 29,8 |  |  |  |  |  |  |  |  |  |  |  |  |  |  |  |  |  |  |  |  |  |
| 22 | 29,1 | 24,4 |  |  |  |  |  |  |  |  |  |  |  |  |  |  |  |  |  |  |  |  |  |  |
| 23 | 26,3 |  |  |  |  |  |  |  |  |  |  |  |  |  |  |  |  |  |  |  |  |  |  |  |

Статистика эмпирического исследования

| | 1991 | 1992 | 1993 | 1994 | 1995 | 1996 | 1997 | 1998 | 1999 | 2000 | 2001 | 2002 | 2003 | 2004 | 2005 | 2006 | 2007 | 2008 | 2009 | 2010 | 2011 | 2012 | 2013 | 2014 |
|---|---|---|---|---|---|---|---|---|---|---|---|---|---|---|---|---|---|---|---|---|---|---|---|---|
| К1 | 289 | 1429 | 850 | 391 | 431 | 443 | 619 | 628 | 805 | 958 | 892 | 892 | 1007 | 1097 | 1396 | 1773 | 1553 | 1541 | 1241 | 1520 | 1792 | 1771 | 1693 | 1540 |
| К2 | 14,4 | 13,4 | 12,0 | 10,9 | 10,2 | 7,7 | 7,2 | 6,2 | 5,2 | 4,8 | 5,0 | 4,7 | 4,7 | 4,5 | 4,5 | 4,2 | 4,1 | 3,7 | 3,5 | 3,0 | 2,7 | 2,2 | 1,6 | – |
| К3 | 6,7 |  |  |  |  |  |  |  |  |  |  |  |  |  |  |  |  |  |  |  |  |  |  |  |

Таблица 2.03 – Выживаемость компаний Республики Татарстан за период 1991–2014 гг., %

| T+ | 1991 | 1992 | 1993 | 1994 | 1995 | 1996 | 1997 | 1998 | 1999 | 2000 | 2001 | 2002 | 2003 | 2004 | 2005 | 2006 | 2007 | 2008 | 2009 | 2010 | 2011 | 2012 | 2013 | 2014 |
|----|------|------|------|------|------|------|------|------|------|------|------|------|------|------|------|------|------|------|------|------|------|------|------|------|
| 0 |  |  |  |  |  |  |  |  | 96,8 | 90,4 | 91,0 | 84,9 | 88,5 | 90,1 | 89,5 | 91,9 | 91,3 | 91,7 | 93,8 | 89,7 | 91,3 | 92,3 | 87,3 | 84,5 |
| 1 |  |  |  |  |  |  |  | 91,4 | 87,7 | 76,9 | 72,1 | 67,2 | 75,9 | 75,8 | 77,7 | 81,9 | 81,0 | 82,1 | 77,1 | 74,9 | 76,7 | 73,3 | 66,0 |  |
| 2 |  |  |  |  |  |  | 87,1 | 79,4 | 77,1 | 59,3 | 58,0 | 56,0 | 64,1 | 68,1 | 69,1 | 73,5 | 69,7 | 68,1 | 65,6 | 60,4 | 58,0 | 51,9 |  |  |
| 3 |  |  |  |  |  | 86,1 | 73,2 | 69,4 | 64,3 | 48,5 | 50,2 | 48,0 | 57,6 | 61,4 | 62,5 | 66,3 | 58,7 | 59,8 | 57,1 | 50,0 | 43,2 |  |  |  |
| 4 |  |  |  |  | 87,0 | 70,9 | 61,7 | 56,9 | 54,1 | 41,7 | 43,6 | 42,7 | 52,4 | 56,0 | 56,1 | 58,2 | 53,6 | 53,2 | 47,5 | 39,2 |  |  |  |  |
| 5 |  |  |  | 88,1 | 75,1 | 60,8 | 51,3 | 49,1 | 47,0 | 36,4 | 39,4 | 39,4 | 48,2 | 52,0 | 50,8 | 52,2 | 48,2 | 46,1 | 38,2 |  |  |  |  |  |
| 6 |  |  | 84,9 | 76,4 | 68,6 | 48,6 | 41,4 | 42,2 | 40,9 | 32,5 | 37,0 | 37,0 | 45,1 | 47,0 | 47,3 | 47,5 | 42,7 | 37,5 |  |  |  |  |  |  |
| 7 |  | 86,2 | 71,5 | 68,0 | 58,2 | 42,1 | 35,3 | 37,9 | 36,1 | 30,7 | 34,0 | 34,8 | 41,2 | 44,0 | 44,3 | 41,2 | 36,0 |  |  |  |  |  |  |  |
| 8 | 85,5 | 74,3 | 63,2 | 56,4 | 49,1 | 36,1 | 29,7 | 35,3 | 33,5 | 29,5 | 30,5 | 31,3 | 38,6 | 41,3 | 38,5 | 34,7 |  |  |  |  |  |  |  |  |
| 9 | 77,6 | 63,8 | 53,7 | 45,9 | 41,7 | 29,0 | 26,6 | 33,0 | 31,6 | 27,6 | 28,3 | 30,2 | 36,2 | 36,8 | 33,3 |  |  |  |  |  |  |  |  |  |
| 10 | 66,6 | 53,4 | 44,4 | 39,2 | 35,4 | 27,1 | 24,6 | 31,4 | 29,5 | 25,6 | 26,3 | 28,2 | 33,6 | 31,7 |  |  |  |  |  |  |  |  |  |  |
| 11 | 56,2 | 46,6 | 38,0 | 32,1 | 32,1 | 25,1 | 23,3 | 24,7 | 27,8 | 24,6 | 24,9 | 25,4 | 29,0 |  |  |  |  |  |  |  |  |  |  |  |
| 12 | 44,5 | 40,9 | 33,1 | 27,2 | 30,0 | 23,4 | 21,6 | 22,6 | 26,6 | 23,6 | 22,6 | 22,1 |  |  |  |  |  |  |  |  |  |  |  |  |
| 13 | 39,3 | 35,8 | 30,0 | 26,3 | 28,3 | 21,3 | 19,8 | 21,9 | 25,5 | 21,3 | 20,1 |  |  |  |  |  |  |  |  |  |  |  |  |  |
| 14 | 34,8 | 33,3 | 27,8 | 25,1 | 25,6 | 20,2 | 19,0 | 20,8 | 23,6 | 19,3 |  |  |  |  |  |  |  |  |  |  |  |  |  |  |
| 15 | 31,0 | 31,4 | 26,1 | 22,8 | 24,0 | 19,5 | 18,3 | 19,5 | 21,4 |  |  |  |  |  |  |  |  |  |  |  |  |  |  |  |
| 16 | 28,3 | 30,2 | 25,2 | 21,0 | 22,9 | 18,6 | 17,0 | 17,5 |  |  |  |  |  |  |  |  |  |  |  |  |  |  |  |  |
| 17 | 26,6 | 28,6 | 23,2 | 19,8 | 21,5 | 16,6 | 14,7 |  |  |  |  |  |  |  |  |  |  |  |  |  |  |  |  |  |
| 18 | 23,4 | 26,6 | 21,8 | 18,4 | 19,7 | 15,3 |  |  |  |  |  |  |  |  |  |  |  |  |  |  |  |  |  |  |
| 19 | 22,1 | 26,1 | 20,7 | 17,6 | 17,9 |  |  |  |  |  |  |  |  |  |  |  |  |  |  |  |  |  |  |  |
| 20 | 21,0 | 24,2 | 19,1 | 16,6 |  |  |  |  |  |  |  |  |  |  |  |  |  |  |  |  |  |  |  |  |
| 21 | 20,3 | 22,1 | 16,7 |  |  |  |  |  |  |  |  |  |  |  |  |  |  |  |  |  |  |  |  |  |
| 22 | 18,6 | 18,7 |  |  |  |  |  |  |  |  |  |  |  |  |  |  |  |  |  |  |  |  |  |  |
| 23 | 16,6 |  |  |  |  |  |  |  |  |  |  |  |  |  |  |  |  |  |  |  |  |  |  |  |

**Статистика эмпирического исследования**

| | 1991 | 1992 | 1993 | 1994 | 1995 | 1996 | 1997 | 1998 | 1999 | 2000 | 2001 | 2002 | 2003 | 2004 | 2005 | 2006 | 2007 | 2008 | 2009 | 2010 | 2011 | 2012 | 2013 | 2014 |
|----|------|------|------|------|------|------|------|------|------|------|------|------|------|------|------|------|------|------|------|------|------|------|------|------|
| К1 | 290 | 723 | 990 | 1154 | 978 | 1023 | 1262 | 1643 | 3908 | 2289 | 2282 | 2465 | 2311 | 2045 | 2544 | 3470 | 2731 | 2630 | 2432 | 2676 | 2766 | 2573 | 2039 | 1681 |
| К2 | 13,2 | 12,2 | 11,0 | 10,0 | 9,3 | 7,7 | 6,9 | 6,5 | 5,9 | 4,7 | 4,7 | 4,3 | 4,7 | 4,7 | 4,5 | 4,6 | 4,0 | 3,8 | 3,4 | 2,9 | 2,7 | 2,3 | 1,6 | – |
| К3 | 6,3 |  |  |  |  |  |  |  |  |  |  |  |  |  |  |  |  |  |  |  |  |  |  |  |

Таблица 2.04 – Выживаемость компаний Самарской области за период 1991–2014 гг., %

| T+ | 1991 | 1992 | 1993 | 1994 | 1995 | 1996 | 1997 | 1998 | 1999 | 2000 | 2001 | 2002 | 2003 | 2004 | 2005 | 2006 | 2007 | 2008 | 2009 | 2010 | 2011 | 2012 | 2013 | 2014 |
|---|---|---|---|---|---|---|---|---|---|---|---|---|---|---|---|---|---|---|---|---|---|---|---|---|
| 0 |  |  |  |  |  |  |  |  | 92,9 | 91,6 | 90,6 | 87,8 | 87,2 | 88,5 | 88,6 | 90,1 | 88,7 | 87,6 | 90,7 | 87,6 | 92,1 | 89,7 | 85,6 | 83,9 |
| 1 |  |  |  |  |  |  |  | 86,3 | 80,2 | 79,7 | 72,4 | 71,9 | 72,9 | 74,1 | 74,8 | 77,4 | 73,3 | 75,9 | 74,4 | 75,0 | 74,5 | 67,9 | 64,5 |  |
| 2 |  |  |  |  |  |  | 84,4 | 73,4 | 69,4 | 64,3 | 59,6 | 59,6 | 60,5 | 63,5 | 63,4 | 65,6 | 62,3 | 64,9 | 62,9 | 60,5 | 54,1 | 48,8 |  |  |
| 3 |  |  |  |  |  | 84,8 | 71,8 | 61,6 | 57,3 | 53,6 | 52,0 | 51,0 | 51,6 | 54,6 | 53,7 | 57,6 | 54,1 | 57,9 | 53,7 | 47,0 | 40,7 |  |  |  |
| 4 |  |  |  |  | 86,5 | 73,1 | 61,0 | 51,4 | 48,9 | 46,0 | 44,5 | 44,5 | 45,6 | 47,5 | 47,8 | 51,3 | 49,2 | 51,0 | 45,2 | 38,0 |  |  |  |  |
| 5 |  |  |  | 87,2 | 76,3 | 64,9 | 51,3 | 44,9 | 43,5 | 40,5 | 39,8 | 39,4 | 40,7 | 41,9 | 43,1 | 46,0 | 44,1 | 43,1 | 35,9 |  |  |  |  |  |
| 6 |  |  | 89,2 | 76,2 | 68,1 | 57,3 | 46,0 | 40,2 | 39,0 | 35,3 | 35,9 | 34,8 | 36,3 | 36,8 | 39,8 | 41,5 | 37,6 | 35,4 |  |  |  |  |  |  |
| 7 |  | 90,8 | 79,0 | 67,5 | 59,8 | 51,2 | 41,6 | 36,7 | 34,9 | 32,2 | 32,4 | 31,6 | 33,1 | 33,9 | 36,5 | 35,5 | 31,5 |  |  |  |  |  |  |  |
| 8 | 88,0 | 83,5 | 71,0 | 58,6 | 54,5 | 46,3 | 37,0 | 33,6 | 31,8 | 29,4 | 29,1 | 28,6 | 30,4 | 31,7 | 32,1 | 29,7 |  |  |  |  |  |  |  |  |
| 9 | 78,6 | 75,9 | 61,6 | 53,6 | 50,5 | 42,4 | 33,9 | 30,3 | 29,1 | 27,1 | 26,9 | 26,4 | 28,6 | 28,4 | 27,3 |  |  |  |  |  |  |  |  |  |
| 10 | 73,5 | 68,8 | 55,2 | 48,7 | 45,3 | 39,6 | 30,6 | 27,5 | 26,8 | 25,0 | 24,9 | 24,3 | 25,8 | 24,8 |  |  |  |  |  |  |  |  |  |  |
| 11 | 62,7 | 63,1 | 51,5 | 45,1 | 42,2 | 36,4 | 28,6 | 25,2 | 24,5 | 24,0 | 23,8 | 22,1 | 22,4 |  |  |  |  |  |  |  |  |  |  |  |
| 12 | 54,7 | 58,1 | 47,6 | 42,1 | 39,3 | 33,1 | 26,4 | 23,6 | 23,2 | 22,5 | 21,2 | 19,2 |  |  |  |  |  |  |  |  |  |  |  |  |
| 13 | 50,6 | 53,7 | 43,8 | 39,4 | 35,9 | 30,7 | 24,7 | 22,8 | 21,9 | 20,2 | 18,6 |  |  |  |  |  |  |  |  |  |  |  |  |  |
| 14 | 47,2 | 49,6 | 40,5 | 36,3 | 33,6 | 29,2 | 23,5 | 21,5 | 19,7 | 17,6 |  |  |  |  |  |  |  |  |  |  |  |  |  |  |
| 15 | 43,4 | 45,4 | 38,6 | 34,0 | 31,6 | 28,1 | 22,5 | 19,6 | 18,4 |  |  |  |  |  |  |  |  |  |  |  |  |  |  |  |
| 16 | 38,3 | 42,4 | 36,7 | 32,0 | 30,1 | 27,4 | 20,7 | 17,5 |  |  |  |  |  |  |  |  |  |  |  |  |  |  |  |  |
| 17 | 35,4 | 40,5 | 34,4 | 30,5 | 28,3 | 24,3 | 18,4 |  |  |  |  |  |  |  |  |  |  |  |  |  |  |  |  |  |
| 18 | 33,3 | 38,9 | 32,7 | 28,9 | 25,5 | 22,0 |  |  |  |  |  |  |  |  |  |  |  |  |  |  |  |  |  |  |
| 19 | 31,6 | 37,2 | 31,0 | 25,8 | 23,2 |  |  |  |  |  |  |  |  |  |  |  |  |  |  |  |  |  |  |  |
| 20 | 29,6 | 35,4 | 28,3 | 23,5 |  |  |  |  |  |  |  |  |  |  |  |  |  |  |  |  |  |  |  |  |
| 21 | 28,0 | 33,0 | 25,4 |  |  |  |  |  |  |  |  |  |  |  |  |  |  |  |  |  |  |  |  |  |
| 22 | 25,3 | 30,0 |  |  |  |  |  |  |  |  |  |  |  |  |  |  |  |  |  |  |  |  |  |  |
| 23 | 22,4 |  |  |  |  |  |  |  |  |  |  |  |  |  |  |  |  |  |  |  |  |  |  |  |

Статистика эмпирического исследования

| | 1991 | 1992 | 1993 | 1994 | 1995 | 1996 | 1997 | 1998 | 1999 | 2000 | 2001 | 2002 | 2003 | 2004 | 2005 | 2006 | 2007 | 2008 | 2009 | 2010 | 2011 | 2012 | 2013 | 2014 |
|---|---|---|---|---|---|---|---|---|---|---|---|---|---|---|---|---|---|---|---|---|---|---|---|---|
| K1 | 415 | 1694 | 1448 | 1100 | 1314 | 1279 | 1536 | 1660 | 1994 | 2271 | 2510 | 2470 | 2195 | 2193 | 2260 | 2865 | 2665 | 2404 | 2028 | 2506 | 2534 | 2199 | 1886 | 1632 |
| K2 | 13,9 | 13,2 | 11,8 | 10,6 | 9,7 | 8,3 | 7,0 | 6,1 | 5,5 | 5,2 | 4,8 | 4,6 | 4,4 | 4,4 | 4,2 | 4,2 | 3,8 | 3,6 | 3,3 | 2,9 | 2,7 | 2,2 | 1,6 | - |
| K3 | 6,7 |  |  |  |  |  |  |  |  |  |  |  |  |  |  |  |  |  |  |  |  |  |  |  |

Таблица 2.05 – Выживаемость компаний Нижегородской области за период 1991–2014 гг., %

| T+ | 1991 | 1992 | 1993 | 1994 | 1995 | 1996 | 1997 | 1998 | 1999 | 2000 | 2001 | 2002 | 2003 | 2004 | 2005 | 2006 | 2007 | 2008 | 2009 | 2010 | 2011 | 2012 | 2013 | 2014 |
|---|---|---|---|---|---|---|---|---|---|---|---|---|---|---|---|---|---|---|---|---|---|---|---|---|
| 0 | | | | | | | | | 96,6 | 95,6 | 91,7 | 88,0 | 87,1 | 88,4 | 89,2 | 89,9 | 89,0 | 90,4 | 93,4 | 91,1 | 93,6 | 93,5 | 90,1 | 84,7 |
| 1 | | | | | | | | 88,5 | 90,3 | 81,8 | 74,6 | 70,8 | 72,2 | 72,4 | 74,7 | 79,4 | 76,1 | 80,6 | 80,6 | 81,0 | 82,6 | 76,3 | 69,6 | |
| 2 | | | | | | | 88,4 | 76,7 | 79,8 | 66,3 | 61,9 | 58,6 | 60,3 | 61,6 | 64,2 | 70,2 | 66,7 | 71,0 | 70,7 | 67,0 | 65,5 | 57,4 | | |
| 3 | | | | | | 89,3 | 77,0 | 64,3 | 67,7 | 55,4 | 52,9 | 49,9 | 52,5 | 53,6 | 56,5 | 64,1 | 60,1 | 64,0 | 63,1 | 55,2 | 51,6 | | | |
| 4 | | | | | 88,7 | 79,3 | 65,3 | 52,8 | 58,8 | 46,6 | 45,6 | 42,9 | 46,4 | 47,6 | 51,9 | 58,3 | 55,7 | 56,8 | 54,6 | 44,5 | | | | |
| 5 | | | | 90,1 | 80,0 | 70,0 | 54,9 | 45,2 | 52,4 | 40,9 | 39,9 | 37,7 | 41,6 | 43,5 | 46,6 | 54,5 | 51,8 | 49,0 | 45,3 | | | | | |
| 6 | | | 90,9 | 80,1 | 69,2 | 58,6 | 46,2 | 40,4 | 47,3 | 36,3 | 36,2 | 34,3 | 39,2 | 40,7 | 43,4 | 50,2 | 45,5 | 41,3 | | | | | | |
| 7 | | 92,8 | 83,0 | 70,3 | 59,3 | 51,5 | 40,8 | 36,2 | 42,7 | 32,5 | 33,2 | 31,9 | 36,7 | 38,6 | 40,3 | 45,3 | 38,6 | | | | | | | |
| 8 | 91,1 | 86,1 | 73,4 | 60,4 | 51,8 | 46,2 | 35,0 | 32,2 | 39,3 | 29,3 | 31,0 | 29,0 | 35,6 | 36,4 | 36,1 | 39,2 | | | | | | | | |
| 9 | 84,6 | 77,5 | 63,1 | 54,9 | 46,3 | 41,4 | 31,0 | 29,2 | 36,9 | 27,7 | 29,3 | 27,5 | 33,4 | 32,4 | 30,6 | | | | | | | | | |
| 10 | 76,3 | 68,1 | 57,3 | 49,9 | 41,8 | 37,7 | 29,0 | 27,3 | 34,7 | 26,1 | 27,4 | 25,9 | 30,4 | 28,3 | | | | | | | | | | |
| 11 | 66,2 | 61,3 | 51,8 | 45,1 | 37,8 | 35,2 | 27,3 | 25,6 | 32,6 | 24,9 | 26,4 | 23,3 | 27,3 | | | | | | | | | | | |
| 12 | 58,3 | 56,0 | 48,2 | 41,6 | 34,9 | 32,1 | 25,8 | 24,0 | 31,2 | 23,7 | 24,1 | 20,5 | | | | | | | | | | | | |
| 13 | 53,1 | 51,1 | 44,2 | 38,4 | 33,1 | 30,6 | 24,0 | 23,1 | 29,6 | 21,4 | 21,0 | | | | | | | | | | | | | |
| 14 | 50,8 | 46,7 | 41,8 | 35,8 | 31,3 | 28,4 | 22,6 | 22,4 | 27,6 | 18,2 | | | | | | | | | | | | | | |
| 15 | 48,0 | 43,8 | 38,9 | 34,3 | 29,6 | 27,3 | 21,5 | 20,8 | 25,3 | | | | | | | | | | | | | | | |
| 16 | 43,1 | 41,3 | 36,6 | 32,8 | 28,6 | 26,0 | 19,6 | 19,0 | | | | | | | | | | | | | | | | |
| 17 | 41,1 | 38,7 | 34,8 | 30,8 | 27,4 | 24,1 | 17,4 | | | | | | | | | | | | | | | | | |
| 18 | 38,1 | 35,7 | 33,3 | 29,0 | 25,8 | 21,1 | | | | | | | | | | | | | | | | | | |
| 19 | 35,5 | 34,0 | 32,0 | 26,8 | 22,2 | | | | | | | | | | | | | | | | | | | |
| 20 | 33,6 | 32,6 | 29,7 | 23,1 | | | | | | | | | | | | | | | | | | | | |
| 21 | 31,5 | 30,2 | 27,1 | | | | | | | | | | | | | | | | | | | | | |
| 22 | 30,2 | 26,3 | | | | | | | | | | | | | | | | | | | | | | |
| 23 | 26,3 | | | | | | | | | | | | | | | | | | | | | | | |

Статистика эмпирического исследования

| | 1991 | 1992 | 1993 | 1994 | 1995 | 1996 | 1997 | 1998 | 1999 | 2000 | 2001 | 2002 | 2003 | 2004 | 2005 | 2006 | 2007 | 2008 | 2009 | 2010 | 2011 | 2012 | 2013 | 2014 |
|---|---|---|---|---|---|---|---|---|---|---|---|---|---|---|---|---|---|---|---|---|---|---|---|---|
| K1 | 708 | 1580 | 1338 | 978 | 1006 | 1086 | 1298 | 1548 | 2473 | 1949 | 2011 | 2138 | 2138 | 2140 | 2391 | 3381 | 2492 | 2340 | 1966 | 2226 | 2192 | 2070 | 1701 | 1467 |
| K2 | 14,3 | 13,5 | 11,8 | 10,9 | 9,5 | 8,6 | 7,2 | 6,0 | 6,2 | 5,3 | 4,8 | 4,4 | 4,2 | 4,2 | 4,3 | 4,3 | 3,8 | 3,8 | 3,5 | 3,1 | 2,8 | 2,3 | 1,7 | - |
| K3 | 7,0 | | | | | | | | | | | | | | | | | | | | | | | |

Таблица 2.06 – Выживаемость компаний Республики Башкортостан за период 1991–2014 гг., %

| T+ | 1991 | 1992 | 1993 | 1994 | 1995 | 1996 | 1997 | 1998 | 1999 | 2000 | 2001 | 2002 | 2003 | 2004 | 2005 | 2006 | 2007 | 2008 | 2009 | 2010 | 2011 | 2012 | 2013 | 2014 |
|---|---|---|---|---|---|---|---|---|---|---|---|---|---|---|---|---|---|---|---|---|---|---|---|---|
| 0 | | | | | | | | | 94,6 | 91,9 | 91,8 | 88,7 | 87,9 | 92,0 | 93,3 | 93,5 | 93,0 | 93,7 | 94,9 | 90,2 | 89,3 | 93,8 | 90,4 | 87,2 |
| 1 | | | | | | | | 89,3 | 82,7 | 77,7 | 75,2 | 73,6 | 75,9 | 82,0 | 82,5 | 84,3 | 84,3 | 84,0 | 80,5 | 74,4 | 79,4 | 79,4 | 71,9 | |
| 2 | | | | | | | 88,4 | 77,1 | 69,4 | 60,9 | 60,6 | 62,1 | 65,5 | 71,1 | 75,1 | 76,9 | 74,1 | 73,6 | 65,9 | 65,1 | 65,2 | 63,4 | | |
| 3 | | | | | | 91,1 | 76,5 | 65,3 | 56,1 | 48,0 | 51,4 | 52,2 | 59,2 | 63,7 | 67,4 | 69,8 | 64,9 | 63,8 | 58,8 | 55,2 | 53,4 | | | |
| 4 | | | | | 92,9 | 80,1 | 65,1 | 51,2 | 46,9 | 40,5 | 44,1 | 46,0 | 53,0 | 56,2 | 60,3 | 62,8 | 57,0 | 58,6 | 52,2 | 46,7 | | | | |
| 5 | | | | 91,1 | 83,7 | 71,6 | 52,5 | 42,4 | 41,5 | 35,6 | 39,5 | 41,2 | 49,4 | 50,8 | 54,0 | 57,1 | 52,6 | 51,5 | 44,3 | | | | | |
| 6 | | | 94,4 | 82,5 | 74,8 | 58,3 | 45,4 | 37,1 | 37,2 | 32,2 | 35,7 | 37,4 | 45,5 | 45,2 | 49,2 | 53,6 | 46,5 | 43,2 | | | | | | |
| 7 | | 95,8 | 87,4 | 73,7 | 63,5 | 50,8 | 40,1 | 33,5 | 33,7 | 29,4 | 32,3 | 35,1 | 41,0 | 42,0 | 46,8 | 49,3 | 39,2 | | | | | | | |
| 8 | 94,7 | 90,1 | 81,0 | 61,9 | 56,2 | 45,2 | 36,1 | 30,0 | 30,8 | 27,1 | 29,9 | 31,3 | 38,4 | 39,1 | 43,7 | 43,3 | | | | | | | | |
| 9 | 89,2 | 83,2 | 68,4 | 55,7 | 50,1 | 40,0 | 32,8 | 28,4 | 28,9 | 25,3 | 27,5 | 29,2 | 36,7 | 35,7 | 37,9 | | | | | | | | | |
| 10 | 82,0 | 73,1 | 60,7 | 49,8 | 42,7 | 36,8 | 30,2 | 26,9 | 27,1 | 23,2 | 25,8 | 28,1 | 33,3 | 31,4 | | | | | | | | | | |
| 11 | 70,5 | 65,3 | 54,7 | 43,6 | 38,3 | 33,5 | 27,7 | 24,3 | 24,8 | 21,4 | 23,9 | 25,4 | 29,8 | | | | | | | | | | | |
| 12 | 62,3 | 58,1 | 48,0 | 37,7 | 34,4 | 31,0 | 26,0 | 22,4 | 22,8 | 20,2 | 22,1 | 22,5 | | | | | | | | | | | | |
| 13 | 56,9 | 49,8 | 42,9 | 33,6 | 32,6 | 28,9 | 24,3 | 20,8 | 21,7 | 19,2 | 19,9 | | | | | | | | | | | | | |
| 14 | 50,4 | 44,6 | 38,8 | 31,4 | 31,1 | 26,8 | 23,1 | 20,0 | 19,9 | 16,7 | | | | | | | | | | | | | | |
| 15 | 44,3 | 39,0 | 36,9 | 29,0 | 28,9 | 24,2 | 21,3 | 18,7 | 17,9 | | | | | | | | | | | | | | | |
| 16 | 40,6 | 36,1 | 34,5 | 27,2 | 27,5 | 22,9 | 19,8 | 16,1 | | | | | | | | | | | | | | | | |
| 17 | 38,2 | 33,1 | 31,7 | 25,8 | 26,2 | 21,1 | 17,8 | | | | | | | | | | | | | | | | | |
| 18 | 35,1 | 31,5 | 30,0 | 24,5 | 23,1 | 19,5 | | | | | | | | | | | | | | | | | | |
| 19 | 33,6 | 29,8 | 28,6 | 22,6 | 21,0 | | | | | | | | | | | | | | | | | | | |
| 20 | 31,4 | 27,7 | 26,5 | 20,3 | | | | | | | | | | | | | | | | | | | | |
| 21 | 29,2 | 25,3 | 24,2 | | | | | | | | | | | | | | | | | | | | | |
| 22 | 25,3 | 23,1 | | | | | | | | | | | | | | | | | | | | | | |
| 23 | 22,7 | | | | | | | | | | | | | | | | | | | | | | | |

Статистика эмпирического исследования

| | 1991 | 1992 | 1993 | 1994 | 1995 | 1996 | 1997 | 1998 | 1999 | 2000 | 2001 | 2002 | 2003 | 2004 | 2005 | 2006 | 2007 | 2008 | 2009 | 2010 | 2011 | 2012 | 2013 | 2014 |
|---|---|---|---|---|---|---|---|---|---|---|---|---|---|---|---|---|---|---|---|---|---|---|---|---|
| K1 | 684 | 1907 | 1977 | 1258 | 1275 | 1099 | 1182 | 1642 | 2145 | 2458 | 2395 | 2289 | 2027 | 1961 | 2244 | 2852 | 2371 | 2268 | 2131 | 2229 | 2118 | 1918 | 1639 | 1429 |
| K2 | 14,7 | 13,7 | 12,3 | 10,8 | 9,9 | 8,6 | 7,2 | 6,1 | 5,5 | 4,8 | 4,8 | 4,6 | 4,7 | 4,8 | 4,7 | 4,5 | 4,3 | 3,9 | 3,3 | 2,8 | 2,6 | 2,3 | 1,7 | – |
| K3 | 7,3 | | | | | | | | | | | | | | | | | | | | | | | |

Таблица 2.07 – Выживаемость компаний Пермского края за период 1991–2014 гг., %

| T+ | 1991 | 1992 | 1993 | 1994 | 1995 | 1996 | 1997 | 1998 | 1999 | 2000 | 2001 | 2002 | 2003 | 2004 | 2005 | 2006 | 2007 | 2008 | 2009 | 2010 | 2011 | 2012 | 2013 | 2014 |
|---|---|---|---|---|---|---|---|---|---|---|---|---|---|---|---|---|---|---|---|---|---|---|---|---|
| 0 | | | | | | | | | 95,8 | 93,5 | 94,3 | 91,2 | 91,3 | 90,7 | 93,8 | 92,8 | 89,9 | 90,4 | 92,8 | 93,8 | 95,0 | 94,6 | 89,5 | 81,8 |
| 1 | | | | | | | | 92,6 | 83,9 | 82,9 | 83,8 | 77,6 | 81,2 | 80,8 | 83,0 | 84,2 | 78,5 | 78,3 | 82,6 | 84,5 | 85,7 | 78,5 | 70,3 | |
| 2 | | | | | | | 87,3 | 79,1 | 74,9 | 70,2 | 72,7 | 69,6 | 74,4 | 72,3 | 73,8 | 75,4 | 67,7 | 71,2 | 75,2 | 75,2 | 72,4 | 62,7 | | |
| 3 | | | | | | 89,0 | 72,0 | 70,4 | 66,3 | 59,9 | 65,8 | 63,7 | 66,3 | 64,2 | 65,9 | 67,7 | 62,2 | 66,0 | 68,8 | 63,9 | 57,3 | | | |
| 4 | | | | | 90,3 | 75,8 | 63,8 | 58,8 | 58,2 | 54,0 | 59,3 | 57,4 | 60,3 | 56,9 | 59,4 | 62,4 | 58,5 | 59,8 | 60,5 | 51,4 | | | | |
| 5 | | | | 91,8 | 78,5 | 67,7 | 55,1 | 51,0 | 52,7 | 49,8 | 53,7 | 52,3 | 55,2 | 51,3 | 54,4 | 58,0 | 53,7 | 52,5 | 51,5 | | | | | |
| 6 | | | 91,3 | 81,4 | 71,1 | 58,6 | 50,3 | 46,5 | 49,2 | 45,7 | 48,3 | 48,1 | 50,5 | 47,7 | 51,6 | 54,4 | 48,2 | 43,2 | | | | | | |
| 7 | | 93,6 | 82,9 | 72,8 | 63,2 | 51,5 | 46,5 | 42,8 | 44,8 | 41,6 | 44,5 | 43,4 | 46,4 | 44,9 | 48,3 | 48,8 | 40,9 | | | | | | | |
| 8 | 91,7 | 83,7 | 73,6 | 62,9 | 56,6 | 47,8 | 43,0 | 40,1 | 41,2 | 37,9 | 40,8 | 39,6 | 44,6 | 42,6 | 43,6 | 42,9 | | | | | | | | |
| 9 | 81,4 | 76,3 | 63,2 | 55,7 | 52,3 | 44,3 | 39,9 | 36,9 | 38,5 | 35,2 | 38,1 | 38,3 | 42,2 | 38,8 | 37,3 | | | | | | | | | |
| 10 | 72,8 | 67,7 | 57,0 | 51,3 | 49,2 | 41,0 | 36,8 | 34,0 | 35,9 | 32,3 | 36,4 | 36,2 | 38,4 | 34,6 | | | | | | | | | | |
| 11 | 64,7 | 61,2 | 52,6 | 48,5 | 45,8 | 38,6 | 34,9 | 31,0 | 34,1 | 30,5 | 34,0 | 33,5 | 33,5 | | | | | | | | | | | |
| 12 | 58,6 | 57,6 | 49,0 | 44,9 | 42,7 | 36,4 | 33,6 | 29,6 | 32,5 | 29,1 | 31,1 | 30,0 | | | | | | | | | | | | |
| 13 | 53,9 | 54,5 | 45,6 | 42,6 | 39,7 | 34,4 | 30,9 | 28,1 | 31,1 | 27,1 | 28,0 | | | | | | | | | | | | | |
| 14 | 50,0 | 51,5 | 43,9 | 39,3 | 37,1 | 30,6 | 29,9 | 26,9 | 29,0 | 24,3 | | | | | | | | | | | | | | |
| 15 | 46,8 | 48,8 | 40,7 | 37,5 | 32,7 | 29,5 | 28,4 | 24,4 | 25,9 | | | | | | | | | | | | | | | |
| 16 | 44,4 | 46,5 | 39,0 | 34,5 | 31,3 | 28,6 | 25,6 | 22,2 | | | | | | | | | | | | | | | | |
| 17 | 42,6 | 44,3 | 37,0 | 33,4 | 30,1 | 27,1 | 24,1 | | | | | | | | | | | | | | | | | |
| 18 | 39,7 | 42,3 | 35,8 | 31,2 | 28,3 | 24,1 | | | | | | | | | | | | | | | | | | |
| 19 | 38,7 | 41,4 | 34,4 | 29,3 | 24,2 | | | | | | | | | | | | | | | | | | | |
| 20 | 36,5 | 39,7 | 32,3 | 26,9 | | | | | | | | | | | | | | | | | | | | |
| 21 | 35,0 | 37,0 | 29,4 | | | | | | | | | | | | | | | | | | | | | |
| 22 | 32,1 | 34,1 | | | | | | | | | | | | | | | | | | | | | | |
| 23 | 29,9 | | | | | | | | | | | | | | | | | | | | | | | |
| | | | | | | | | | Статистика эмпирического исследования | | | | | | | | | | | | | | | |
| K1 | 408 | 1568 | 1178 | 893 | 834 | 793 | 952 | 932 | 1249 | 1438 | 1496 | 1552 | 1583 | 1889 | 2225 | 3245 | 2789 | 2493 | 2096 | 2193 | 2203 | 1885 | 1574 | 1435 |
| K2 | 13,9 | 13,1 | 11,8 | 10,8 | 10,1 | 8,5 | 7,2 | 6,6 | 6,1 | 5,6 | 5,7 | 5,2 | 5,2 | 4,7 | 4,8 | 4,5 | 3,9 | 3,8 | 3,5 | 3,3 | 2,9 | 2,3 | 1,6 | - |
| K3 | 7,2 | | | | | | | | | | | | | | | | | | | | | | | |

Таблица 2.08 – Выживаемость компаний Пензенской области за период 1991–2014 гг., %

| T+ | 1991 | 1992 | 1993 | 1994 | 1995 | 1996 | 1997 | 1998 | 1999 | 2000 | 2001 | 2002 | 2003 | 2004 | 2005 | 2006 | 2007 | 2008 | 2009 | 2010 | 2011 | 2012 | 2013 | 2014 |
|----|------|------|------|------|------|------|------|------|------|------|------|------|------|------|------|------|------|------|------|------|------|------|------|------|
| 0  |      |      |      |      |      |      |      |      | 94,2 | 94,3 | 91,4 | 90,4 | 90,5 | 92,7 | 91,9 | 91,9 | 91,8 | 86,6 | 91,3 | 88,8 | 93,1 | 89,2 | 86,2 | 81,9 |
| 1  |      |      |      |      |      |      |      | 90,2 | 84,2 | 80,0 | 74,9 | 75,3 | 80,0 | 80,8 | 82,4 | 84,1 | 75,4 | 74,0 | 74,0 | 75,8 | 74,6 | 71,4 | 63,8 |      |
| 2  |      |      |      |      |      |      | 90,5 | 80,7 | 70,8 | 65,6 | 63,0 | 64,5 | 66,4 | 71,4 | 74,1 | 75,3 | 66,0 | 60,4 | 61,5 | 61,0 | 57,4 | 53,7 |      |      |
| 3  |      |      |      |      |      | 90,1 | 76,8 | 69,3 | 59,1 | 53,6 | 54,9 | 55,3 | 60,4 | 65,3 | 67,5 | 68,1 | 54,0 | 51,2 | 49,9 | 49,0 | 44,2 |      |      |      |
| 4  |      |      |      |      | 93,1 | 83,7 | 68,0 | 56,3 | 51,3 | 46,4 | 47,8 | 48,0 | 54,6 | 58,7 | 62,8 | 61,8 | 48,9 | 45,7 | 41,4 | 37,7 |      |      |      |      |
| 5  |      |      |      | 91,6 | 83,6 | 73,5 | 57,9 | 48,0 | 44,9 | 41,3 | 43,2 | 39,4 | 49,1 | 53,7 | 58,5 | 55,2 | 42,9 | 38,8 | 33,8 |      |      |      |      |      |
| 6  |      |      | 93,7 | 82,9 | 72,7 | 61,8 | 52,3 | 43,0 | 39,5 | 38,1 | 40,2 | 35,4 | 44,5 | 49,7 | 54,2 | 48,7 | 37,6 | 32,4 |      |      |      |      |      |      |
| 7  |      | 95,9 | 85,3 | 72,5 | 63,4 | 53,1 | 46,7 | 37,6 | 36,1 | 34,2 | 36,4 | 32,4 | 42,0 | 46,3 | 49,7 | 41,7 | 30,9 |      |      |      |      |      |      |      |
| 8  | 93,5 | 91,1 | 75,3 | 61,9 | 55,3 | 47,2 | 41,8 | 35,0 | 32,8 | 30,8 | 33,9 | 30,3 | 39,3 | 42,5 | 44,2 | 33,9 |      |      |      |      |      |      |      |      |
| 9  | 86,1 | 82,1 | 62,8 | 50,7 | 49,4 | 41,7 | 37,9 | 32,0 | 29,9 | 28,1 | 31,7 | 27,3 | 36,1 | 37,4 | 38,9 |      |      |      |      |      |      |      |      |      |
| 10 | 79,4 | 68,7 | 54,7 | 45,0 | 45,4 | 39,1 | 35,0 | 28,7 | 27,8 | 26,0 | 30,2 | 24,6 | 31,1 | 33,6 |      |      |      |      |      |      |      |      |      |      |
| 11 | 64,9 | 60,3 | 47,4 | 40,5 | 42,0 | 35,3 | 32,3 | 27,2 | 26,2 | 24,6 | 26,9 | 22,8 | 27,5 |      |      |      |      |      |      |      |      |      |      |      |
| 12 | 58,4 | 51,5 | 42,0 | 36,1 | 39,0 | 33,2 | 30,8 | 25,2 | 24,4 | 22,2 | 24,1 | 20,7 |      |      |      |      |      |      |      |      |      |      |      |      |
| 13 | 52,5 | 43,3 | 38,4 | 33,4 | 35,9 | 31,5 | 28,9 | 24,8 | 22,6 | 20,4 | 21,5 |      |      |      |      |      |      |      |      |      |      |      |      |      |
| 14 | 44,5 | 38,9 | 37,2 | 31,2 | 33,3 | 29,4 | 26,4 | 23,9 | 21,3 | 17,7 |      |      |      |      |      |      |      |      |      |      |      |      |      |      |
| 15 | 39,5 | 36,6 | 35,3 | 28,3 | 30,6 | 28,3 | 24,9 | 20,7 | 19,1 |      |      |      |      |      |      |      |      |      |      |      |      |      |      |      |
| 16 | 36,6 | 35,0 | 32,1 | 25,9 | 28,7 | 25,9 | 22,2 | 19,8 |      |      |      |      |      |      |      |      |      |      |      |      |      |      |      |      |
| 17 | 35,1 | 32,7 | 30,3 | 22,6 | 25,9 | 23,9 | 19,8 |      |      |      |      |      |      |      |      |      |      |      |      |      |      |      |      |      |
| 18 | 33,0 | 30,2 | 28,1 | 20,8 | 23,0 | 20,1 |      |      |      |      |      |      |      |      |      |      |      |      |      |      |      |      |      |      |
| 19 | 30,1 | 28,5 | 25,9 | 19,3 | 19,7 |      |      |      |      |      |      |      |      |      |      |      |      |      |      |      |      |      |      |      |
| 20 | 26,8 | 25,5 | 22,8 | 17,5 |      |      |      |      |      |      |      |      |      |      |      |      |      |      |      |      |      |      |      |      |
| 21 | 24,5 | 23,6 | 20,1 |      |      |      |      |      |      |      |      |      |      |      |      |      |      |      |      |      |      |      |      |      |
| 22 | 21,8 | 20,6 |      |      |      |      |      |      |      |      |      |      |      |      |      |      |      |      |      |      |      |      |      |      |
| 23 | 19,5 |      |      |      |      |      |      |      |      |      |      |      |      |      |      |      |      |      |      |      |      |      |      |      |

Статистика эмпирического исследования

| | 1991 | 1992 | 1993 | 1994 | 1995 | 1996 | 1997 | 1998 | 1999 | 2000 | 2001 | 2002 | 2003 | 2004 | 2005 | 2006 | 2007 | 2008 | 2009 | 2010 | 2011 | 2012 | 2013 | 2014 |
|----|------|------|------|------|------|------|------|------|------|------|------|------|------|------|------|------|------|------|------|------|------|------|------|------|
| K1 | 339 | 1523 | 899 | 509 | 421 | 343 | 409 | 460 | 729 | 854 | 874 | 885 | 804 | 821 | 950 | 1450 | 1360 | 1283 | 1446 | 1460 | 1431 | 1340 | 1339 | 1295 |
| K2 | 14,4 | 13,5 | 12,1 | 10,9 | 10,3 | 9,0 | 7,7 | 6,3 | 5,7 | 5,3 | 5,1 | 4,8 | 5,0 | 5,0 | 4,8 | 4,9 | 3,9 | 3,4 | 3,3 | 3,0 | 2,7 | 2,1 | 1,6 | - |
| K3 | 6,7 | | | | | | | | | | | | | | | | | | | | | | | |

Таблица 2.09 – Выживаемость компаний Оренбургской области за период 1991–2014 гг., %

| T+ | 1991 | 1992 | 1993 | 1994 | 1995 | 1996 | 1997 | 1998 | 1999 | 2000 | 2001 | 2002 | 2003 | 2004 | 2005 | 2006 | 2007 | 2008 | 2009 | 2010 | 2011 | 2012 | 2013 | 2014 |
|----|------|------|------|------|------|------|------|------|------|------|------|------|------|------|------|------|------|------|------|------|------|------|------|------|
| 0 | | | | | | | | | 97,1 | 87,1 | 93,7 | 89,6 | 94,6 | 94,6 | 95,1 | 94,7 | 94,2 | 96,7 | 98,2 | 95,0 | 98,7 | 95,2 | 89,6 | 87,8 |
| 1 | | | | | | | | 97,2 | 85,1 | 76,4 | 79,5 | 80,3 | 86,7 | 88,1 | 88,6 | 88,1 | 88,2 | 93,0 | 92,1 | 91,7 | 92,4 | 79,6 | 71,9 | |
| 2 | | | | | | | 90,3 | 84,6 | 76,3 | 65,7 | 71,7 | 73,5 | 78,6 | 82,4 | 81,6 | 81,0 | 83,6 | 87,3 | 87,2 | 84,9 | 77,8 | 62,8 | | |
| 3 | | | | | | 92,9 | 74,5 | 73,5 | 64,8 | 56,6 | 65,0 | 64,3 | 72,2 | 76,5 | 76,6 | 75,4 | 79,6 | 83,1 | 82,6 | 72,4 | 63,6 | | | |
| 4 | | | | | 93,8 | 77,5 | 65,0 | 63,2 | 56,3 | 50,7 | 58,8 | 59,3 | 67,1 | 72,5 | 72,9 | 70,8 | 77,0 | 78,4 | 71,1 | 61,1 | | | | |
| 5 | | | | 91,6 | 78,4 | 63,0 | 55,5 | 55,7 | 49,9 | 46,5 | 54,6 | 54,7 | 63,5 | 69,7 | 69,5 | 67,6 | 72,7 | 69,2 | 58,4 | | | | | |
| 6 | | | 95,6 | 76,6 | 70,8 | 55,4 | 50,8 | 49,0 | 43,4 | 43,0 | 51,2 | 51,2 | 60,6 | 66,5 | 67,1 | 64,4 | 65,4 | 60,1 | | | | | | |
| 7 | | 96,2 | 85,6 | 70,0 | 62,9 | 47,8 | 46,2 | 43,8 | 36,0 | 40,3 | 48,6 | 47,8 | 58,2 | 64,9 | 65,0 | 57,2 | 57,2 | | | | | | | |
| 8 | 96,0 | 88,6 | 77,3 | 62,2 | 56,5 | 42,3 | 42,5 | 39,6 | 31,7 | 39,0 | 45,0 | 46,6 | 56,2 | 62,8 | 57,9 | 49,8 | | | | | | | | |
| 9 | 88,1 | 81,5 | 68,1 | 55,8 | 51,4 | 39,7 | 39,7 | 37,2 | 30,0 | 36,9 | 43,6 | 44,7 | 54,1 | 57,9 | 51,7 | | | | | | | | | |
| 10 | 84,2 | 73,0 | 61,0 | 50,8 | 47,5 | 37,2 | 36,7 | 35,8 | 28,5 | 35,5 | 42,5 | 43,0 | 49,3 | 49,9 | | | | | | | | | | |
| 11 | 77,2 | 65,3 | 55,9 | 46,2 | 45,8 | 32,9 | 35,0 | 34,2 | 27,4 | 34,4 | 40,5 | 39,6 | 44,6 | | | | | | | | | | | |
| 12 | 74,3 | 60,6 | 51,8 | 44,0 | 43,5 | 30,1 | 34,1 | 33,0 | 26,1 | 33,2 | 36,3 | 35,0 | | | | | | | | | | | | |
| 13 | 72,8 | 56,5 | 48,2 | 43,0 | 42,1 | 27,8 | 32,9 | 32,1 | 24,6 | 30,1 | 30,7 | | | | | | | | | | | | | |
| 14 | 68,8 | 52,3 | 46,6 | 40,8 | 40,7 | 26,3 | 31,8 | 30,9 | 22,5 | 26,6 | | | | | | | | | | | | | | |
| 15 | 67,3 | 49,5 | 44,8 | 39,4 | 39,6 | 25,6 | 30,6 | 28,6 | 20,5 | | | | | | | | | | | | | | | |
| 16 | 64,4 | 47,7 | 43,0 | 38,4 | 39,3 | 25,1 | 26,5 | 26,4 | | | | | | | | | | | | | | | | |
| 17 | 62,4 | 46,5 | 41,3 | 37,2 | 37,1 | 23,5 | 24,1 | | | | | | | | | | | | | | | | | |
| 18 | 61,4 | 44,6 | 40,1 | 35,8 | 32,6 | 21,3 | | | | | | | | | | | | | | | | | | |
| 19 | 57,9 | 43,8 | 38,9 | 33,4 | 27,5 | | | | | | | | | | | | | | | | | | | |
| 20 | 54,5 | 42,6 | 35,7 | 29,8 | | | | | | | | | | | | | | | | | | | | |
| 21 | 53,5 | 39,1 | 31,2 | | | | | | | | | | | | | | | | | | | | | |
| 22 | 49,5 | 33,3 | | | | | | | | | | | | | | | | | | | | | | |
| 23 | 41,1 | | | | | | | | | | | | | | | | | | | | | | | |

**Статистика эмпирического исследования**

| | 1991 | 1992 | 1993 | 1994 | 1995 | 1996 | 1997 | 1998 | 1999 | 2000 | 2001 | 2002 | 2003 | 2004 | 2005 | 2006 | 2007 | 2008 | 2009 | 2010 | 2011 | 2012 | 2013 | 2014 |
|----|------|------|------|------|------|------|------|------|------|------|------|------|------|------|------|------|------|------|------|------|------|------|------|------|
| К1 | 202 | 1013 | 907 | 500 | 356 | 395 | 431 | 573 | 870 | 747 | 775 | 852 | 799 | 837 | 984 | 1461 | 1129 | 1089 | 876 | 1054 | 1264 | 1472 | 1437 | 1322 |
| К2 | 16,1 | 13,8 | 12,3 | 10,5 | 10,1 | 8,2 | 7,3 | 6,7 | 5,9 | 5,1 | 5,8 | 5,2 | 5,5 | 5,7 | 5,3 | 5,0 | 4,7 | 4,7 | 4,3 | 3,6 | 3,1 | 2,3 | 1,6 | – |
| К3 | 7,4 | | | | | | | | | | | | | | | | | | | | | | | |

Таблица 2.10 – Выживаемость компаний Саратовской области за период 1991–2014 гг., %

| T+ | 1991 | 1992 | 1993 | 1994 | 1995 | 1996 | 1997 | 1998 | 1999 | 2000 | 2001 | 2002 | 2003 | 2004 | 2005 | 2006 | 2007 | 2008 | 2009 | 2010 | 2011 | 2012 | 2013 | 2014 |
|---|---|---|---|---|---|---|---|---|---|---|---|---|---|---|---|---|---|---|---|---|---|---|---|---|
| 0 | | | | | | | | | 91,8 | 85,4 | 87,7 | 85,5 | 88,3 | 89,1 | 91,3 | 92,7 | 92,4 | 90,2 | 94,1 | 94,3 | 97,5 | 95,5 | 89,9 | 86,1 |
| 1 | | | | | | | | 85,6 | 76,5 | 68,3 | 69,5 | 69,9 | 75,1 | 77,2 | 81,7 | 84,5 | 82,0 | 81,4 | 85,3 | 88,8 | 90,0 | 80,3 | 73,0 | |
| 2 | | | | | | | 86,9 | 73,2 | 65,5 | 52,6 | 58,3 | 61,3 | 67,3 | 69,5 | 74,4 | 77,6 | 74,6 | 75,2 | 80,2 | 81,6 | 75,0 | 64,6 | | |
| 3 | | | | | | 84,9 | 73,6 | 61,2 | 54,4 | 45,0 | 50,6 | 56,2 | 60,8 | 62,9 | 68,2 | 72,4 | 69,9 | 71,3 | 74,7 | 70,5 | 60,7 | | | |
| 4 | | | | | 88,1 | 71,8 | 62,6 | 50,6 | 47,0 | 39,0 | 45,1 | 51,0 | 56,9 | 57,9 | 62,9 | 67,7 | 66,1 | 67,1 | 64,3 | 59,4 | | | | |
| 5 | | | | 89,0 | 75,8 | 62,2 | 49,6 | 45,0 | 43,0 | 34,9 | 40,3 | 47,5 | 52,2 | 53,6 | 59,2 | 62,5 | 61,9 | 59,7 | 54,3 | | | | | |
| 6 | | | 89,1 | 80,1 | 65,9 | 51,2 | 44,5 | 41,1 | 39,8 | 31,6 | 37,5 | 43,3 | 48,6 | 50,5 | 55,9 | 58,2 | 54,8 | 50,6 | | | | | | |
| 7 | | 93,5 | 79,7 | 70,0 | 55,5 | 45,8 | 40,5 | 36,9 | 37,5 | 28,8 | 35,0 | 40,4 | 46,2 | 48,1 | 53,0 | 52,7 | 48,2 | | | | | | | |
| 8 | 88,6 | 86,0 | 68,9 | 58,8 | 49,1 | 42,8 | 37,0 | 34,7 | 35,6 | 27,4 | 33,0 | 38,1 | 44,3 | 46,5 | 47,4 | 45,1 | | | | | | | | |
| 9 | 79,4 | 75,8 | 58,3 | 52,8 | 44,5 | 40,7 | 34,7 | 32,4 | 33,9 | 26,2 | 30,7 | 36,2 | 42,3 | 42,0 | 40,9 | | | | | | | | | |
| 10 | 68,5 | 66,0 | 53,0 | 48,4 | 40,1 | 37,5 | 32,4 | 30,1 | 32,5 | 24,7 | 29,2 | 34,5 | 39,5 | 36,5 | | | | | | | | | | |
| 11 | 59,0 | 58,5 | 48,0 | 42,7 | 36,8 | 35,7 | 30,0 | 28,8 | 31,2 | 24,1 | 27,8 | 31,6 | 35,7 | | | | | | | | | | | |
| 12 | 54,0 | 52,8 | 44,5 | 39,7 | 33,9 | 33,3 | 28,2 | 27,7 | 30,2 | 23,1 | 25,8 | 28,4 | | | | | | | | | | | | |
| 13 | 49,5 | 48,6 | 40,6 | 37,9 | 31,1 | 31,8 | 26,5 | 26,8 | 29,1 | 20,7 | 23,6 | | | | | | | | | | | | | |
| 14 | 44,5 | 44,3 | 37,9 | 34,9 | 29,1 | 29,5 | 25,1 | 26,1 | 26,9 | 19,0 | | | | | | | | | | | | | | |
| 15 | 41,3 | 40,8 | 35,2 | 32,1 | 27,1 | 29,2 | 24,7 | 24,9 | 24,7 | | | | | | | | | | | | | | | |
| 16 | 39,3 | 38,0 | 33,3 | 30,5 | 25,7 | 27,7 | 23,2 | 22,9 | | | | | | | | | | | | | | | | |
| 17 | 36,2 | 35,7 | 32,0 | 29,3 | 25,1 | 25,4 | 20,9 | | | | | | | | | | | | | | | | | |
| 18 | 34,9 | 33,3 | 30,1 | 28,0 | 23,4 | 23,3 | | | | | | | | | | | | | | | | | | |
| 19 | 33,2 | 32,2 | 28,4 | 26,0 | 21,7 | | | | | | | | | | | | | | | | | | | |
| 20 | 31,7 | 30,8 | 25,7 | 23,1 | | | | | | | | | | | | | | | | | | | | |
| 21 | 30,1 | 28,3 | 22,9 | | | | | | | | | | | | | | | | | | | | | |
| 22 | 28,7 | 25,6 | | | | | | | | | | | | | | | | | | | | | | |
| 23 | 26,8 | | | | | | | | | | | | | | | | | | | | | | | |

**Статистика эмпирического исследования**

| | 1991 | 1992 | 1993 | 1994 | 1995 | 1996 | 1997 | 1998 | 1999 | 2000 | 2001 | 2002 | 2003 | 2004 | 2005 | 2006 | 2007 | 2008 | 2009 | 2010 | 2011 | 2012 | 2013 | 2014 |
|---|---|---|---|---|---|---|---|---|---|---|---|---|---|---|---|---|---|---|---|---|---|---|---|---|
| K1 | 578 | 2109 | 1621 | 1210 | 875 | 799 | 971 | 1199 | 1857 | 1683 | 1745 | 1547 | 1437 | 1303 | 1489 | 2220 | 1513 | 1452 | 1255 | 1331 | 1467 | 1519 | 1406 | 1147 |
| K2 | 13,3 | 13,1 | 11,7 | 10,6 | 9,2 | 7,9 | 6,9 | 5,6 | 5,0 | 4,3 | 4,5 | 4,6 | 4,6 | 4,7 | 4,8 | 4,8 | 4,2 | 3,9 | 3,8 | 3,4 | 3,0 | 2,3 | 1,6 | - |
| K3 | 7,7 | | | | | | | | | | | | | | | | | | | | | | | |

Таблица 2.11 – Выживаемость компаний Республики Чувашия за период 1991–2014 гг., %

| Т+ | 1991 | 1992 | 1993 | 1994 | 1995 | 1996 | 1997 | 1998 | 1999 | 2000 | 2001 | 2002 | 2003 | 2004 | 2005 | 2006 | 2007 | 2008 | 2009 | 2010 | 2011 | 2012 | 2013 | 2014 |
|----|------|------|------|------|------|------|------|------|------|------|------|------|------|------|------|------|------|------|------|------|------|------|------|------|
| 0 | | | | | | | | | 96,3 | 88,3 | 91,3 | 87,1 | 90,2 | 87,4 | 87,2 | 93,6 | 93,6 | 92,9 | 94,0 | 95,1 | 93,1 | 94,7 | 89,8 | 85,5 |
| 1 | | | | | | | | 93,9 | 84,2 | 73,1 | 72,7 | 70,8 | 76,2 | 72,6 | 79,3 | 86,4 | 83,1 | 82,8 | 84,0 | 86,3 | 82,8 | 78,0 | 68,7 | |
| 2 | | | | | | | 91,8 | 85,2 | 71,6 | 58,8 | 61,0 | 57,4 | 65,4 | 66,5 | 74,4 | 80,3 | 73,6 | 73,8 | 77,3 | 78,3 | 66,8 | 58,8 | | |
| 3 | | | | | | 92,5 | 81,1 | 73,3 | 60,8 | 50,8 | 50,2 | 49,3 | 60,2 | 62,1 | 66,8 | 74,3 | 67,6 | 69,9 | 68,8 | 66,7 | 52,5 | | | |
| 4 | | | | | 93,8 | 79,6 | 70,9 | 56,4 | 54,0 | 42,1 | 42,9 | 45,1 | 56,3 | 56,1 | 60,9 | 69,0 | 63,3 | 64,7 | 57,8 | 54,3 | | | | |
| 5 | | | | 94,6 | 82,0 | 69,8 | 59,8 | 47,9 | 48,2 | 37,1 | 38,5 | 40,8 | 52,8 | 53,2 | 56,0 | 65,3 | 59,3 | 54,9 | 48,8 | | | | | |
| 6 | | | 95,6 | 84,4 | 69,9 | 58,8 | 51,1 | 41,4 | 41,9 | 34,0 | 35,5 | 37,9 | 48,7 | 50,5 | 53,8 | 60,2 | 52,8 | 47,3 | | | | | | |
| 7 | | 95,6 | 90,4 | 77,6 | 60,1 | 53,6 | 44,2 | 37,3 | 38,1 | 31,3 | 32,4 | 35,5 | 45,6 | 48,9 | 50,6 | 54,6 | 45,2 | | | | | | | |
| 8 | 94,8 | 89,2 | 82,6 | 66,7 | 55,3 | 47,3 | 40,0 | 33,8 | 36,3 | 29,2 | 29,7 | 33,0 | 43,8 | 46,5 | 45,7 | 46,6 | | | | | | | | |
| 9 | 92,2 | 80,5 | 71,0 | 59,5 | 49,2 | 43,6 | 38,2 | 31,5 | 32,5 | 26,6 | 28,2 | 31,8 | 42,0 | 41,0 | 41,7 | | | | | | | | | |
| 10 | 83,8 | 70,3 | 64,1 | 53,9 | 42,1 | 40,7 | 36,7 | 28,6 | 30,5 | 25,4 | 26,7 | 30,4 | 38,8 | 35,9 | | | | | | | | | | |
| 11 | 75,3 | 63,3 | 57,6 | 48,7 | 39,0 | 38,2 | 34,7 | 27,1 | 28,8 | 24,2 | 25,5 | 27,0 | 35,2 | | | | | | | | | | | |
| 12 | 68,2 | 55,8 | 53,4 | 46,5 | 37,4 | 36,1 | 32,2 | 26,0 | 27,8 | 22,9 | 23,3 | 24,4 | | | | | | | | | | | | |
| 13 | 63,6 | 49,0 | 49,8 | 44,5 | 34,0 | 33,7 | 30,4 | 24,9 | 26,6 | 21,3 | 20,8 | | | | | | | | | | | | | |
| 14 | 56,5 | 44,3 | 46,1 | 43,9 | 32,3 | 31,9 | 29,6 | 23,0 | 24,7 | 20,0 | | | | | | | | | | | | | | |
| 15 | 52,6 | 42,6 | 44,5 | 41,3 | 31,5 | 30,9 | 27,6 | 21,5 | 23,0 | | | | | | | | | | | | | | | |
| 16 | 50,6 | 40,4 | 42,6 | 36,7 | 30,3 | 29,7 | 26,2 | 19,3 | | | | | | | | | | | | | | | | |
| 17 | 48,7 | 38,8 | 39,4 | 35,3 | 28,9 | 27,6 | 23,6 | | | | | | | | | | | | | | | | | |
| 18 | 44,8 | 37,0 | 38,4 | 33,7 | 27,0 | 26,5 | | | | | | | | | | | | | | | | | | |
| 19 | 42,2 | 35,6 | 36,6 | 31,5 | 25,8 | | | | | | | | | | | | | | | | | | | |
| 20 | 40,3 | 34,9 | 34,4 | 29,1 | | | | | | | | | | | | | | | | | | | | |
| 21 | 40,3 | 33,1 | 32,7 | | | | | | | | | | | | | | | | | | | | | |
| 22 | 38,3 | 31,0 | | | | | | | | | | | | | | | | | | | | | | |
| 23 | 35,1 | | | | | | | | | | | | | | | | | | | | | | | |

Статистика эмпирического исследования

| | 1991 | 1992 | 1993 | 1994 | 1995 | 1996 | 1997 | 1998 | 1999 | 2000 | 2001 | 2002 | 2003 | 2004 | 2005 | 2006 | 2007 | 2008 | 2009 | 2010 | 2011 | 2012 | 2013 | 2014 |
|----|------|------|------|------|------|------|------|------|------|------|------|------|------|------|------|------|------|------|------|------|------|------|------|------|
| К1 | 154 | 972 | 596 | 501 | 356 | 427 | 450 | 461 | 730 | 1080 | 961 | 840 | 959 | 923 | 1019 | 1327 | 1152 | 1149 | 944 | 1131 | 1176 | 1387 | 1507 | 1327 |
| К2 | 14,6 | 13,0 | 12,3 | 11,1 | 9,4 | 8,3 | 7,5 | 6,5 | 5,6 | 4,6 | 4,6 | 4,3 | 4,6 | 4,5 | 4,4 | 4,9 | 4,2 | 3,9 | 3,7 | 3,4 | 2,8 | 2,3 | 1,7 | - |
| К3 | 6,7 | | | | | | | | | | | | | | | | | | | | | | | |

Таблица 2.12 – Выживаемость компаний Республики Мордовия за период 1991–2014 гг., %

| T+ | 1991 | 1992 | 1993 | 1994 | 1995 | 1996 | 1997 | 1998 | 1999 | 2000 | 2001 | 2002 | 2003 | 2004 | 2005 | 2006 | 2007 | 2008 | 2009 | 2010 | 2011 | 2012 | 2013 | 2014 |
|---|---|---|---|---|---|---|---|---|---|---|---|---|---|---|---|---|---|---|---|---|---|---|---|---|
| 0 | | | | | | | | | 98,3 | 96,6 | 93,9 | 89,3 | 90,2 | 93,8 | 94,1 | 94,8 | 92,7 | 94,2 | 96,5 | 91,8 | 95,2 | 93,7 | 91,5 | 86,6 |
| 1 | | | | | | | | 95,9 | 93,5 | 88,9 | 79,7 | 73,0 | 76,0 | 85,7 | 85,8 | 86,2 | 81,4 | 84,4 | 88,2 | 84,0 | 86,6 | 78,9 | 77,8 | |
| 2 | | | | | | | 90,3 | 89,5 | 85,7 | 72,0 | 63,7 | 62,1 | 65,6 | 76,4 | 78,7 | 78,6 | 76,1 | 79,6 | 82,0 | 77,1 | 75,6 | 64,9 | | |
| 3 | | | | | | 89,0 | 79,6 | 77,8 | 74,1 | 56,0 | 52,3 | 53,8 | 58,9 | 67,1 | 71,8 | 71,6 | 70,2 | 74,2 | 74,7 | 67,4 | 61,6 | | | |
| 4 | | | | | 93,7 | 76,7 | 67,9 | 64,3 | 61,4 | 49,1 | 45,2 | 48,1 | 53,1 | 61,5 | 68,2 | 65,1 | 65,5 | 69,0 | 67,4 | 59,2 | | | | |
| 5 | | | | 89,2 | 82,3 | 69,9 | 55,6 | 49,7 | 54,9 | 42,0 | 40,9 | 43,1 | 49,2 | 58,4 | 63,9 | 61,1 | 60,8 | 60,4 | 58,1 | | | | | |
| 6 | | | 92,9 | 80,9 | 69,1 | 54,0 | 45,9 | 46,2 | 44,7 | 37,4 | 36,5 | 38,4 | 46,4 | 54,2 | 60,0 | 57,5 | 53,1 | 51,2 | | | | | | |
| 7 | | 96,1 | 84,4 | 73,6 | 56,6 | 49,7 | 40,8 | 40,9 | 41,3 | 33,1 | 34,0 | 36,0 | 43,6 | 52,8 | 56,6 | 50,5 | 47,2 | | | | | | | |
| 8 | 95,2 | 90,8 | 76,3 | 61,4 | 49,1 | 41,1 | 35,2 | 36,8 | 38,9 | 30,3 | 31,5 | 33,6 | 39,9 | 50,6 | 52,3 | 44,3 | | | | | | | | |
| 9 | 88,9 | 77,8 | 65,4 | 53,8 | 41,7 | 37,4 | 30,6 | 33,9 | 35,5 | 27,1 | 30,5 | 32,5 | 38,0 | 47,5 | 47,9 | | | | | | | | | |
| 10 | 84,1 | 67,6 | 56,5 | 45,1 | 38,9 | 33,7 | 28,6 | 31,0 | 33,8 | 24,6 | 28,9 | 30,6 | 35,2 | 44,9 | | | | | | | | | | |
| 11 | 74,6 | 58,3 | 48,4 | 40,1 | 35,4 | 30,7 | 26,0 | 29,8 | 33,1 | 22,9 | 26,9 | 29,1 | 31,6 | | | | | | | | | | | |
| 12 | 66,7 | 50,3 | 38,7 | 36,8 | 32,6 | 28,2 | 25,0 | 29,8 | 32,1 | 22,6 | 25,1 | 26,3 | | | | | | | | | | | | |
| 13 | 57,1 | 37,8 | 35,6 | 33,6 | 29,7 | 28,2 | 22,4 | 28,7 | 31,4 | 22,0 | 23,9 | | | | | | | | | | | | | |
| 14 | 54,0 | 31,8 | 31,4 | 31,0 | 28,0 | 25,2 | 21,9 | 28,1 | 30,0 | 20,3 | | | | | | | | | | | | | | |
| 15 | 49,2 | 27,1 | 29,1 | 29,6 | 26,3 | 25,2 | 20,9 | 27,5 | 28,7 | | | | | | | | | | | | | | | |
| 16 | 44,4 | 25,4 | 27,9 | 28,5 | 25,7 | 23,3 | 19,9 | 24,6 | | | | | | | | | | | | | | | | |
| 17 | 39,7 | 24,9 | 26,9 | 27,8 | 24,6 | 23,3 | 19,4 | | | | | | | | | | | | | | | | | |
| 18 | 39,7 | 23,5 | 26,5 | 27,4 | 22,3 | 21,5 | | | | | | | | | | | | | | | | | | |
| 19 | 38,1 | 23,0 | 25,5 | 26,0 | 20,6 | | | | | | | | | | | | | | | | | | | |
| 20 | 38,1 | 21,3 | 24,7 | 25,3 | | | | | | | | | | | | | | | | | | | | |
| 21 | 36,5 | 20,0 | 23,1 | | | | | | | | | | | | | | | | | | | | | |
| 22 | 33,3 | 18,3 | | | | | | | | | | | | | | | | | | | | | | |
| 23 | 31,7 | | | | | | | | | | | | | | | | | | | | | | | |

Статистика эмпирического исследования

| | 1991 | 1992 | 1993 | 1994 | 1995 | 1996 | 1997 | 1998 | 1999 | 2000 | 2001 | 2002 | 2003 | 2004 | 2005 | 2006 | 2007 | 2008 | 2009 | 2010 | 2011 | 2012 | 2013 | 2014 |
|---|---|---|---|---|---|---|---|---|---|---|---|---|---|---|---|---|---|---|---|---|---|---|---|---|
| К1 | 63 | 595 | 494 | 277 | 175 | 163 | 196 | 171 | 293 | 350 | 394 | 422 | 358 | 356 | 493 | 630 | 618 | 500 | 451 | 476 | 516 | 573 | 613 | 561 |
| К2 | 14,3 | 12,9 | 11,5 | 10,1 | 9,4 | 8,0 | 7,0 | 6,5 | 6,0 | 5,3 | 4,7 | 4,4 | 4,6 | 4,6 | 4,8 | 4,8 | 4,2 | 4,2 | 3,8 | 3,0 | 2,9 | 2,2 | 1,6 | - |
| К3 | 7,1 | | | | | | | | | | | | | | | | | | | | | | | |

Таблица 2.13 – Выживаемость компаний Республики Марий Эл за период 1991–2014 гг., %

| T+ | 1991 | 1992 | 1993 | 1994 | 1995 | 1996 | 1997 | 1998 | 1999 | 2000 | 2001 | 2002 | 2003 | 2004 | 2005 | 2006 | 2007 | 2008 | 2009 | 2010 | 2011 | 2012 | 2013 | 2014 |
|---|---|---|---|---|---|---|---|---|---|---|---|---|---|---|---|---|---|---|---|---|---|---|---|---|
| 0 |  |  |  |  |  |  |  |  | 96,4 | 93,2 | 94,1 | 86,2 | 91,6 | 93,4 | 93,3 | 95,1 | 92,1 | 90,6 | 93,9 | 96,0 | 96,6 | 94,3 | 88,1 | 82,5 |
| 1 |  |  |  |  |  |  |  | 93,2 | 86,4 | 77,6 | 75,4 | 69,0 | 83,4 | 84,2 | 86,7 | 85,8 | 82,1 | 79,4 | 86,5 | 89,6 | 86,5 | 76,9 | 63,1 |  |
| 2 |  |  |  |  |  |  | 93,0 | 85,9 | 76,4 | 63,8 | 61,1 | 61,2 | 72,7 | 77,5 | 77,6 | 77,7 | 72,3 | 74,7 | 81,9 | 79,8 | 69,4 | 58,4 |  |  |
| 3 |  |  |  |  |  | 91,4 | 80,8 | 73,5 | 64,5 | 54,0 | 53,8 | 52,8 | 67,4 | 70,3 | 72,9 | 73,6 | 67,6 | 70,3 | 75,8 | 66,8 | 55,8 |  |  |  |
| 4 |  |  |  |  | 91,4 | 80,6 | 73,1 | 61,2 | 54,0 | 49,0 | 47,3 | 47,5 | 62,4 | 64,5 | 67,2 | 68,2 | 64,7 | 66,5 | 65,0 | 51,9 |  |  |  |  |
| 5 |  |  |  | 94,1 | 78,4 | 71,4 | 59,4 | 50,9 | 46,7 | 43,8 | 42,1 | 43,0 | 58,2 | 59,2 | 64,0 | 64,8 | 61,0 | 56,2 | 50,1 |  |  |  |  |  |
| 6 |  |  | 95,8 | 85,0 | 70,3 | 58,7 | 49,8 | 46,8 | 42,4 | 39,9 | 38,2 | 38,2 | 54,8 | 55,9 | 60,1 | 61,7 | 54,1 | 46,8 |  |  |  |  |  |  |
| 7 |  | 95,5 | 84,6 | 76,2 | 57,3 | 51,1 | 46,5 | 41,2 | 37,9 | 35,3 | 33,7 | 35,1 | 53,2 | 54,9 | 57,5 | 57,0 | 47,7 |  |  |  |  |  |  |  |
| 8 | 90,6 | 91,2 | 78,6 | 61,9 | 52,4 | 46,7 | 42,4 | 37,9 | 34,8 | 32,2 | 30,6 | 33,7 | 51,0 | 52,7 | 52,6 | 51,3 |  |  |  |  |  |  |  |  |
| 9 | 81,3 | 86,2 | 65,5 | 52,4 | 45,9 | 42,9 | 39,5 | 36,2 | 31,7 | 29,9 | 28,5 | 32,7 | 49,0 | 45,9 | 47,3 |  |  |  |  |  |  |  |  |  |
| 10 | 72,4 | 73,3 | 58,0 | 47,2 | 40,5 | 41,0 | 36,9 | 33,5 | 30,0 | 26,8 | 26,9 | 31,6 | 44,5 | 41,6 |  |  |  |  |  |  |  |  |  |  |
| 11 | 67,7 | 62,6 | 54,3 | 44,1 | 38,4 | 38,4 | 34,3 | 32,4 | 27,1 | 25,3 | 25,4 | 27,7 | 38,4 |  |  |  |  |  |  |  |  |  |  |  |
| 12 | 62,5 | 57,0 | 50,1 | 40,2 | 34,6 | 36,2 | 32,1 | 30,9 | 26,0 | 24,2 | 22,8 | 24,7 |  |  |  |  |  |  |  |  |  |  |  |  |
| 13 | 58,3 | 51,0 | 45,0 | 39,2 | 30,3 | 33,3 | 32,1 | 30,3 | 24,8 | 21,4 | 20,4 |  |  |  |  |  |  |  |  |  |  |  |  |  |
| 14 | 54,7 | 47,5 | 39,9 | 35,0 | 28,1 | 32,1 | 29,2 | 28,8 | 24,5 | 19,6 |  |  |  |  |  |  |  |  |  |  |  |  |  |  |
| 15 | 49,5 | 43,7 | 37,8 | 33,2 | 27,6 | 30,8 | 28,4 | 26,5 | 23,8 |  |  |  |  |  |  |  |  |  |  |  |  |  |  |  |
| 16 | 45,8 | 40,2 | 35,9 | 31,5 | 26,5 | 29,8 | 26,2 | 25,0 |  |  |  |  |  |  |  |  |  |  |  |  |  |  |  |  |
| 17 | 41,1 | 39,1 | 33,3 | 30,8 | 25,4 | 27,3 | 25,1 |  |  |  |  |  |  |  |  |  |  |  |  |  |  |  |  |  |
| 18 | 38,0 | 37,0 | 30,3 | 29,7 | 23,8 | 23,8 |  |  |  |  |  |  |  |  |  |  |  |  |  |  |  |  |  |  |
| 19 | 33,3 | 35,7 | 29,1 | 28,3 | 21,1 |  |  |  |  |  |  |  |  |  |  |  |  |  |  |  |  |  |  |  |
| 20 | 31,8 | 33,1 | 27,3 | 25,5 |  |  |  |  |  |  |  |  |  |  |  |  |  |  |  |  |  |  |  |  |
| 21 | 30,7 | 30,3 | 25,9 |  |  |  |  |  |  |  |  |  |  |  |  |  |  |  |  |  |  |  |  |  |
| 22 | 28,1 | 27,9 |  |  |  |  |  |  |  |  |  |  |  |  |  |  |  |  |  |  |  |  |  |  |
| 23 | 25,0 |  |  |  |  |  |  |  |  |  |  |  |  |  |  |  |  |  |  |  |  |  |  |  |

Статистика эмпирического исследования

| | 1991 | 1992 | 1993 | 1994 | 1995 | 1996 | 1997 | 1998 | 1999 | 2000 | 2001 | 2002 | 2003 | 2004 | 2005 | 2006 | 2007 | 2008 | 2009 | 2010 | 2011 | 2012 | 2013 | 2014 |
|---|---|---|---|---|---|---|---|---|---|---|---|---|---|---|---|---|---|---|---|---|---|---|---|---|
| K1 | 192 | 535 | 429 | 286 | 185 | 315 | 271 | 340 | 420 | 541 | 558 | 667 | 524 | 488 | 586 | 789 | 682 | 669 | 557 | 624 | 684 | 731 | 868 | 825 |
| K2 | 14,5 | 13,6 | 12,1 | 10,6 | 9,5 | 8,7 | 7,4 | 6,5 | 5,5 | 5,3 | 5,0 | 4,5 | 5,3 | 5,2 | 4,9 | 4,6 | 4,1 | 3,9 | 4,1 | 3,6 | 2,9 | 2,3 | 1,7 | - |
| K3 | 6,9 |  |  |  |  |  |  |  |  |  |  |  |  |  |  |  |  |  |  |  |  |  |  |  |

Таблица 2.14 – Выживаемость компаний Ульяновской области за период 1991–2014 гг., %

| Т+ | 1991 | 1992 | 1993 | 1994 | 1995 | 1996 | 1997 | 1998 | 1999 | 2000 | 2001 | 2002 | 2003 | 2004 | 2005 | 2006 | 2007 | 2008 | 2009 | 2010 | 2011 | 2012 | 2013 | 2014 |
|---|---|---|---|---|---|---|---|---|---|---|---|---|---|---|---|---|---|---|---|---|---|---|---|---|
| 0 |  |  |  |  |  |  |  |  | 97,7 | 96,6 | 96,1 | 90,6 | 92,7 | 93,0 | 90,4 | 90,8 | 88,7 | 91,5 | 91,4 | 92,7 | 94,5 | 95,0 | 90,4 | 85,4 |
| 1 |  |  |  |  |  |  |  | 95,4 | 92,6 | 87,7 | 81,1 | 76,1 | 81,1 | 79,7 | 78,8 | 79,3 | 78,3 | 80,4 | 83,4 | 85,4 | 85,9 | 80,5 | 70,4 |  |
| 2 |  |  |  |  |  |  | 93,7 | 89,9 | 85,0 | 73,4 | 68,6 | 64,4 | 69,6 | 69,2 | 69,7 | 68,2 | 68,8 | 73,5 | 76,4 | 77,1 | 72,8 | 63,1 |  |  |
| 3 |  |  |  |  |  | 93,6 | 86,8 | 78,2 | 69,0 | 62,1 | 59,8 | 55,6 | 61,8 | 60,5 | 63,8 | 62,4 | 63,6 | 67,4 | 70,7 | 65,7 | 58,5 |  |  |  |
| 4 |  |  |  |  | 92,6 | 85,3 | 79,1 | 66,6 | 59,0 | 53,6 | 51,0 | 49,1 | 54,0 | 54,8 | 59,0 | 58,9 | 60,3 | 63,0 | 60,8 | 55,0 |  |  |  |  |
| 5 |  |  |  | 91,2 | 85,0 | 78,3 | 70,2 | 57,1 | 52,6 | 46,8 | 43,9 | 44,1 | 50,1 | 50,9 | 54,5 | 54,8 | 56,8 | 55,2 | 50,5 |  |  |  |  |  |
| 6 |  |  | 92,5 | 86,5 | 75,1 | 68,2 | 61,4 | 53,0 | 45,9 | 42,4 | 40,1 | 40,1 | 46,5 | 47,4 | 52,3 | 51,8 | 50,0 | 47,0 |  |  |  |  |  |  |
| 7 |  | 94,3 | 85,5 | 78,8 | 67,3 | 57,2 | 55,8 | 49,5 | 42,8 | 37,8 | 35,6 | 37,7 | 43,2 | 45,6 | 49,8 | 46,7 | 42,4 |  |  |  |  |  |  |  |
| 8 | 94,5 | 88,9 | 76,0 | 69,0 | 60,4 | 53,2 | 49,6 | 46,2 | 38,8 | 34,2 | 32,2 | 35,4 | 41,8 | 43,5 | 45,1 | 40,6 |  |  |  |  |  |  |  |  |
| 9 | 89,6 | 82,3 | 66,1 | 60,2 | 56,2 | 48,3 | 45,3 | 40,7 | 35,8 | 32,0 | 30,6 | 33,6 | 39,8 | 40,5 | 40,0 |  |  |  |  |  |  |  |  |  |
| 10 | 84,7 | 74,5 | 57,9 | 56,0 | 51,4 | 44,8 | 41,3 | 38,7 | 33,1 | 30,3 | 28,9 | 31,9 | 36,3 | 35,7 |  |  |  |  |  |  |  |  |  |  |
| 11 | 75,5 | 63,1 | 52,9 | 48,2 | 48,8 | 42,8 | 37,4 | 36,0 | 31,3 | 29,3 | 27,8 | 29,7 | 32,3 |  |  |  |  |  |  |  |  |  |  |  |
| 12 | 66,3 | 54,5 | 45,1 | 42,2 | 45,4 | 40,2 | 34,1 | 34,5 | 29,2 | 28,0 | 25,8 | 26,4 |  |  |  |  |  |  |  |  |  |  |  |  |
| 13 | 62,0 | 43,5 | 40,6 | 38,8 | 40,8 | 39,3 | 31,6 | 32,5 | 28,1 | 26,3 | 23,6 |  |  |  |  |  |  |  |  |  |  |  |  |  |
| 14 | 56,4 | 38,1 | 37,0 | 35,6 | 37,3 | 37,6 | 30,0 | 31,6 | 25,3 | 22,0 |  |  |  |  |  |  |  |  |  |  |  |  |  |  |
| 15 | 52,8 | 34,9 | 33,6 | 32,6 | 35,0 | 36,7 | 28,7 | 28,1 | 22,9 |  |  |  |  |  |  |  |  |  |  |  |  |  |  |  |
| 16 | 48,5 | 32,5 | 31,7 | 28,7 | 33,6 | 32,1 | 24,7 | 24,8 |  |  |  |  |  |  |  |  |  |  |  |  |  |  |  |  |
| 17 | 46,6 | 29,5 | 29,8 | 27,4 | 31,8 | 32,1 | 22,6 |  |  |  |  |  |  |  |  |  |  |  |  |  |  |  |  |  |
| 18 | 44,2 | 27,2 | 27,4 | 25,8 | 29,0 | 28,9 |  |  |  |  |  |  |  |  |  |  |  |  |  |  |  |  |  |  |
| 19 | 42,3 | 26,3 | 26,7 | 23,8 | 26,5 |  |  |  |  |  |  |  |  |  |  |  |  |  |  |  |  |  |  |  |
| 20 | 39,3 | 25,2 | 25,3 | 22,2 |  |  |  |  |  |  |  |  |  |  |  |  |  |  |  |  |  |  |  |  |
| 21 | 38,0 | 23,1 | 22,7 |  |  |  |  |  |  |  |  |  |  |  |  |  |  |  |  |  |  |  |  |  |
| 22 | 36,8 | 20,5 |  |  |  |  |  |  |  |  |  |  |  |  |  |  |  |  |  |  |  |  |  |  |
| 23 | 35,0 |  |  |  |  |  |  |  |  |  |  |  |  |  |  |  |  |  |  |  |  |  |  |  |

Статистика эмпирического исследования

| | 1991 | 1992 | 1993 | 1994 | 1995 | 1996 | 1997 | 1998 | 1999 | 2000 | 2001 | 2002 | 2003 | 2004 | 2005 | 2006 | 2007 | 2008 | 2009 | 2010 | 2011 | 2012 | 2013 | 2014 |
|---|---|---|---|---|---|---|---|---|---|---|---|---|---|---|---|---|---|---|---|---|---|---|---|---|
| К1 | 163 | 1100 | 763 | 623 | 434 | 346 | 446 | 455 | 726 | 871 | 1099 | 1017 | 980 | 1022 | 1150 | 1333 | 1022 | 1114 | 932 | 1198 | 1259 | 1371 | 1522 | 1459 |
| К2 | 14,4 | 13,4 | 12,0 | 11,3 | 10,3 | 9,4 | 8,6 | 7,4 | 6,5 | 5,8 | 5,1 | 4,7 | 4,9 | 4,5 | 4,4 | 4,2 | 3,9 | 3,8 | 3,6 | 3,2 | 2,9 | 2,3 | 1,7 | - |
| К3 | 6,8 |  |  |  |  |  |  |  |  |  |  |  |  |  |  |  |  |  |  |  |  |  |  |  |

Таблица 2.15 – Выживаемость компаний Республики Удмуртия за период 1991–2014 гг., %

| T+ | 1991 | 1992 | 1993 | 1994 | 1995 | 1996 | 1997 | 1998 | 1999 | 2000 | 2001 | 2002 | 2003 | 2004 | 2005 | 2006 | 2007 | 2008 | 2009 | 2010 | 2011 | 2012 | 2013 | 2014 |
|---|---|---|---|---|---|---|---|---|---|---|---|---|---|---|---|---|---|---|---|---|---|---|---|---|
| 0 | | | | | | | | | 93,6 | 92,7 | 89,7 | 86,8 | 89,3 | 88,7 | 90,6 | 90,0 | 91,8 | 89,6 | 93,0 | 94,3 | 94,5 | 93,0 | 89,8 | 83,5 |
| 1 | | | | | | | | 88,2 | 80,7 | 77,7 | 72,7 | 68,7 | 77,1 | 76,0 | 79,1 | 80,1 | 79,9 | 78,8 | 83,4 | 86,8 | 84,1 | 78,3 | 72,2 | |
| 2 | | | | | | | 86,9 | 76,9 | 66,0 | 61,0 | 57,8 | 58,0 | 65,3 | 67,0 | 70,6 | 71,9 | 69,2 | 69,1 | 76,2 | 76,6 | 70,1 | 60,0 | | |
| 3 | | | | | | 87,2 | 73,7 | 64,3 | 52,1 | 48,9 | 47,8 | 49,8 | 57,2 | 58,3 | 62,8 | 64,3 | 61,4 | 63,2 | 68,6 | 64,6 | 55,0 | | | |
| 4 | | | | | 88,5 | 77,5 | 64,9 | 51,3 | 43,3 | 40,7 | 41,6 | 44,0 | 52,5 | 51,8 | 57,0 | 59,4 | 57,2 | 57,3 | 58,6 | 53,1 | | | | |
| 5 | | | | 90,7 | 77,6 | 67,5 | 53,4 | 41,5 | 37,1 | 34,4 | 36,8 | 39,3 | 48,0 | 46,9 | 53,3 | 55,6 | 51,9 | 48,8 | 48,3 | | | | | |
| 6 | | | 91,6 | 80,4 | 68,1 | 55,7 | 44,2 | 36,0 | 31,6 | 30,7 | 33,1 | 35,2 | 43,4 | 43,5 | 49,3 | 52,0 | 44,9 | 41,1 | | | | | | |
| 7 | | 93,9 | 83,4 | 72,7 | 59,2 | 46,9 | 37,7 | 31,2 | 28,1 | 28,2 | 28,4 | 32,8 | 40,8 | 40,5 | 46,7 | 45,9 | 39,6 | | | | | | | |
| 8 | 91,6 | 87,9 | 76,1 | 63,0 | 51,9 | 41,0 | 32,9 | 28,0 | 24,9 | 25,4 | 25,9 | 30,5 | 38,0 | 38,5 | 40,5 | 39,4 | | | | | | | | |
| 9 | 84,5 | 79,6 | 67,2 | 54,5 | 46,7 | 36,4 | 30,2 | 26,3 | 23,3 | 23,2 | 23,9 | 28,4 | 35,6 | 34,2 | 34,7 | | | | | | | | | |
| 10 | 76,9 | 70,6 | 58,2 | 48,8 | 42,2 | 33,0 | 27,1 | 23,7 | 20,9 | 21,5 | 22,2 | 27,1 | 31,6 | 29,6 | | | | | | | | | | |
| 11 | 65,8 | 63,2 | 52,5 | 44,4 | 37,9 | 31,0 | 25,5 | 21,7 | 19,8 | 19,5 | 20,9 | 25,3 | 28,8 | | | | | | | | | | | |
| 12 | 58,4 | 56,2 | 46,4 | 40,3 | 35,6 | 29,2 | 23,7 | 19,8 | 17,9 | 18,3 | 19,3 | 23,0 | | | | | | | | | | | | |
| 13 | 53,8 | 48,4 | 41,4 | 36,7 | 34,6 | 27,4 | 22,0 | 18,4 | 17,2 | 16,3 | 17,1 | | | | | | | | | | | | | |
| 14 | 46,7 | 44,3 | 38,5 | 34,7 | 31,7 | 24,8 | 21,2 | 17,3 | 16,0 | 13,9 | | | | | | | | | | | | | | |
| 15 | 44,3 | 40,9 | 35,3 | 32,7 | 28,7 | 23,6 | 20,2 | 16,5 | 13,8 | | | | | | | | | | | | | | | |
| 16 | 42,4 | 38,9 | 33,4 | 29,0 | 27,0 | 22,3 | 17,8 | 15,2 | | | | | | | | | | | | | | | | |
| 17 | 39,7 | 36,6 | 31,1 | 26,2 | 25,3 | 21,0 | 15,4 | | | | | | | | | | | | | | | | | |
| 18 | 38,3 | 34,9 | 29,5 | 25,3 | 22,6 | 17,0 | | | | | | | | | | | | | | | | | | |
| 19 | 34,8 | 33,5 | 28,5 | 23,1 | 20,2 | | | | | | | | | | | | | | | | | | | |
| 20 | 31,8 | 32,2 | 26,4 | 20,8 | | | | | | | | | | | | | | | | | | | | |
| 21 | 29,6 | 29,4 | 23,9 | | | | | | | | | | | | | | | | | | | | | |
| 22 | 26,6 | 26,9 | | | | | | | | | | | | | | | | | | | | | | |
| 23 | 22,6 | | | | | | | | | | | | | | | | | | | | | | | |

Статистика эмпирического исследования

| | 1991 | 1992 | 1993 | 1994 | 1995 | 1996 | 1997 | 1998 | 1999 | 2000 | 2001 | 2002 | 2003 | 2004 | 2005 | 2006 | 2007 | 2008 | 2009 | 2010 | 2011 | 2012 | 2013 | 2014 |
|---|---|---|---|---|---|---|---|---|---|---|---|---|---|---|---|---|---|---|---|---|---|---|---|---|
| К1 | 368 | 1355 | 882 | 648 | 593 | 610 | 650 | 844 | 1098 | 1568 | 1350 | 1192 | 1222 | 1256 | 1543 | 1812 | 1589 | 1544 | 1295 | 1535 | 1775 | 1892 | 1814 | 1616 |
| К2 | 14,5 | 13,3 | 12,0 | 10,9 | 9,7 | 8,4 | 7,1 | 5,9 | 5,2 | 5,0 | 4,6 | 4,2 | 4,7 | 4,5 | 4,6 | 4,4 | 4,0 | 3,7 | 3,7 | 3,3 | 2,9 | 2,3 | 1,6 | - |
| К3 | 6,5 | | | | | | | | | | | | | | | | | | | | | | | |

Таблица 3.01 – Выживаемость компаний Северо-Западного федерального округа за период 1991–2014 гг., %, (скорректировано)

| T+ | 1991 | 1992 | 1993 | 1994 | 1995 | 1996 | 1997 | 1998 | 1999 | 2000 | 2001 | 2002 | 2003 | 2004 | 2005 | 2006 | 2007 | 2008 | 2009 | 2010 | 2011 | 2012 | 2013 | 2014 |
|---|---|---|---|---|---|---|---|---|---|---|---|---|---|---|---|---|---|---|---|---|---|---|---|---|
| 0 | | | | | | | | | 93,5 | 92,7 | 92,8 | 89,1 | 90,5 | 92,2 | 93,4 | 93,2 | 92,6 | 93,5 | 94,9 | 93,7 | 96,1 | 95,4 | 90,2 | 87,2 |
| 1 | | | | | | | | 85,9 | 83,2 | 80,7 | 77,2 | 74,6 | 80,0 | 82,1 | 84,3 | 84,5 | 82,9 | 85,7 | 86,0 | 87,0 | 87,5 | 80,5 | 72,5 | |
| 2 | | | | | | | 86,1 | 75,1 | 72,8 | 66,2 | 65,5 | 65,3 | 71,4 | 74,0 | 76,7 | 77,4 | 75,6 | 78,6 | 80,1 | 78,3 | 73,1 | 63,8 | | |
| 3 | | | | | | 86,6 | 74,8 | 66,6 | 61,5 | 56,2 | 57,9 | 58,8 | 65,1 | 67,2 | 70,4 | 71,8 | 69,6 | 74,2 | 73,6 | 66,0 | 59,1 | | | |
| 4 | | | | | 88,4 | 77,8 | 65,7 | 56,3 | 54,1 | 50,3 | 52,0 | 53,6 | 60,1 | 61,3 | 66,0 | 67,2 | 66,2 | 69,6 | 62,7 | 54,1 | | | | |
| 5 | | | | 89,4 | 79,1 | 68,8 | 56,5 | 49,5 | 49,1 | 45,1 | 47,7 | 49,8 | 55,6 | 57,6 | 62,4 | 63,3 | 62,4 | 61,0 | 52,9 | | | | | |
| 6 | | | 90,4 | 81,4 | 71,1 | 58,9 | 50,5 | 44,9 | 45,0 | 41,1 | 44,0 | 46,4 | 52,0 | 54,7 | 59,7 | 60,0 | 55,4 | 51,9 | | | | | | |
| 7 | | 91,3 | 82,7 | 73,4 | 61,4 | 53,6 | 46,8 | 41,7 | 41,7 | 37,8 | 40,7 | 43,6 | 49,0 | 52,5 | 57,1 | 54,1 | 47,3 | | | | | | | |
| 8 | 90,0 | 83,9 | 75,4 | 64,5 | 55,1 | 49,5 | 43,1 | 38,6 | 38,8 | 35,2 | 38,2 | 41,3 | 47,1 | 50,1 | 52,2 | 47,4 | | | | | | | | |
| 9 | 82,0 | 76,1 | 66,8 | 57,9 | 50,9 | 45,8 | 40,1 | 35,9 | 36,4 | 33,0 | 36,1 | 39,9 | 45,2 | 45,2 | 45,5 | | | | | | | | | |
| 10 | 74,0 | 67,2 | 61,0 | 54,1 | 47,3 | 42,8 | 37,1 | 33,5 | 34,9 | 31,2 | 34,7 | 37,9 | 41,1 | 39,9 | | | | | | | | | | |
| 11 | 65,5 | 61,6 | 57,2 | 50,5 | 44,6 | 40,2 | 34,7 | 31,9 | 32,9 | 29,9 | 33,1 | 34,6 | 36,0 | | | | | | | | | | | |
| 12 | 60,2 | 57,7 | 54,4 | 47,5 | 42,0 | 37,6 | 33,0 | 30,0 | 31,6 | 28,5 | 30,4 | 30,9 | | | | | | | | | | | | |
| 13 | 56,3 | 54,3 | 51,9 | 44,9 | 39,7 | 35,9 | 30,9 | 29,0 | 30,3 | 26,4 | 26,9 | | | | | | | | | | | | | |
| 14 | 53,1 | 51,4 | 49,5 | 43,0 | 37,8 | 33,9 | 29,7 | 27,8 | 28,2 | 23,7 | | | | | | | | | | | | | | |
| 15 | 51,1 | 49,0 | 47,5 | 40,9 | 35,2 | 32,6 | 28,6 | 25,9 | 25,7 | | | | | | | | | | | | | | | |
| 16 | 48,9 | 46,8 | 45,7 | 37,1 | 34,0 | 31,5 | 26,6 | 23,4 | | | | | | | | | | | | | | | | |
| 17 | 46,5 | 44,7 | 42,6 | 36,1 | 32,7 | 29,1 | 24,2 | | | | | | | | | | | | | | | | | |
| 18 | 44,9 | 43,2 | 41,4 | 35,0 | 30,5 | 26,3 | | | | | | | | | | | | | | | | | | |
| 19 | 43,3 | 41,9 | 40,3 | 32,9 | 27,7 | | | | | | | | | | | | | | | | | | | |
| 20 | 42,1 | 40,6 | 37,4 | 29,8 | | | | | | | | | | | | | | | | | | | | |
| 21 | 41,0 | 37,6 | 33,8 | | | | | | | | | | | | | | | | | | | | | |
| 22 | 37,8 | 34,1 | | | | | | | | | | | | | | | | | | | | | | |
| 23 | 33,5 | | | | | | | | | | | | | | | | | | | | | | | |

**Статистика эмпирического исследования**

| | 1991 | 1992 | 1993 | 1994 | 1995 | 1996 | 1997 | 1998 | 1999 | 2000 | 2001 | 2002 | 2003 | 2004 | 2005 | 2006 | 2007 | 2008 | 2009 | 2010 | 2011 | 2012 | 2013 | 2014 |
|---|---|---|---|---|---|---|---|---|---|---|---|---|---|---|---|---|---|---|---|---|---|---|---|---|
| K1 | 2501 | 7420 | 6694 | 4672 | 4118 | 4416 | 5661 | 6428 | 8201 | 8301 | 8953 | 8826 | 8593 | 8396 | 10371 | 13571 | 11000 | 10887 | 9145 | 10362 | 11249 | 11346 | 11383 | 8749 |
| K2 | 14,0 | 13,1 | 12,1 | 10,9 | 9,6 | 8,5 | 7,2 | 6,2 | 5,7 | 5,2 | 5,1 | 4,8 | 5,1 | 5,0 | 4,9 | 4,7 | 4,3 | 4,1 | 3,8 | 3,4 | 2,9 | 2,3 | 1,6 | – |
| K3 | 7,5 | | | | | | | | | | | | | | | | | | | | | | | |

Таблица 3.02 – Выживаемость компаний Вологодской области за период 1991–2014 гг., %

| T+ | 1991 | 1992 | 1993 | 1994 | 1995 | 1996 | 1997 | 1998 | 1999 | 2000 | 2001 | 2002 | 2003 | 2004 | 2005 | 2006 | 2007 | 2008 | 2009 | 2010 | 2011 | 2012 | 2013 | 2014 |
|---|---|---|---|---|---|---|---|---|---|---|---|---|---|---|---|---|---|---|---|---|---|---|---|---|
| 0 | | | | | | | | | 96,6 | 95,5 | 95,2 | 87,7 | 91,5 | 88,9 | 92,7 | 92,3 | 91,4 | 91,8 | 92,7 | 91,2 | 95,0 | 93,4 | 86,9 | 82,3 |
| 1 | | | | | | | | 92,4 | 87,0 | 84,1 | 77,7 | 74,4 | 77,3 | 79,5 | 82,2 | 83,4 | 79,9 | 80,7 | 80,5 | 80,7 | 82,7 | 74,3 | 65,4 | |
| 2 | | | | | | | 90,9 | 85,4 | 76,8 | 67,6 | 66,7 | 62,4 | 67,4 | 70,6 | 73,1 | 75,2 | 70,9 | 70,6 | 70,0 | 68,7 | 64,7 | 57,1 | | |
| 3 | | | | | | 90,0 | 82,8 | 78,9 | 62,2 | 57,9 | 56,9 | 56,3 | 61,3 | 63,2 | 65,6 | 68,0 | 63,5 | 66,1 | 62,2 | 55,7 | 50,3 | | | |
| 4 | | | | | 91,4 | 78,4 | 73,9 | 65,0 | 55,0 | 50,1 | 50,1 | 50,5 | 54,7 | 55,5 | 59,4 | 61,5 | 58,6 | 61,1 | 51,5 | 45,0 | | | | |
| 5 | | | | 92,2 | 79,7 | 68,0 | 63,7 | 55,1 | 48,8 | 44,4 | 44,5 | 45,0 | 49,8 | 50,5 | 53,5 | 56,3 | 54,0 | 52,5 | 44,3 | | | | | |
| 6 | | | 93,3 | 85,6 | 71,5 | 58,5 | 56,3 | 49,2 | 44,1 | 38,9 | 39,9 | 41,2 | 45,7 | 45,8 | 50,4 | 53,1 | 48,0 | 44,4 | | | | | | |
| 7 | | 93,5 | 86,5 | 77,3 | 63,1 | 51,5 | 52,6 | 44,9 | 40,8 | 35,3 | 35,9 | 37,3 | 41,7 | 42,1 | 47,8 | 48,6 | 40,3 | | | | | | | |
| 8 | 95,5 | 88,5 | 81,3 | 69,5 | 55,6 | 44,5 | 47,4 | 41,2 | 37,9 | 31,9 | 33,4 | 35,0 | 39,8 | 39,8 | 43,0 | 43,0 | | | | | | | | |
| 9 | 89,7 | 77,4 | 72,8 | 64,2 | 51,4 | 40,1 | 45,0 | 38,1 | 35,2 | 28,7 | 30,6 | 33,1 | 38,7 | 35,4 | 38,2 | | | | | | | | | |
| 10 | 84,8 | 67,9 | 67,9 | 61,4 | 47,4 | 39,4 | 41,7 | 35,9 | 33,2 | 26,6 | 28,7 | 31,9 | 34,5 | 31,0 | | | | | | | | | | |
| 11 | 76,9 | 62,6 | 65,2 | 55,9 | 44,9 | 36,2 | 38,3 | 33,0 | 30,3 | 24,9 | 27,2 | 28,4 | 31,1 | | | | | | | | | | | |
| 12 | 73,1 | 59,4 | 62,2 | 53,0 | 40,7 | 33,2 | 36,7 | 30,1 | 28,1 | 23,4 | 24,7 | 25,6 | | | | | | | | | | | | |
| 13 | 69,0 | 56,0 | 59,3 | 49,4 | 38,3 | 30,6 | 33,0 | 28,9 | 26,9 | 21,3 | 23,0 | | | | | | | | | | | | | |
| 14 | 65,9 | 53,1 | 57,7 | 46,4 | 35,7 | 28,3 | 31,5 | 27,9 | 24,7 | 19,3 | | | | | | | | | | | | | | |
| 15 | 64,1 | 51,0 | 55,4 | 44,7 | 33,2 | 26,7 | 29,1 | 26,2 | 22,8 | | | | | | | | | | | | | | | |
| 16 | 63,1 | 49,6 | 54,0 | 43,4 | 31,5 | 26,2 | 27,4 | 23,8 | | | | | | | | | | | | | | | | |
| 17 | 60,7 | 47,3 | 52,3 | 41,7 | 30,8 | 24,6 | 26,3 | | | | | | | | | | | | | | | | | |
| 18 | 59,0 | 45,6 | 51,6 | 39,8 | 29,4 | 22,7 | | | | | | | | | | | | | | | | | | |
| 19 | 57,2 | 44,1 | 50,2 | 36,9 | 27,1 | | | | | | | | | | | | | | | | | | | |
| 20 | 55,9 | 41,6 | 43,8 | 33,9 | | | | | | | | | | | | | | | | | | | | |
| 21 | 53,8 | 37,2 | 37,2 | | | | | | | | | | | | | | | | | | | | | |
| 22 | 49,3 | 32,8 | | | | | | | | | | | | | | | | | | | | | | |
| 23 | 42,4 | | | | | | | | | | | | | | | | | | | | | | | |

Статистика эмпирического исследования

| | 1991 | 1992 | 1993 | 1994 | 1995 | 1996 | 1997 | 1998 | 1999 | 2000 | 2001 | 2002 | 2003 | 2004 | 2005 | 2006 | 2007 | 2008 | 2009 | 2010 | 2011 | 2012 | 2013 | 2014 |
|---|---|---|---|---|---|---|---|---|---|---|---|---|---|---|---|---|---|---|---|---|---|---|---|---|
| K1 | 290 | 1050 | 1008 | 472 | 428 | 431 | 460 | 512 | 762 | 828 | 928 | 922 | 909 | 1003 | 1233 | 1736 | 1379 | 1441 | 1322 | 1442 | 1506 | 1343 | 1723 | 1608 |
| K2 | 15,6 | 13,7 | 13,3 | 11,3 | 9,6 | 8,3 | 7,8 | 6,9 | 6,0 | 5,5 | 5,1 | 4,7 | 4,8 | 4,8 | 4,6 | 4,4 | 4,1 | 3,8 | 3,4 | 3,1 | 2,8 | 2,2 | 1,6 | - |
| K3 | 6,8 | | | | | | | | | | | | | | | | | | | | | | | |

Таблица 3.03 – Выживаемость компаний Архангельской области за период 1991–2014 гг., %

| Т+ | 1991 | 1992 | 1993 | 1994 | 1995 | 1996 | 1997 | 1998 | 1999 | 2000 | 2001 | 2002 | 2003 | 2004 | 2005 | 2006 | 2007 | 2008 | 2009 | 2010 | 2011 | 2012 | 2013 | 2014 |
|----|------|------|------|------|------|------|------|------|------|------|------|------|------|------|------|------|------|------|------|------|------|------|------|------|
| 0  |      |      |      |      |      |      |      |      | 94,7 | 92,0 | 90,1 | 86,3 | 91,6 | 93,6 | 95,1 | 94,2 | 94,3 | 95,8 | 97,1 | 94,9 | 97,9 | 97,5 | 94,0 | 88,6 |
| 1  |      |      |      |      |      |      |      | 87,9 | 83,6 | 79,8 | 72,5 | 73,7 | 83,4 | 86,1 | 85,5 | 84,0 | 87,8 | 90,6 | 89,7 | 89,9 | 93,5 | 86,2 | 76,0 |      |
| 2  |      |      |      |      |      |      | 86,6 | 76,8 | 72,5 | 62,3 | 64,0 | 64,7 | 76,5 | 79,1 | 78,1 | 78,3 | 82,9 | 85,3 | 86,2 | 84,7 | 81,1 | 68,8 |      |      |
| 3  |      |      |      |      |      | 90,5 | 76,2 | 68,5 | 60,1 | 53,7 | 57,2 | 57,3 | 68,4 | 70,1 | 72,9 | 73,9 | 77,5 | 82,7 | 82,2 | 74,4 | 70,5 |      |      |      |
| 4  |      |      |      |      | 88,2 | 80,1 | 68,6 | 54,7 | 52,2 | 49,0 | 50,4 | 51,7 | 64,7 | 64,3 | 68,4 | 70,2 | 74,9 | 79,9 | 72,2 | 62,4 |      |      |      |      |
| 5  |      |      |      | 91,7 | 80,3 | 71,7 | 59,6 | 47,4 | 47,3 | 42,8 | 47,0 | 48,3 | 59,8 | 61,4 | 65,2 | 67,3 | 73,3 | 73,8 | 61,4 |      |      |      |      |      |
| 6  |      |      | 93,5 | 83,2 | 70,5 | 60,1 | 54,0 | 42,6 | 43,7 | 39,8 | 43,0 | 45,9 | 56,7 | 58,3 | 63,0 | 65,1 | 66,1 | 64,2 |      |      |      |      |      |      |
| 7  |      | 94,6 | 86,5 | 72,5 | 58,4 | 56,1 | 52,0 | 39,0 | 40,6 | 37,3 | 38,8 | 43,8 | 53,6 | 55,3 | 61,8 | 60,1 | 58,7 |      |      |      |      |      |      |      |
| 8  | 90,8 | 86,5 | 78,4 | 61,1 | 52,2 | 52,0 | 47,8 | 35,0 | 38,4 | 35,8 | 37,0 | 40,7 | 52,2 | 53,7 | 57,9 | 53,2 |      |      |      |      |      |      |      |      |
| 9  | 83,7 | 78,2 | 67,3 | 52,1 | 46,9 | 47,7 | 43,4 | 32,2 | 36,3 | 33,0 | 35,1 | 39,1 | 50,2 | 48,4 | 51,8 |      |      |      |      |      |      |      |      |      |
| 10 | 77,7 | 65,7 | 60,4 | 48,7 | 43,8 | 43,6 | 40,0 | 29,2 | 35,5 | 31,7 | 34,1 | 38,2 | 46,4 | 42,8 |      |      |      |      |      |      |      |      |      |      |
| 11 | 68,5 | 57,7 | 56,5 | 44,8 | 40,2 | 41,9 | 38,3 | 27,7 | 34,5 | 30,3 | 32,2 | 35,3 | 42,7 |      |      |      |      |      |      |      |      |      |      |      |
| 12 | 63,0 | 52,5 | 52,5 | 41,2 | 38,5 | 40,5 | 37,0 | 27,0 | 33,4 | 29,5 | 30,4 | 31,4 |      |      |      |      |      |      |      |      |      |      |      |      |
| 13 | 60,3 | 48,7 | 50,2 | 37,0 | 36,2 | 38,4 | 33,9 | 26,4 | 33,1 | 27,5 | 27,7 |      |      |      |      |      |      |      |      |      |      |      |      |      |
| 14 | 57,1 | 45,9 | 48,4 | 36,8 | 35,1 | 36,7 | 32,6 | 25,7 | 30,9 | 24,5 |      |      |      |      |      |      |      |      |      |      |      |      |      |      |
| 15 | 54,9 | 43,9 | 45,8 | 35,2 | 33,1 | 35,8 | 32,1 | 24,2 | 28,5 |      |      |      |      |      |      |      |      |      |      |      |      |      |      |      |
| 16 | 53,8 | 42,0 | 43,5 | 33,7 | 31,7 | 34,7 | 29,8 | 22,2 |      |      |      |      |      |      |      |      |      |      |      |      |      |      |      |      |
| 17 | 52,2 | 40,1 | 41,5 | 32,1 | 30,9 | 32,9 | 28,2 |      |      |      |      |      |      |      |      |      |      |      |      |      |      |      |      |      |
| 18 | 51,6 | 38,8 | 40,5 | 31,6 | 27,8 | 29,5 |      |      |      |      |      |      |      |      |      |      |      |      |      |      |      |      |      |      |
| 19 | 49,5 | 38,4 | 39,3 | 30,1 | 24,7 |      |      |      |      |      |      |      |      |      |      |      |      |      |      |      |      |      |      |      |
| 20 | 47,8 | 37,1 | 36,4 | 26,9 |      |      |      |      |      |      |      |      |      |      |      |      |      |      |      |      |      |      |      |      |
| 21 | 46,2 | 35,0 | 33,8 |      |      |      |      |      |      |      |      |      |      |      |      |      |      |      |      |      |      |      |      |      |
| 22 | 42,4 | 32,7 |      |      |      |      |      |      |      |      |      |      |      |      |      |      |      |      |      |      |      |      |      |      |
| 23 | 39,7 |      |      |      |      |      |      |      |      |      |      |      |      |      |      |      |      |      |      |      |      |      |      |      |

Статистика эмпирического исследования

| | 1991 | 1992 | 1993 | 1994 | 1995 | 1996 | 1997 | 1998 | 1999 | 2000 | 2001 | 2002 | 2003 | 2004 | 2005 | 2006 | 2007 | 2008 | 2009 | 2010 | 2011 | 2012 | 2013 | 2014 |
|----|------|------|------|------|------|------|------|------|------|------|------|------|------|------|------|------|------|------|------|------|------|------|------|------|
| K1 | 184 | 688 | 550 | 386 | 356 | 346 | 433 | 397 | 586 | 600 | 575 | 634 | 646 | 642 | 919 | 1247 | 888 | 886 | 726 | 882 | 987 | 1011 | 1077 | 999 |
| K2 | 14,0 | 12,7 | 12,0 | 10,5 | 9,6 | 8,5 | 7,3 | 6,0 | 5,3 | 5,0 | 4,8 | 4,6 | 5,1 | 5,2 | 4,8 | 4,6 | 4,5 | 4,4 | 4,1 | 3,5 | 3,1 | 2,5 | 1,7 | – |
| K3 | 7,3 | | | | | | | | | | | | | | | | | | | | | | | |

Таблица 3.04 – Выживаемость компаний г. Санкт-Петербург за период 1991–2014 гг., %

| T+ | 1991 | 1992 | 1993 | 1994 | 1995 | 1996 | 1997 | 1998 | 1999 | 2000 | 2001 | 2002 | 2003 | 2004 | 2005 | 2006 | 2007 | 2008 | 2009 | 2010 | 2011 | 2012 | 2013 | 2014 |
|---|---|---|---|---|---|---|---|---|---|---|---|---|---|---|---|---|---|---|---|---|---|---|---|---|
| 0 |  |  |  |  |  |  |  |  | 92,3 | 92,8 | 89,8 | 89,0 | 91,5 | 89,9 | 90,2 | 88,3 | 89,0 | 91,3 | 92,3 | 90,6 | 94,0 | 92,6 | 89,2 | 94,1 |
| 1 |  |  |  |  |  |  |  | 79,7 | 83,5 | 79,0 | 75,0 | 74,8 | 78,5 | 76,2 | 77,3 | 75,1 | 77,0 | 79,8 | 79,4 | 81,6 | 79,6 | 75,5 | 74,4 |  |
| 2 |  |  |  |  |  |  | 82,0 | 68,7 | 72,9 | 65,7 | 63,5 | 64,0 | 66,2 | 65,1 | 66,1 | 64,2 | 66,4 | 69,1 | 71,0 | 67,5 | 62,9 | 58,8 |  |  |
| 3 |  |  |  |  |  | 83,9 | 70,4 | 59,7 | 62,8 | 56,6 | 54,4 | 54,9 | 58,0 | 56,8 | 57,5 | 56,5 | 58,4 | 62,0 | 60,7 | 54,8 | 50,3 |  |  |  |
| 4 |  |  |  |  | 86,1 | 76,3 | 61,2 | 52,8 | 55,9 | 50,9 | 47,4 | 48,2 | 51,8 | 49,1 | 52,5 | 51,2 | 54,4 | 55,6 | 51,5 | 45,1 |  |  |  |  |
| 5 |  |  |  | 87,0 | 78,2 | 66,9 | 53,8 | 47,5 | 50,4 | 45,1 | 42,1 | 44,0 | 45,6 | 44,7 | 48,0 | 47,7 | 48,9 | 48,1 | 43,6 |  |  |  |  |  |
| 6 |  |  | 87,6 | 80,0 | 68,8 | 58,9 | 48,2 | 42,5 | 45,7 | 40,3 | 37,5 | 39,6 | 41,6 | 41,7 | 45,0 | 44,2 | 43,0 | 40,6 |  |  |  |  |  |  |
| 7 |  | 87,5 | 80,6 | 72,7 | 61,6 | 53,9 | 44,0 | 39,0 | 41,6 | 35,6 | 33,6 | 36,5 | 38,1 | 39,7 | 42,1 | 39,4 | 36,7 |  |  |  |  |  |  |  |
| 8 | 87,5 | 81,3 | 74,4 | 63,9 | 56,6 | 49,5 | 40,6 | 35,5 | 37,9 | 32,1 | 30,9 | 33,5 | 36,1 | 37,0 | 37,7 | 34,9 |  |  |  |  |  |  |  |  |
| 9 | 80,4 | 73,8 | 66,9 | 58,1 | 51,7 | 45,2 | 36,7 | 32,8 | 35,1 | 30,2 | 28,6 | 32,1 | 34,2 | 33,7 | 33,5 |  |  |  |  |  |  |  |  |  |
| 10 | 72,0 | 67,7 | 62,1 | 54,9 | 48,1 | 41,6 | 33,3 | 30,4 | 33,3 | 28,2 | 27,3 | 30,1 | 30,9 | 30,2 |  |  |  |  |  |  |  |  |  |  |
| 11 | 66,0 | 61,4 | 57,8 | 51,9 | 45,8 | 38,3 | 31,1 | 29,0 | 31,5 | 26,7 | 25,5 | 28,0 | 27,1 |  |  |  |  |  |  |  |  |  |  |  |
| 12 | 59,8 | 58,0 | 54,9 | 48,4 | 42,4 | 35,5 | 29,2 | 27,6 | 30,4 | 25,3 | 23,5 | 25,3 |  |  |  |  |  |  |  |  |  |  |  |  |
| 13 | 54,8 | 54,8 | 51,5 | 45,8 | 39,6 | 33,5 | 27,3 | 26,7 | 28,6 | 23,2 | 21,0 |  |  |  |  |  |  |  |  |  |  |  |  |  |
| 14 | 50,3 | 51,6 | 48,6 | 43,5 | 37,5 | 32,2 | 26,4 | 25,4 | 25,9 | 21,1 |  |  |  |  |  |  |  |  |  |  |  |  |  |  |
| 15 | 48,0 | 48,8 | 46,6 | 41,2 | 36,1 | 30,3 | 25,8 | 24,0 | 23,8 |  |  |  |  |  |  |  |  |  |  |  |  |  |  |  |
| 16 | 45,8 | 46,0 | 43,8 | 39,7 | 34,8 | 29,1 | 24,0 | 21,3 |  |  |  |  |  |  |  |  |  |  |  |  |  |  |  |  |
| 17 | 43,1 | 43,6 | 42,0 | 39,2 | 33,5 | 27,1 | 22,0 |  |  |  |  |  |  |  |  |  |  |  |  |  |  |  |  |  |
| 18 | 41,6 | 42,0 | 40,0 | 37,7 | 31,8 | 24,2 |  |  |  |  |  |  |  |  |  |  |  |  |  |  |  |  |  |  |
| 19 | 39,9 | 40,6 | 39,0 | 35,3 | 28,8 |  |  |  |  |  |  |  |  |  |  |  |  |  |  |  |  |  |  |  |
| 20 | 38,9 | 39,3 | 36,4 | 31,4 |  |  |  |  |  |  |  |  |  |  |  |  |  |  |  |  |  |  |  |  |
| 21 | 37,0 | 36,5 | 34,1 |  |  |  |  |  |  |  |  |  |  |  |  |  |  |  |  |  |  |  |  |  |
| 22 | 35,1 | 32,9 |  |  |  |  |  |  |  |  |  |  |  |  |  |  |  |  |  |  |  |  |  |  |
| 23 | 31,0 |  |  |  |  |  |  |  |  |  |  |  |  |  |  |  |  |  |  |  |  |  |  |  |

**Статистика эмпирического исследования**

| | 1991 | 1992 | 1993 | 1994 | 1995 | 1996 | 1997 | 1998 | 1999 | 2000 | 2001 | 2002 | 2003 | 2004 | 2005 | 2006 | 2007 | 2008 | 2009 | 2010 | 2011 | 2012 | 2013 | 2014 |
|---|---|---|---|---|---|---|---|---|---|---|---|---|---|---|---|---|---|---|---|---|---|---|---|---|
| К1 | 664 | 1491 | 1245 | 1019 | 1012 | 1288 | 1769 | 1975 | 2369 | 2580 | 2696 | 2328 | 2446 | 2312 | 2575 | 2943 | 3068 | 3090 | 2407 | 2839 | 2904 | 2707 | 2184 | 444 |
| К2 | 13,9 | 13,1 | 11,9 | 10,8 | 9,5 | 8,5 | 6,9 | 5,8 | 5,9 | 5,3 | 4,9 | 4,6 | 4,8 | 4,3 | 4,2 | 3,9 | 3,8 | 3,7 | 3,4 | 3,1 | 2,7 | 2,2 | 1,6 | - |
| К3 | 7,1 |  |  |  |  |  |  |  |  |  |  |  |  |  |  |  |  |  |  |  |  |  |  |  |

Таблица 3.05 – Выживаемость компаний Калининградской области за период 1991–2014 гг., %

| T+ | 1991 | 1992 | 1993 | 1994 | 1995 | 1996 | 1997 | 1998 | 1999 | 2000 | 2001 | 2002 | 2003 | 2004 | 2005 | 2006 | 2007 | 2008 | 2009 | 2010 | 2011 | 2012 | 2013 | 2014 |
|----|------|------|------|------|------|------|------|------|------|------|------|------|------|------|------|------|------|------|------|------|------|------|------|------|
| 0 | | | | | | | | | 93,4 | 92,7 | 95,3 | 92,6 | 90,0 | 95,3 | 95,7 | 95,8 | 96,7 | 96,1 | 98,5 | 98,0 | 98,9 | 97,6 | 90,4 | 87,3 |
| 1 | | | | | | | | 86,9 | 81,3 | 84,0 | 83,3 | 77,2 | 82,2 | 88,6 | 91,8 | 91,2 | 90,4 | 92,4 | 95,2 | 95,5 | 93,2 | 83,6 | 71,1 | |
| 2 | | | | | | | 85,3 | 70,8 | 73,1 | 71,4 | 71,2 | 69,5 | 77,7 | 82,9 | 87,0 | 85,6 | 86,3 | 90,1 | 93,1 | 90,6 | 80,9 | 67,5 | | |
| 3 | | | | | | 82,8 | 66,5 | 62,8 | 61,0 | 61,0 | 65,6 | 65,5 | 75,1 | 78,1 | 82,7 | 82,0 | 83,9 | 88,5 | 89,2 | 78,3 | 65,8 | | | |
| 4 | | | | | 85,2 | 70,7 | 58,6 | 51,5 | 53,4 | 56,0 | 62,7 | 62,5 | 72,5 | 74,6 | 79,8 | 79,9 | 81,3 | 84,5 | 77,8 | 65,1 | | | | |
| 5 | | | | 84,6 | 73,2 | 61,6 | 49,6 | 44,3 | 49,5 | 51,8 | 60,0 | 58,9 | 69,8 | 72,8 | 78,2 | 76,6 | 78,2 | 73,8 | 64,0 | | | | | |
| 6 | | | 86,9 | 73,4 | 67,4 | 51,2 | 45,9 | 40,9 | 46,2 | 49,1 | 56,9 | 56,2 | 67,2 | 71,1 | 76,6 | 74,1 | 70,0 | 64,2 | | | | | | |
| 7 | | 89,2 | 77,4 | 65,5 | 55,1 | 47,1 | 42,6 | 38,3 | 44,2 | 46,9 | 54,4 | 54,3 | 65,1 | 70,3 | 74,0 | 66,5 | 58,1 | | | | | | | |
| 8 | 86,1 | 79,2 | 68,7 | 58,3 | 47,8 | 43,8 | 38,6 | 36,4 | 42,1 | 44,2 | 52,6 | 52,6 | 64,1 | 68,4 | 68,2 | 57,0 | | | | | | | | |
| 9 | 76,8 | 71,8 | 60,2 | 51,2 | 43,8 | 40,7 | 35,7 | 34,8 | 39,4 | 42,0 | 50,7 | 51,7 | 62,5 | 60,4 | 57,8 | | | | | | | | | |
| 10 | 69,9 | 61,0 | 54,4 | 47,8 | 41,6 | 38,4 | 34,4 | 32,6 | 38,2 | 40,6 | 49,8 | 49,5 | 56,2 | 51,0 | | | | | | | | | | |
| 11 | 56,9 | 56,5 | 50,6 | 44,8 | 38,6 | 37,5 | 32,4 | 31,4 | 36,1 | 39,6 | 48,2 | 44,9 | 48,6 | | | | | | | | | | | |
| 12 | 52,1 | 52,9 | 49,0 | 42,1 | 37,3 | 35,5 | 30,9 | 29,6 | 34,9 | 38,3 | 44,5 | 39,0 | | | | | | | | | | | | |
| 13 | 49,4 | 49,6 | 47,4 | 40,0 | 35,7 | 34,4 | 29,8 | 28,8 | 33,5 | 35,7 | 37,3 | | | | | | | | | | | | | |
| 14 | 47,0 | 47,3 | 43,8 | 38,7 | 34,0 | 33,2 | 29,4 | 28,4 | 32,1 | 31,2 | | | | | | | | | | | | | | |
| 15 | 45,5 | 44,4 | 41,2 | 36,1 | 30,7 | 32,8 | 28,5 | 25,7 | 28,9 | | | | | | | | | | | | | | | |
| 16 | 42,8 | 41,4 | 40,2 | 34,5 | 30,5 | 32,4 | 26,2 | 23,4 | | | | | | | | | | | | | | | | |
| 17 | 38,9 | 39,0 | 38,7 | 33,6 | 29,7 | 29,2 | 21,7 | | | | | | | | | | | | | | | | | |
| 18 | 36,4 | 37,9 | 38,0 | 33,2 | 26,2 | 26,1 | | | | | | | | | | | | | | | | | | |
| 19 | 34,9 | 36,6 | 37,1 | 31,3 | 22,9 | | | | | | | | | | | | | | | | | | | |
| 20 | 34,3 | 36,1 | 33,7 | 28,5 | | | | | | | | | | | | | | | | | | | | |
| 21 | 34,3 | 32,8 | 30,2 | | | | | | | | | | | | | | | | | | | | | |
| 22 | 31,9 | 28,2 | | | | | | | | | | | | | | | | | | | | | | |
| 23 | 29,5 | | | | | | | | | | | | | | | | | | | | | | | |

Статистика эмпирического исследования

| | 1991 | 1992 | 1993 | 1994 | 1995 | 1996 | 1997 | 1998 | 1999 | 2000 | 2001 | 2002 | 2003 | 2004 | 2005 | 2006 | 2007 | 2008 | 2009 | 2010 | 2011 | 2012 | 2013 | 2014 |
|----|------|------|------|------|------|------|------|------|------|------|------|------|------|------|------|------|------|------|------|------|------|------|------|------|
| K1 | 332 | 734 | 726 | 527 | 485 | 518 | 695 | 758 | 731 | 695 | 1106 | 1401 | 1076 | 1043 | 1459 | 1608 | 1216 | 1089 | 1107 | 1120 | 1329 | 1412 | 1296 | 1084 |
| K2 | 13,2 | 12,9 | 11,5 | 10,0 | 9,3 | 7,8 | 6,9 | 5,8 | 5,6 | 5,6 | 6,0 | 5,4 | 5,8 | 6,2 | 6,1 | 5,6 | 5,3 | 4,9 | 4,7 | 3,9 | 3,2 | 2,4 | 1,7 | - |
| K3 | 7,7 | | | | | | | | | | | | | | | | | | | | | | | |

Таблица 3.06 – Выживаемость компаний Республики Карелия за период 1991–2014 гг., %

| T+ | 1991 | 1992 | 1993 | 1994 | 1995 | 1996 | 1997 | 1998 | 1999 | 2000 | 2001 | 2002 | 2003 | 2004 | 2005 | 2006 | 2007 | 2008 | 2009 | 2010 | 2011 | 2012 | 2013 | 2014 |
|---|---|---|---|---|---|---|---|---|---|---|---|---|---|---|---|---|---|---|---|---|---|---|---|---|
| 0 | | | | | | | | | 95,3 | 94,3 | 95,5 | 82,8 | 81,9 | 95,2 | 91,6 | 93,3 | 93,6 | 91,4 | 94,5 | 94,6 | 97,2 | 96,9 | 91,5 | 88,5 |
| 1 | | | | | | | | 93,9 | 86,9 | 82,6 | 71,9 | 60,4 | 75,7 | 87,0 | 85,8 | 83,8 | 80,8 | 84,6 | 87,9 | 89,7 | 90,7 | 79,9 | 73,7 | |
| 2 | | | | | | | 92,3 | 83,2 | 75,5 | 62,6 | 53,6 | 53,1 | 68,6 | 80,3 | 81,2 | 77,4 | 75,5 | 79,2 | 83,9 | 83,7 | 75,9 | 62,2 | | |
| 3 | | | | | | 93,7 | 85,1 | 75,8 | 61,4 | 42,0 | 47,4 | 48,6 | 61,6 | 74,0 | 75,6 | 73,3 | 70,0 | 74,7 | 78,5 | 70,9 | 60,5 | | | |
| 4 | | | | | 94,1 | 83,5 | 75,9 | 60,4 | 47,4 | 37,6 | 42,1 | 44,8 | 57,8 | 68,4 | 71,9 | 68,8 | 66,5 | 71,2 | 64,8 | 57,6 | | | | |
| 5 | | | | 90,4 | 84,9 | 77,3 | 62,5 | 47,1 | 42,2 | 33,3 | 39,2 | 43,1 | 55,0 | 65,6 | 68,2 | 65,3 | 63,8 | 61,0 | 54,7 | | | | | |
| 6 | | | 93,9 | 82,1 | 78,2 | 63,9 | 51,8 | 44,9 | 38,8 | 31,0 | 36,7 | 41,7 | 51,9 | 63,3 | 64,9 | 61,5 | 57,9 | 51,0 | | | | | | |
| 7 | | 93,3 | 83,3 | 72,5 | 67,2 | 50,6 | 48,2 | 41,8 | 35,6 | 29,3 | 34,4 | 39,9 | 49,9 | 60,7 | 62,7 | 55,1 | 49,4 | | | | | | | |
| 8 | 91,3 | 87,1 | 74,4 | 60,4 | 56,7 | 48,6 | 44,3 | 37,0 | 34,3 | 28,0 | 32,9 | 38,0 | 46,8 | 56,1 | 57,3 | 47,3 | | | | | | | | |
| 9 | 82,6 | 79,1 | 65,9 | 49,5 | 52,5 | 46,3 | 43,5 | 33,8 | 30,9 | 26,2 | 30,6 | 36,6 | 43,7 | 50,8 | 50,7 | | | | | | | | | |
| 10 | 72,8 | 67,9 | 56,7 | 45,0 | 47,5 | 42,4 | 40,8 | 31,1 | 29,7 | 25,2 | 29,3 | 34,9 | 40,2 | 46,4 | | | | | | | | | | |
| 11 | 64,1 | 60,8 | 51,4 | 42,5 | 42,4 | 42,0 | 39,3 | 30,1 | 28,4 | 23,8 | 28,7 | 30,9 | 35,1 | | | | | | | | | | | |
| 12 | 56,5 | 56,6 | 49,4 | 40,6 | 40,8 | 40,8 | 37,8 | 28,5 | 27,7 | 23,0 | 26,0 | 28,3 | | | | | | | | | | | | |
| 13 | 52,7 | 54,3 | 46,7 | 38,7 | 40,3 | 38,8 | 36,0 | 26,6 | 27,0 | 21,3 | 22,5 | | | | | | | | | | | | | |
| 14 | 50,5 | 50,6 | 44,9 | 37,1 | 38,7 | 38,0 | 34,8 | 25,3 | 25,0 | 19,0 | | | | | | | | | | | | | | |
| 15 | 49,5 | 49,0 | 43,5 | 36,7 | 38,2 | 36,1 | 34,2 | 23,7 | 22,7 | | | | | | | | | | | | | | | |
| 16 | 48,4 | 48,3 | 41,9 | 35,1 | 37,4 | 35,3 | 31,5 | 20,7 | | | | | | | | | | | | | | | | |
| 17 | 47,3 | 46,3 | 40,2 | 33,9 | 34,9 | 32,2 | 28,0 | | | | | | | | | | | | | | | | | |
| 18 | 46,2 | 44,8 | 38,8 | 32,6 | 31,9 | 28,2 | | | | | | | | | | | | | | | | | | |
| 19 | 44,6 | 42,5 | 38,4 | 28,8 | 29,8 | | | | | | | | | | | | | | | | | | | |
| 20 | 42,4 | 42,1 | 36,6 | 26,5 | | | | | | | | | | | | | | | | | | | | |
| 21 | 40,2 | 40,5 | 32,7 | | | | | | | | | | | | | | | | | | | | | |
| 22 | 36,4 | 37,4 | | | | | | | | | | | | | | | | | | | | | | |
| 23 | 32,6 | | | | | | | | | | | | | | | | | | | | | | | |

**Статистика эмпирического исследования**

| | 1991 | 1992 | 1993 | 1994 | 1995 | 1996 | 1997 | 1998 | 1999 | 2000 | 2001 | 2002 | 2003 | 2004 | 2005 | 2006 | 2007 | 2008 | 2009 | 2010 | 2011 | 2012 | 2013 | 2014 |
|---|---|---|---|---|---|---|---|---|---|---|---|---|---|---|---|---|---|---|---|---|---|---|---|---|
| K1 | 184 | 449 | 492 | 313 | 238 | 255 | 336 | 376 | 559 | 564 | 627 | 576 | 547 | 547 | 606 | 842 | 777 | 736 | 585 | 688 | 826 | 940 | 974 | 899 |
| K2 | 14,0 | 12,8 | 11,7 | 10,5 | 9,8 | 8,8 | 7,7 | 6,7 | 5,5 | 4,6 | 4,6 | 4,0 | 4,8 | 5,4 | 5,1 | 4,8 | 4,2 | 4,2 | 4,0 | 3,6 | 3,1 | 2,4 | 1,7 | - |
| K3 | 6,9 | | | | | | | | | | | | | | | | | | | | | | | |

Таблица 3.07 – Выживаемость компаний Мурманской области за период 1991–2014 гг., %

| T+ | 1991 | 1992 | 1993 | 1994 | 1995 | 1996 | 1997 | 1998 | 1999 | 2000 | 2001 | 2002 | 2003 | 2004 | 2005 | 2006 | 2007 | 2008 | 2009 | 2010 | 2011 | 2012 | 2013 | 2014 |
|----|------|------|------|------|------|------|------|------|------|------|------|------|------|------|------|------|------|------|------|------|------|------|------|------|
| 0 |  |  |  |  |  |  |  |  | 89,2 | 93,4 | 95,1 | 91,8 | 92,5 | 95,3 | 94,6 | 94,7 | 94,8 | 91,5 | 97,2 | 95,2 | 94,7 | 96,3 | 88,2 | 87,2 |
| 1 |  |  |  |  |  |  |  | 77,9 | 78,2 | 79,8 | 79,6 | 80,7 | 84,0 | 85,2 | 84,4 | 89,3 | 85,0 | 87,6 | 91,1 | 89,8 | 89,6 | 82,0 | 71,2 |  |
| 2 |  |  |  |  |  |  | 74,9 | 68,5 | 67,8 | 66,0 | 67,4 | 72,8 | 76,7 | 76,8 | 77,5 | 83,7 | 79,9 | 83,5 | 87,0 | 83,4 | 75,1 | 65,7 |  |  |
| 3 |  |  |  |  |  | 77,1 | 66,6 | 60,2 | 55,1 | 55,7 | 62,6 | 66,2 | 70,5 | 71,3 | 71,2 | 79,2 | 75,1 | 80,6 | 82,6 | 69,1 | 59,8 |  |  |  |
| 4 |  |  |  |  | 84,8 | 69,0 | 57,7 | 49,3 | 47,9 | 49,1 | 57,1 | 59,1 | 64,9 | 65,7 | 66,4 | 76,1 | 72,0 | 76,2 | 69,6 | 55,5 |  |  |  |  |
| 5 |  |  |  | 85,5 | 73,5 | 59,3 | 47,7 | 44,5 | 42,8 | 46,8 | 53,4 | 56,1 | 60,4 | 63,0 | 63,2 | 73,5 | 68,5 | 65,7 | 59,2 |  |  |  |  |  |
| 6 |  |  | 84,9 | 80,5 | 65,6 | 47,7 | 43,5 | 39,8 | 38,2 | 41,5 | 49,8 | 52,6 | 56,7 | 61,2 | 60,4 | 70,4 | 58,8 | 53,9 |  |  |  |  |  |  |
| 7 |  | 90,2 | 80,1 | 70,7 | 54,8 | 43,9 | 41,0 | 37,3 | 34,5 | 35,5 | 48,2 | 48,8 | 53,7 | 59,6 | 57,2 | 63,7 | 51,5 |  |  |  |  |  |  |  |
| 8 | 93,7 | 84,8 | 72,3 | 62,7 | 49,0 | 40,4 | 37,8 | 34,4 | 32,4 | 33,0 | 43,7 | 44,6 | 50,0 | 52,8 | 52,9 | 55,9 |  |  |  |  |  |  |  |  |
| 9 | 82,7 | 78,6 | 62,7 | 57,1 | 46,9 | 35,8 | 34,9 | 32,6 | 31,1 | 30,4 | 41,3 | 42,0 | 44,4 | 48,1 | 44,7 |  |  |  |  |  |  |  |  |  |
| 10 | 74,0 | 69,3 | 54,8 | 54,1 | 42,6 | 32,9 | 31,9 | 31,3 | 28,9 | 28,9 | 35,6 | 39,5 | 42,0 | 44,7 |  |  |  |  |  |  |  |  |  |  |
| 11 | 64,6 | 64,1 | 51,8 | 49,4 | 40,8 | 30,2 | 29,5 | 30,5 | 27,0 | 27,9 | 33,4 | 37,3 | 38,8 |  |  |  |  |  |  |  |  |  |  |  |
| 12 | 63,0 | 59,3 | 48,8 | 46,2 | 38,5 | 28,3 | 28,5 | 28,5 | 26,1 | 27,0 | 31,6 | 33,4 |  |  |  |  |  |  |  |  |  |  |  |  |
| 13 | 61,4 | 55,9 | 46,7 | 43,2 | 36,2 | 27,0 | 27,3 | 27,6 | 24,6 | 26,1 | 28,8 |  |  |  |  |  |  |  |  |  |  |  |  |  |
| 14 | 61,4 | 52,5 | 44,0 | 41,4 | 33,5 | 26,1 | 26,3 | 26,2 | 22,3 | 23,4 |  |  |  |  |  |  |  |  |  |  |  |  |  |  |
| 15 | 58,3 | 50,0 | 41,3 | 39,6 | 31,2 | 25,9 | 24,6 | 24,9 | 20,3 |  |  |  |  |  |  |  |  |  |  |  |  |  |  |  |
| 16 | 56,7 | 48,0 | 39,8 | 37,3 | 29,7 | 24,8 | 23,1 | 22,3 |  |  |  |  |  |  |  |  |  |  |  |  |  |  |  |  |
| 17 | 55,1 | 46,8 | 37,3 | 36,7 | 29,4 | 23,5 | 20,4 |  |  |  |  |  |  |  |  |  |  |  |  |  |  |  |  |  |
| 18 | 53,5 | 45,5 | 36,7 | 34,9 | 28,3 | 21,8 |  |  |  |  |  |  |  |  |  |  |  |  |  |  |  |  |  |  |
| 19 | 51,2 | 43,4 | 35,5 | 32,8 | 25,4 |  |  |  |  |  |  |  |  |  |  |  |  |  |  |  |  |  |  |  |
| 20 | 49,6 | 41,8 | 33,7 | 28,4 |  |  |  |  |  |  |  |  |  |  |  |  |  |  |  |  |  |  |  |  |
| 21 | 48,0 | 38,4 | 31,9 |  |  |  |  |  |  |  |  |  |  |  |  |  |  |  |  |  |  |  |  |  |
| 22 | 44,1 | 35,2 |  |  |  |  |  |  |  |  |  |  |  |  |  |  |  |  |  |  |  |  |  |  |
| 23 | 37,8 |  |  |  |  |  |  |  |  |  |  |  |  |  |  |  |  |  |  |  |  |  |  |  |

| Статистика эмпирического исследования | | | | | | | | | | | | | | | | | | | | | | | |
|----|------|------|------|------|------|------|------|------|------|------|------|------|------|------|------|------|------|------|------|------|------|------|------|------|
| K1 | 127 | 440 | 332 | 338 | 343 | 371 | 407 | 485 | 537 | 470 | 494 | 574 | 536 | 513 | 628 | 1145 | 718 | 757 | 615 | 755 | 759 | 859 | 929 | 943 |
| K2 | 14,6 | 13,3 | 11,3 | 10,8 | 9,1 | 7,4 | 6,6 | 5,6 | 5,3 | 5,1 | 5,6 | 5,5 | 5,6 | 5,0 | 5,1 | 5,2 | 4,6 | 4,5 | 4,2 | 3,6 | 3,0 | 2,4 | 1,6 | - |
| K3 | 7,0 |  |  |  |  |  |  |  |  |  |  |  |  |  |  |  |  |  |  |  |  |  |  |  |

Таблица 3.08 – Выживаемость компаний Ленинградской области за период 1991–2014 гг., %

| T+ | 1991 | 1992 | 1993 | 1994 | 1995 | 1996 | 1997 | 1998 | 1999 | 2000 | 2001 | 2002 | 2003 | 2004 | 2005 | 2006 | 2007 | 2008 | 2009 | 2010 | 2011 | 2012 | 2013 | 2014 |
|---|---|---|---|---|---|---|---|---|---|---|---|---|---|---|---|---|---|---|---|---|---|---|---|---|
| 0 |  |  |  |  |  |  |  |  | 94,1 | 94,4 | 94,1 | 90,5 | 90,6 | 93,7 | 94,9 | 95,6 | 93,4 | 95,8 | 98,8 | 96,8 | 98,1 | 97,2 | 92,8 | 91,2 |
| 1 |  |  |  |  |  |  |  | 91,5 | 83,2 | 84,8 | 81,7 | 76,6 | 81,9 | 82,7 | 86,2 | 88,5 | 84,7 | 90,2 | 91,4 | 91,9 | 91,8 | 87,2 | 77,7 |  |
| 2 |  |  |  |  |  |  | 92,3 | 83,6 | 73,3 | 73,0 | 71,8 | 67,4 | 72,9 | 74,4 | 79,7 | 82,0 | 77,9 | 85,4 | 86,1 | 86,2 | 82,2 | 71,9 |  |  |
| 3 |  |  |  |  |  | 90,3 | 83,8 | 74,8 | 63,8 | 65,1 | 64,0 | 62,4 | 67,3 | 69,7 | 74,6 | 77,4 | 73,2 | 81,3 | 80,4 | 75,1 | 67,0 |  |  |  |
| 4 |  |  |  |  | 90,2 | 84,9 | 75,6 | 65,5 | 56,6 | 58,7 | 58,1 | 57,5 | 63,4 | 65,2 | 71,0 | 72,0 | 69,7 | 76,5 | 71,2 | 63,9 |  |  |  |  |
| 5 |  |  |  | 91,2 | 82,2 | 79,5 | 66,1 | 58,4 | 51,9 | 52,3 | 53,3 | 53,9 | 59,7 | 61,6 | 67,9 | 65,1 | 65,9 | 68,6 | 61,3 |  |  |  |  |  |
| 6 |  |  | 90,4 | 84,2 | 74,8 | 70,2 | 59,6 | 52,7 | 47,4 | 47,1 | 50,9 | 50,9 | 56,8 | 58,3 | 64,6 | 60,4 | 58,8 | 59,6 |  |  |  |  |  |  |
| 7 |  | 91,2 | 84,6 | 77,6 | 65,6 | 65,4 | 55,0 | 48,2 | 43,9 | 44,3 | 47,8 | 48,3 | 53,3 | 56,1 | 61,0 | 53,9 | 50,0 |  |  |  |  |  |  |  |
| 8 | 91,3 | 83,8 | 76,9 | 69,3 | 60,9 | 61,4 | 51,1 | 45,1 | 40,5 | 42,3 | 45,0 | 45,5 | 51,1 | 53,8 | 56,2 | 47,4 |  |  |  |  |  |  |  |  |
| 9 | 82,1 | 75,9 | 69,2 | 63,2 | 58,4 | 56,9 | 48,2 | 42,5 | 38,7 | 40,1 | 43,1 | 43,8 | 48,6 | 49,2 | 48,4 |  |  |  |  |  |  |  |  |  |
| 10 | 70,8 | 69,9 | 62,8 | 57,0 | 54,1 | 53,9 | 44,8 | 40,7 | 37,2 | 37,8 | 41,5 | 40,9 | 45,2 | 44,4 |  |  |  |  |  |  |  |  |  |  |
| 11 | 62,9 | 65,6 | 58,0 | 52,2 | 52,3 | 50,5 | 41,9 | 38,1 | 35,4 | 36,2 | 39,7 | 37,5 | 39,5 |  |  |  |  |  |  |  |  |  |  |  |
| 12 | 57,9 | 61,9 | 54,1 | 49,6 | 49,6 | 47,3 | 39,9 | 36,2 | 34,0 | 34,4 | 37,4 | 34,7 |  |  |  |  |  |  |  |  |  |  |  |  |
| 13 | 53,8 | 57,1 | 51,9 | 48,3 | 48,0 | 45,1 | 39,0 | 34,8 | 32,8 | 32,1 | 33,6 |  |  |  |  |  |  |  |  |  |  |  |  |  |
| 14 | 50,8 | 54,4 | 49,3 | 46,6 | 45,5 | 43,5 | 37,6 | 33,4 | 31,5 | 28,9 |  |  |  |  |  |  |  |  |  |  |  |  |  |  |
| 15 | 49,2 | 52,5 | 48,1 | 44,4 | 43,0 | 41,9 | 35,9 | 30,3 | 28,2 |  |  |  |  |  |  |  |  |  |  |  |  |  |  |  |
| 16 | 44,6 | 50,4 | 46,6 | 42,1 | 41,0 | 39,2 | 33,6 | 27,7 |  |  |  |  |  |  |  |  |  |  |  |  |  |  |  |  |
| 17 | 41,7 | 48,5 | 45,1 | 41,3 | 39,6 | 36,4 | 30,3 |  |  |  |  |  |  |  |  |  |  |  |  |  |  |  |  |  |
| 18 | 40,0 | 46,8 | 43,4 | 39,8 | 37,3 | 32,6 |  |  |  |  |  |  |  |  |  |  |  |  |  |  |  |  |  |  |
| 19 | 39,2 | 45,4 | 42,4 | 38,0 | 34,2 |  |  |  |  |  |  |  |  |  |  |  |  |  |  |  |  |  |  |  |
| 20 | 38,3 | 44,4 | 39,6 | 34,5 |  |  |  |  |  |  |  |  |  |  |  |  |  |  |  |  |  |  |  |  |
| 21 | 37,5 | 42,0 | 35,7 |  |  |  |  |  |  |  |  |  |  |  |  |  |  |  |  |  |  |  |  |  |
| 22 | 35,4 | 38,4 |  |  |  |  |  |  |  |  |  |  |  |  |  |  |  |  |  |  |  |  |  |  |
| 23 | 29,6 |  |  |  |  |  |  |  |  |  |  |  |  |  |  |  |  |  |  |  |  |  |  |  |

**Статистика эмпирического исследования**

| | 1991 | 1992 | 1993 | 1994 | 1995 | 1996 | 1997 | 1998 | 1999 | 2000 | 2001 | 2002 | 2003 | 2004 | 2005 | 2006 | 2007 | 2008 | 2009 | 2010 | 2011 | 2012 | 2013 | 2014 |
|---|---|---|---|---|---|---|---|---|---|---|---|---|---|---|---|---|---|---|---|---|---|---|---|---|
| K1 | 240 | 917 | 882 | 603 | 512 | 497 | 587 | 730 | 934 | 925 | 960 | 954 | 935 | 932 | 1264 | 1537 | 1099 | 966 | 765 | 936 | 987 | 1066 | 1009 | 807 |
| K2 | 14,0 | 13,1 | 12,1 | 11,0 | 10,0 | 9,6 | 8,0 | 7,0 | 5,8 | 5,8 | 5,4 | 5,0 | 5,2 | 5,0 | 5,3 | 5,1 | 4,5 | 4,5 | 4,1 | 3,6 | 3,2 | 2,4 | 1,7 | - |
| K3 | 8,1 |  |  |  |  |  |  |  |  |  |  |  |  |  |  |  |  |  |  |  |  |  |  |  |

Таблица 3.09 – Выживаемость компаний Псковской области за период 1991–2014 гг., %

| T+ | 1991 | 1992 | 1993 | 1994 | 1995 | 1996 | 1997 | 1998 | 1999 | 2000 | 2001 | 2002 | 2003 | 2004 | 2005 | 2006 | 2007 | 2008 | 2009 | 2010 | 2011 | 2012 | 2013 | 2014 |
|----|------|------|------|------|------|------|------|------|------|------|------|------|------|------|------|------|------|------|------|------|------|------|------|------|
| 0 | | | | | | | | | 94,8 | 86,9 | 91,9 | 92,9 | 92,2 | 93,3 | 93,8 | 96,7 | 95,3 | 95,3 | 95,3 | 96,5 | 96,8 | 94,9 | 93,4 | 87,7 |
| 1 | | | | | | | | 90,5 | 84,2 | 74,4 | 78,0 | 80,6 | 84,7 | 84,1 | 87,7 | 92,2 | 89,6 | 89,4 | 89,1 | 90,4 | 92,7 | 86,4 | 76,3 | |
| 2 | | | | | | | 90,1 | 76,8 | 75,3 | 61,9 | 67,3 | 76,5 | 82,8 | 78,6 | 83,6 | 87,2 | 83,1 | 83,6 | 84,1 | 86,3 | 82,8 | 70,0 | | |
| 3 | | | | | | 85,9 | 79,3 | 67,5 | 67,2 | 54,2 | 63,6 | 69,9 | 78,2 | 73,6 | 76,3 | 82,8 | 76,4 | 79,9 | 80,4 | 75,4 | 67,5 | | | |
| 4 | | | | | 93,6 | 75,9 | 69,7 | 58,8 | 62,0 | 51,2 | 58,7 | 65,0 | 74,2 | 69,7 | 72,8 | 79,6 | 74,5 | 76,5 | 70,5 | 63,5 | | | | |
| 5 | | | | 93,1 | 86,3 | 65,3 | 59,5 | 53,1 | 57,0 | 48,8 | 55,1 | 62,3 | 71,8 | 66,4 | 70,5 | 77,5 | 73,0 | 70,1 | 59,4 | | | | | |
| 6 | | | 91,2 | 78,6 | 80,9 | 57,8 | 52,4 | 50,0 | 54,1 | 45,6 | 52,8 | 58,6 | 67,5 | 62,9 | 68,0 | 75,2 | 66,1 | 59,9 | | | | | | |
| 7 | | 94,7 | 80,7 | 73,4 | 72,1 | 52,3 | 48,6 | 47,9 | 51,9 | 42,8 | 49,6 | 55,1 | 65,3 | 61,2 | 66,1 | 67,9 | 56,1 | | | | | | | |
| 8 | 93,8 | 87,0 | 72,9 | 64,5 | 67,2 | 47,7 | 45,9 | 45,9 | 50,2 | 40,2 | 45,9 | 52,7 | 62,6 | 59,5 | 61,1 | 60,0 | | | | | | | | |
| 9 | 87,5 | 78,5 | 63,9 | 59,3 | 57,4 | 44,7 | 44,2 | 42,5 | 47,7 | 38,9 | 43,9 | 52,2 | 61,3 | 53,7 | 53,6 | | | | | | | | | |
| 10 | 82,3 | 70,1 | 60,2 | 57,3 | 52,5 | 42,2 | 41,5 | 40,2 | 46,5 | 37,2 | 42,1 | 49,5 | 57,3 | 47,5 | | | | | | | | | | |
| 11 | 72,9 | 65,0 | 56,4 | 55,2 | 49,0 | 40,7 | 38,1 | 39,4 | 44,9 | 36,8 | 40,7 | 43,6 | 49,2 | | | | | | | | | | | |
| 12 | 64,6 | 60,7 | 53,2 | 52,4 | 47,5 | 38,2 | 37,1 | 37,1 | 43,6 | 35,3 | 37,2 | 39,5 | | | | | | | | | | | | |
| 13 | 61,5 | 57,2 | 52,2 | 48,0 | 44,1 | 37,2 | 36,1 | 35,8 | 42,0 | 33,6 | 34,4 | | | | | | | | | | | | | |
| 14 | 60,4 | 56,2 | 49,8 | 46,0 | 43,1 | 35,7 | 34,4 | 34,3 | 38,9 | 30,3 | | | | | | | | | | | | | | |
| 15 | 59,4 | 54,0 | 47,2 | 43,1 | 41,2 | 34,2 | 32,0 | 33,2 | 35,7 | | | | | | | | | | | | | | | |
| 16 | 57,3 | 51,8 | 45,6 | 42,3 | 38,7 | 33,7 | 30,6 | 30,4 | | | | | | | | | | | | | | | | |
| 17 | 52,1 | 50,0 | 42,6 | 41,9 | 35,3 | 29,6 | 28,6 | | | | | | | | | | | | | | | | | |
| 18 | 49,0 | 49,3 | 42,0 | 41,5 | 32,8 | 26,6 | | | | | | | | | | | | | | | | | | |
| 19 | 47,9 | 47,7 | 41,0 | 39,5 | 29,4 | | | | | | | | | | | | | | | | | | | |
| 20 | 45,8 | 46,3 | 39,6 | 37,9 | | | | | | | | | | | | | | | | | | | | |
| 21 | 45,8 | 42,8 | 36,1 | | | | | | | | | | | | | | | | | | | | | |
| 22 | 44,8 | 39,8 | | | | | | | | | | | | | | | | | | | | | | |
| 23 | 40,6 | | | | | | | | | | | | | | | | | | | | | | | |
| Статистика эмпирического исследования | | | | | | | | | | | | | | | | | | | | | | | | |
| К1 | 96 | 568 | 498 | 248 | 204 | 199 | 294 | 388 | 619 | 535 | 508 | 408 | 372 | 402 | 481 | 657 | 537 | 578 | 515 | 520 | 593 | 626 | 680 | 649 |
| К2 | 14,3 | 13,2 | 11,6 | 10,3 | 10,7 | 8,4 | 7,4 | 6,3 | 6,1 | 4,8 | 5,3 | 5,7 | 6,1 | 5,3 | 5,3 | 5,5 | 4,8 | 4,4 | 4,0 | 3,6 | 3,2 | 2,4 | 1,7 | - |
| К3 | 7,9 | | | | | | | | | | | | | | | | | | | | | | | |

Таблица 3.10 – Выживаемость компаний Республики Коми за период 1991–2014 гг., %

| Т+ | 1991 | 1992 | 1993 | 1994 | 1995 | 1996 | 1997 | 1998 | 1999 | 2000 | 2001 | 2002 | 2003 | 2004 | 2005 | 2006 | 2007 | 2008 | 2009 | 2010 | 2011 | 2012 | 2013 | 2014 |
|---|---|---|---|---|---|---|---|---|---|---|---|---|---|---|---|---|---|---|---|---|---|---|---|---|
| 0 | | | | | | | | | 92,9 | 92,4 | 93,7 | 85,5 | 90,2 | 90,6 | 94,6 | 92,5 | 92,2 | 96,8 | 94,2 | 95,3 | 96,7 | 98,5 | 89,2 | 85,9 |
| 1 | | | | | | | | 89,9 | 77,9 | 82,7 | 77,6 | 68,7 | 76,6 | 80,8 | 84,9 | 83,8 | 83,1 | 92,0 | 89,6 | 89,2 | 94,1 | 82,1 | 71,3 | |
| 2 | | | | | | | 89,1 | 79,6 | 66,7 | 64,9 | 63,3 | 61,2 | 68,8 | 74,0 | 79,1 | 79,8 | 77,3 | 87,8 | 86,8 | 85,2 | 79,4 | 64,7 | | |
| 3 | | | | | | 89,1 | 76,3 | 68,6 | 53,0 | 52,8 | 54,9 | 54,0 | 61,8 | 66,3 | 74,5 | 73,9 | 73,6 | 85,8 | 82,8 | 71,7 | 62,8 | | | |
| 4 | | | | | 88,2 | 79,5 | 64,0 | 54,9 | 45,0 | 44,3 | 48,1 | 49,0 | 55,9 | 60,7 | 69,8 | 69,6 | 71,3 | 82,6 | 67,8 | 54,7 | | | | |
| 5 | | | | 89,5 | 78,6 | 66,2 | 52,3 | 48,1 | 41,5 | 38,2 | 44,2 | 44,5 | 51,9 | 56,9 | 67,0 | 66,8 | 68,2 | 69,2 | 57,2 | | | | | |
| 6 | | | 88,8 | 79,6 | 68,4 | 52,6 | 45,5 | 43,5 | 38,9 | 36,9 | 40,4 | 41,2 | 48,2 | 54,4 | 65,7 | 64,2 | 58,7 | 58,0 | | | | | | |
| 7 | | 88,8 | 76,7 | 66,6 | 56,5 | 45,7 | 41,4 | 40,7 | 35,3 | 35,6 | 37,8 | 38,6 | 46,5 | 53,0 | 63,8 | 57,6 | 49,4 | | | | | | | |
| 8 | 88,6 | 76,0 | 66,5 | 54,8 | 48,6 | 43,4 | 37,3 | 38,9 | 31,8 | 33,6 | 34,5 | 37,6 | 44,7 | 51,0 | 57,0 | 50,0 | | | | | | | | |
| 9 | 78,7 | 68,4 | 52,9 | 48,0 | 45,0 | 42,4 | 35,1 | 35,8 | 31,0 | 31,5 | 33,8 | 36,9 | 43,4 | 46,1 | 49,0 | | | | | | | | | |
| 10 | 65,8 | 54,9 | 46,4 | 42,1 | 41,9 | 39,1 | 31,6 | 32,1 | 30,0 | 30,3 | 32,7 | 35,5 | 40,4 | 39,3 | | | | | | | | | | |
| 11 | 55,4 | 48,6 | 42,7 | 36,7 | 39,0 | 35,8 | 27,5 | 30,3 | 28,0 | 29,9 | 31,5 | 33,3 | 34,1 | | | | | | | | | | | |
| 12 | 49,5 | 43,6 | 39,8 | 33,7 | 36,1 | 32,8 | 26,4 | 29,7 | 27,5 | 28,9 | 28,7 | 28,3 | | | | | | | | | | | | |
| 13 | 41,1 | 40,0 | 37,1 | 30,1 | 33,2 | 31,8 | 24,3 | 28,6 | 26,6 | 26,4 | 24,3 | | | | | | | | | | | | | |
| 14 | 36,1 | 35,0 | 33,3 | 28,3 | 32,3 | 30,8 | 22,3 | 28,1 | 25,3 | 22,9 | | | | | | | | | | | | | | |
| 15 | 33,7 | 32,2 | 32,5 | 26,3 | 31,0 | 30,5 | 21,3 | 25,5 | 22,3 | | | | | | | | | | | | | | | |
| 16 | 32,2 | 29,1 | 30,3 | 25,5 | 30,7 | 29,5 | 19,3 | 22,4 | | | | | | | | | | | | | | | | |
| 17 | 30,2 | 27,2 | 29,4 | 25,0 | 29,4 | 27,8 | 18,0 | | | | | | | | | | | | | | | | | |
| 18 | 29,2 | 26,1 | 28,9 | 24,0 | 27,2 | 26,2 | | | | | | | | | | | | | | | | | | |
| 19 | 28,2 | 26,1 | 28,9 | 23,2 | 25,6 | | | | | | | | | | | | | | | | | | | |
| 20 | 27,7 | 25,3 | 27,7 | 20,4 | | | | | | | | | | | | | | | | | | | | |
| 21 | 27,7 | 23,8 | 25,2 | | | | | | | | | | | | | | | | | | | | | |
| 22 | 24,3 | 22,3 | | | | | | | | | | | | | | | | | | | | | | |
| 23 | 21,3 | | | | | | | | | | | | | | | | | | | | | | | |

Статистика эмпирического исследования

| | 1991 | 1992 | 1993 | 1994 | 1995 | 1996 | 1997 | 1998 | 1999 | 2000 | 2001 | 2002 | 2003 | 2004 | 2005 | 2006 | 2007 | 2008 | 2009 | 2010 | 2011 | 2012 | 2013 | 2014 |
|---|---|---|---|---|---|---|---|---|---|---|---|---|---|---|---|---|---|---|---|---|---|---|---|---|
| К1 | 202 | 525 | 412 | 392 | 313 | 302 | 367 | 455 | 651 | 693 | 701 | 678 | 778 | 647 | 784 | 1163 | 792 | 724 | 652 | 675 | 759 | 845 | 895 | 708 |
| К2 | 13,2 | 12,0 | 10,8 | 10,1 | 9,1 | 7,9 | 7,2 | 6,4 | 5,1 | 5,0 | 5,0 | 4,4 | 4,8 | 5,0 | 5,2 | 4,8 | 4,5 | 5,0 | 4,2 | 3,7 | 3,2 | 2,4 | 1,6 | - |
| К3 | 7,1 | | | | | | | | | | | | | | | | | | | | | | | |

Таблица 3.11 – Выживаемость компаний Новгородской области за период 1991–2014 гг., %

| T+ | 1991 | 1992 | 1993 | 1994 | 1995 | 1996 | 1997 | 1998 | 1999 | 2000 | 2001 | 2002 | 2003 | 2004 | 2005 | 2006 | 2007 | 2008 | 2009 | 2010 | 2011 | 2012 | 2013 | 2014 |
|---|---|---|---|---|---|---|---|---|---|---|---|---|---|---|---|---|---|---|---|---|---|---|---|---|
| 0 |  |  |  |  |  |  |  |  | 94,0 | 89,3 | 93,6 | 88,3 | 88,2 | 94,4 | 95,9 | 97,4 | 95,0 | 95,8 | 94,6 | 92,8 | 95,8 | 93,3 | 90,1 | 86,0 |
| 1 |  |  |  |  |  |  |  | 88,0 | 84,7 | 73,2 | 73,5 | 76,0 | 81,3 | 88,7 | 90,9 | 90,6 | 89,6 | 89,3 | 83,0 | 87,6 | 87,6 | 78,4 | 71,8 |  |
| 2 |  |  |  |  |  |  | 92,9 | 78,6 | 71,6 | 60,8 | 65,1 | 62,6 | 76,1 | 85,3 | 85,1 | 84,3 | 83,9 | 83,6 | 78,7 | 80,9 | 73,8 | 60,7 |  |  |
| 3 |  |  |  |  |  | 95,7 | 80,4 | 70,9 | 64,3 | 53,5 | 57,3 | 59,1 | 72,4 | 79,9 | 81,3 | 78,2 | 77,0 | 79,5 | 73,4 | 71,7 | 61,6 |  |  |  |
| 4 |  |  |  |  | 91,2 | 90,0 | 70,5 | 61,0 | 59,0 | 47,2 | 53,1 | 55,4 | 68,1 | 75,4 | 77,7 | 71,3 | 73,7 | 75,9 | 60,4 | 57,2 |  |  |  |  |
| 5 |  |  |  | 94,1 | 82,3 | 83,7 | 61,2 | 54,4 | 54,1 | 43,6 | 48,3 | 51,1 | 63,2 | 72,0 | 72,2 | 66,7 | 71,0 | 69,4 | 49,0 |  |  |  |  |  |
| 6 |  |  | 94,0 | 89,0 | 76,1 | 75,1 | 54,5 | 50,4 | 49,9 | 40,6 | 45,8 | 47,4 | 58,3 | 68,4 | 68,3 | 61,3 | 64,3 | 58,5 |  |  |  |  |  |  |
| 7 |  | 93,7 | 87,4 | 85,3 | 66,4 | 72,7 | 51,3 | 49,0 | 47,5 | 38,2 | 43,0 | 44,9 | 54,3 | 66,4 | 65,9 | 54,8 | 56,8 |  |  |  |  |  |  |  |
| 8 | 90,1 | 87,1 | 82,5 | 79,4 | 60,6 | 69,4 | 48,1 | 47,3 | 44,3 | 37,0 | 40,2 | 43,4 | 51,4 | 61,6 | 60,9 | 47,6 |  |  |  |  |  |  |  |  |
| 9 | 83,5 | 83,7 | 76,5 | 73,5 | 56,2 | 67,5 | 47,1 | 42,7 | 41,5 | 34,5 | 37,7 | 41,7 | 48,6 | 56,2 | 52,3 |  |  |  |  |  |  |  |  |  |
| 10 | 78,0 | 76,1 | 71,9 | 71,0 | 54,4 | 65,1 | 45,2 | 39,9 | 39,7 | 31,6 | 34,6 | 40,9 | 43,4 | 48,3 |  |  |  |  |  |  |  |  |  |  |
| 11 | 70,9 | 72,7 | 69,8 | 70,0 | 52,2 | 60,8 | 43,6 | 37,0 | 35,3 | 29,9 | 32,4 | 37,1 | 37,6 |  |  |  |  |  |  |  |  |  |  |  |
| 12 | 67,6 | 69,5 | 67,9 | 67,8 | 50,0 | 56,9 | 39,7 | 31,3 | 33,0 | 27,0 | 29,9 | 33,1 |  |  |  |  |  |  |  |  |  |  |  |  |
| 13 | 67,6 | 67,0 | 65,9 | 66,8 | 47,3 | 55,5 | 32,7 | 30,2 | 32,2 | 24,8 | 26,8 |  |  |  |  |  |  |  |  |  |  |  |  |  |
| 14 | 64,3 | 65,4 | 64,7 | 63,8 | 45,1 | 42,1 | 31,4 | 28,8 | 29,9 | 22,4 |  |  |  |  |  |  |  |  |  |  |  |  |  |  |
| 15 | 62,1 | 61,9 | 62,7 | 60,9 | 33,2 | 40,2 | 30,1 | 26,5 | 27,1 |  |  |  |  |  |  |  |  |  |  |  |  |  |  |  |
| 16 | 59,3 | 60,1 | 61,6 | 31,1 | 32,7 | 38,8 | 28,2 | 24,2 |  |  |  |  |  |  |  |  |  |  |  |  |  |  |  |  |
| 17 | 58,8 | 58,3 | 43,2 | 29,5 | 31,9 | 35,4 | 26,6 |  |  |  |  |  |  |  |  |  |  |  |  |  |  |  |  |  |
| 18 | 57,7 | 55,7 | 41,5 | 29,0 | 29,6 | 32,5 |  |  |  |  |  |  |  |  |  |  |  |  |  |  |  |  |  |  |
| 19 | 56,0 | 53,5 | 40,1 | 27,3 | 27,0 |  |  |  |  |  |  |  |  |  |  |  |  |  |  |  |  |  |  |  |
| 20 | 54,4 | 52,8 | 38,3 | 26,5 |  |  |  |  |  |  |  |  |  |  |  |  |  |  |  |  |  |  |  |  |
| 21 | 54,4 | 48,1 | 34,8 |  |  |  |  |  |  |  |  |  |  |  |  |  |  |  |  |  |  |  |  |  |
| 22 | 47,3 | 44,2 |  |  |  |  |  |  |  |  |  |  |  |  |  |  |  |  |  |  |  |  |  |  |
| 23 | 42,3 |  |  |  |  |  |  |  |  |  |  |  |  |  |  |  |  |  |  |  |  |  |  |  |
| Статистика эмпирического исследования | | | | | | | | | | | | | | | | | | | | | | | | |
| K1 | 182 | 557 | 549 | 373 | 226 | 209 | 312 | 351 | 451 | 411 | 358 | 350 | 348 | 354 | 417 | 693 | 521 | 614 | 447 | 502 | 599 | 537 | 616 | 608 |
| K2 | 14,8 | 14,1 | 13,8 | 13,4 | 10,5 | 10,8 | 7,9 | 6,9 | 6,1 | 5,1 | 5,2 | 4,7 | 5,7 | 6,1 | 5,8 | 5,3 | 4,6 | 4,4 | 3,8 | 3,4 | 2,9 | 2,3 | 1,6 | - |
| K3 | 8,1 |  |  |  |  |  |  |  |  |  |  |  |  |  |  |  |  |  |  |  |  |  |  |  |

Таблица 4.01 – Выживаемость компаний Северо-Кавказского федерального округа за период 1991–2014 гг., % (скорректировано)

| T+ | 1991 | 1992 | 1993 | 1994 | 1995 | 1996 | 1997 | 1998 | 1999 | 2000 | 2001 | 2002 | 2003 | 2004 | 2005 | 2006 | 2007 | 2008 | 2009 | 2010 | 2011 | 2012 | 2013 | 2014 |
|---|---|---|---|---|---|---|---|---|---|---|---|---|---|---|---|---|---|---|---|---|---|---|---|---|
| 0 |  |  |  |  |  |  |  |  | 95,9 | 95,3 | 92,3 | 90,5 | 91,5 | 92,9 | 92,2 | 94,1 | 94,0 | 93,4 | 96,5 | 96,5 | 96,7 | 95,6 | 88,4 | 82,9 |
| 1 |  |  |  |  |  |  |  | 91,3 | 87,5 | 85,1 | 76,6 | 77,0 | 81,2 | 84,3 | 82,4 | 88,3 | 86,0 | 87,3 | 90,7 | 91,7 | 90,4 | 80,2 | 68,8 |  |
| 2 |  |  |  |  |  |  | 89,4 | 82,3 | 78,1 | 71,8 | 65,0 | 67,9 | 73,2 | 76,0 | 76,1 | 82,4 | 81,1 | 82,1 | 85,5 | 85,2 | 75,7 | 62,8 |  |  |
| 3 |  |  |  |  |  | 91,1 | 81,3 | 73,3 | 65,9 | 62,0 | 58,2 | 60,8 | 66,6 | 69,6 | 70,3 | 78,5 | 75,9 | 79,0 | 80,6 | 72,4 | 58,3 |  |  |  |
| 4 |  |  |  |  | 91,9 | 82,7 | 71,4 | 62,8 | 58,0 | 54,5 | 53,2 | 55,7 | 62,4 | 65,0 | 66,3 | 72,5 | 72,6 | 75,6 | 69,1 | 58,5 |  |  |  |  |
| 5 |  |  |  | 91,9 | 83,6 | 73,7 | 59,7 | 55,5 | 53,0 | 49,3 | 49,0 | 52,4 | 58,3 | 61,3 | 62,7 | 68,7 | 68,7 | 65,2 | 55,4 |  |  |  |  |  |
| 6 |  |  | 93,3 | 85,4 | 73,6 | 63,4 | 52,3 | 50,7 | 48,9 | 45,2 | 45,5 | 49,0 | 55,6 | 57,4 | 60,4 | 64,8 | 60,4 | 53,8 |  |  |  |  |  |  |
| 7 |  | 93,6 | 86,3 | 77,4 | 62,7 | 56,4 | 48,7 | 46,0 | 45,4 | 41,7 | 43,4 | 46,0 | 52,9 | 55,7 | 58,0 | 56,6 | 50,2 |  |  |  |  |  |  |  |
| 8 | 92,1 | 87,5 | 78,8 | 68,0 | 55,7 | 51,2 | 44,1 | 43,0 | 42,5 | 39,4 | 41,4 | 43,7 | 51,5 | 53,9 | 51,3 | 45,7 |  |  |  |  |  |  |  |  |
| 9 | 85,8 | 78,9 | 68,7 | 60,9 | 51,5 | 46,0 | 40,3 | 40,0 | 40,5 | 37,6 | 39,0 | 41,8 | 49,5 | 48,4 | 43,0 |  |  |  |  |  |  |  |  |  |
| 10 | 77,9 | 67,5 | 61,7 | 56,6 | 46,5 | 42,0 | 37,8 | 37,9 | 39,0 | 35,9 | 37,9 | 39,5 | 45,4 | 41,1 |  |  |  |  |  |  |  |  |  |  |
| 11 | 66,3 | 60,7 | 56,7 | 52,7 | 42,8 | 39,2 | 35,5 | 36,1 | 36,8 | 34,3 | 36,5 | 35,6 | 38,2 |  |  |  |  |  |  |  |  |  |  |  |
| 12 | 59,0 | 55,5 | 51,3 | 48,5 | 40,0 | 37,1 | 33,6 | 34,4 | 35,7 | 32,9 | 33,1 | 29,7 |  |  |  |  |  |  |  |  |  |  |  |  |
| 13 | 53,8 | 49,5 | 47,0 | 45,7 | 37,5 | 35,7 | 31,8 | 32,8 | 34,6 | 30,1 | 28,3 |  |  |  |  |  |  |  |  |  |  |  |  |  |
| 14 | 48,1 | 45,7 | 44,1 | 42,7 | 35,5 | 34,2 | 30,5 | 31,6 | 31,9 | 25,6 |  |  |  |  |  |  |  |  |  |  |  |  |  |  |
| 15 | 44,8 | 42,2 | 41,7 | 40,9 | 33,8 | 32,8 | 29,5 | 28,5 | 27,1 |  |  |  |  |  |  |  |  |  |  |  |  |  |  |  |
| 16 | 42,4 | 38,8 | 40,2 | 39,4 | 32,6 | 32,2 | 27,1 | 25,5 |  |  |  |  |  |  |  |  |  |  |  |  |  |  |  |  |
| 17 | 40,5 | 36,9 | 38,4 | 37,4 | 30,8 | 29,8 | 23,7 |  |  |  |  |  |  |  |  |  |  |  |  |  |  |  |  |  |
| 18 | 39,1 | 34,8 | 36,4 | 36,0 | 28,4 | 26,2 |  |  |  |  |  |  |  |  |  |  |  |  |  |  |  |  |  |  |
| 19 | 37,0 | 33,4 | 35,3 | 32,7 | 24,6 |  |  |  |  |  |  |  |  |  |  |  |  |  |  |  |  |  |  |  |
| 20 | 35,8 | 32,3 | 32,5 | 28,5 |  |  |  |  |  |  |  |  |  |  |  |  |  |  |  |  |  |  |  |  |
| 21 | 34,6 | 29,7 | 28,3 |  |  |  |  |  |  |  |  |  |  |  |  |  |  |  |  |  |  |  |  |  |
| 22 | 31,5 | 26,1 |  |  |  |  |  |  |  |  |  |  |  |  |  |  |  |  |  |  |  |  |  |  |
| 23 | 27,2 |  |  |  |  |  |  |  |  |  |  |  |  |  |  |  |  |  |  |  |  |  |  |  |  |

**Статистика эмпирического исследования**

| | 1991 | 1992 | 1993 | 1994 | 1995 | 1996 | 1997 | 1998 | 1999 | 2000 | 2001 | 2002 | 2003 | 2004 | 2005 | 2006 | 2007 | 2008 | 2009 | 2010 | 2011 | 2012 | 2013 | 2014 |
|---|---|---|---|---|---|---|---|---|---|---|---|---|---|---|---|---|---|---|---|---|---|---|---|---|
| K1 | 1369 | 4473 | 3541 | 2427 | 2043 | 1605 | 1826 | 2085 | 2652 | 2513 | 2979 | 2560 | 2183 | 2034 | 2092 | 3579 | 2702 | 2644 | 2102 | 2261 | 2384 | 2382 | 2461 | 1984 |
| K2 | 14,2 | 13,4 | 12,4 | 11,4 | 10,0 | 8,8 | 7,7 | 6,9 | 6,3 | 5,8 | 5,2 | 5,3 | 5,3 | 5,3 | 5,1 | 5,4 | 4,8 | 4,5 | 4,3 | 3,7 | 3,1 | 2,3 | 1,6 | – |
| K3 | 8,9 |  |  |  |  |  |  |  |  |  |  |  |  |  |  |  |  |  |  |  |  |  |  |  |

Таблица 4.02 – Выживаемость компаний Республики Карачаево-Черкессии за период 1991–2014 гг., %

| T+ | 1991 | 1992 | 1993 | 1994 | 1995 | 1996 | 1997 | 1998 | 1999 | 2000 | 2001 | 2002 | 2003 | 2004 | 2005 | 2006 | 2007 | 2008 | 2009 | 2010 | 2011 | 2012 | 2013 | 2014 |
|---|---|---|---|---|---|---|---|---|---|---|---|---|---|---|---|---|---|---|---|---|---|---|---|---|
| 0 |  |  |  |  |  |  |  |  | 96,4 | 90,7 | 95,2 | 91,1 | 93,8 | 94,6 | 93,7 | 94,6 | 94,1 | 92,5 | 94,7 | 98,1 | 95,9 | 95,3 | 86,8 | 83,2 |
| 1 |  |  |  |  |  |  |  | 89,7 | 84,7 | 80,4 | 77,4 | 79,3 | 82,3 | 89,3 | 86,5 | 87,1 | 86,8 | 85,9 | 90,1 | 91,8 | 88,2 | 76,4 | 72,1 |  |
| 2 |  |  |  |  |  |  | 87,8 | 80,4 | 77,5 | 69,2 | 63,7 | 70,4 | 72,9 | 81,3 | 81,0 | 80,8 | 80,5 | 81,1 | 80,8 | 83,5 | 74,7 | 58,8 |  |  |
| 3 |  |  |  |  |  | 93,8 | 77,4 | 69,1 | 58,6 | 57,0 | 58,1 | 59,3 | 63,5 | 68,8 | 74,6 | 77,1 | 73,6 | 78,0 | 76,2 | 69,0 | 57,1 |  |  |  |
| 4 |  |  |  |  | 95,8 | 85,4 | 66,1 | 54,6 | 48,6 | 48,6 | 51,6 | 52,6 | 56,3 | 57,1 | 69,8 | 69,3 | 70,9 | 74,9 | 62,3 | 52,5 |  |  |  |  |
| 5 |  |  |  | 93,3 | 85,6 | 78,1 | 52,2 | 49,5 | 46,8 | 41,1 | 43,5 | 48,1 | 53,1 | 52,7 | 64,3 | 63,0 | 65,0 | 63,9 | 47,0 |  |  |  |  |  |
| 6 |  |  | 94,0 | 85,6 | 76,3 | 61,5 | 46,1 | 43,3 | 45,0 | 38,3 | 38,7 | 43,0 | 49,0 | 48,2 | 60,3 | 60,2 | 57,3 | 55,1 |  |  |  |  |  |  |
| 7 |  | 92,7 | 87,0 | 79,9 | 64,4 | 46,9 | 43,5 | 38,1 | 40,5 | 34,6 | 34,7 | 38,5 | 43,8 | 48,2 | 59,5 | 51,0 | 45,0 |  |  |  |  |  |  |  |
| 8 | 87,6 | 86,7 | 81,3 | 71,6 | 53,4 | 43,8 | 41,7 | 36,1 | 35,1 | 33,6 | 32,3 | 37,0 | 40,6 | 48,2 | 52,4 | 41,8 |  |  |  |  |  |  |  |  |
| 9 | 84,5 | 77,7 | 69,0 | 64,4 | 48,3 | 39,6 | 39,1 | 34,0 | 33,3 | 31,8 | 29,8 | 35,6 | 39,6 | 41,1 | 46,0 |  |  |  |  |  |  |  |  |  |
| 10 | 73,9 | 64,4 | 63,0 | 61,3 | 43,2 | 35,4 | 35,7 | 33,0 | 30,6 | 30,8 | 28,2 | 34,1 | 35,4 | 37,5 |  |  |  |  |  |  |  |  |  |  |
| 11 | 62,7 | 57,9 | 58,5 | 56,2 | 42,4 | 34,4 | 34,8 | 33,0 | 28,8 | 29,0 | 26,6 | 29,6 | 30,2 |  |  |  |  |  |  |  |  |  |  |  |
| 12 | 55,3 | 52,2 | 51,6 | 53,6 | 40,7 | 33,3 | 33,0 | 32,0 | 27,0 | 28,0 | 24,2 | 23,7 |  |  |  |  |  |  |  |  |  |  |  |  |
| 13 | 52,8 | 47,6 | 48,1 | 50,0 | 39,0 | 30,2 | 32,2 | 32,0 | 27,0 | 25,2 | 21,0 |  |  |  |  |  |  |  |  |  |  |  |  |  |
| 14 | 47,8 | 43,2 | 44,6 | 45,9 | 38,1 | 30,2 | 30,4 | 32,0 | 25,2 | 23,4 |  |  |  |  |  |  |  |  |  |  |  |  |  |  |
| 15 | 43,5 | 39,9 | 43,7 | 44,3 | 35,6 | 30,2 | 30,4 | 28,9 | 23,4 |  |  |  |  |  |  |  |  |  |  |  |  |  |  |  |
| 16 | 41,0 | 37,5 | 42,4 | 42,8 | 34,7 | 29,2 | 26,1 | 27,8 |  |  |  |  |  |  |  |  |  |  |  |  |  |  |  |  |
| 17 | 38,5 | 35,9 | 41,5 | 42,3 | 33,1 | 27,1 | 23,5 |  |  |  |  |  |  |  |  |  |  |  |  |  |  |  |  |  |
| 18 | 36,0 | 34,8 | 40,2 | 39,7 | 30,5 | 24,0 |  |  |  |  |  |  |  |  |  |  |  |  |  |  |  |  |  |  |
| 19 | 33,5 | 34,2 | 39,2 | 35,6 | 20,3 |  |  |  |  |  |  |  |  |  |  |  |  |  |  |  |  |  |  |  |
| 20 | 32,9 | 33,2 | 36,7 | 32,0 |  |  |  |  |  |  |  |  |  |  |  |  |  |  |  |  |  |  |  |  |
| 21 | 32,3 | 31,5 | 29,7 |  |  |  |  |  |  |  |  |  |  |  |  |  |  |  |  |  |  |  |  |  |
| 22 | 29,8 | 26,4 |  |  |  |  |  |  |  |  |  |  |  |  |  |  |  |  |  |  |  |  |  |  |
| 23 | 24,2 |  |  |  |  |  |  |  |  |  |  |  |  |  |  |  |  |  |  |  |  |  |  |  |

Статистика эмпирического исследования

| | 1991 | 1992 | 1993 | 1994 | 1995 | 1996 | 1997 | 1998 | 1999 | 2000 | 2001 | 2002 | 2003 | 2004 | 2005 | 2006 | 2007 | 2008 | 2009 | 2010 | 2011 | 2012 | 2013 | 2014 |
|---|---|---|---|---|---|---|---|---|---|---|---|---|---|---|---|---|---|---|---|---|---|---|---|---|
| K1 | 161 | 368 | 316 | 194 | 118 | 96 | 115 | 97 | 111 | 107 | 124 | 135 | 96 | 112 | 126 | 349 | 220 | 227 | 151 | 158 | 170 | 148 | 219 | 137 |
| K2 | 14,1 | 13,1 | 12,6 | 11,7 | 10,7 | 8,5 | 7,2 | 5,7 | 5,6 | 5,1 | 5,2 | 5,4 | 5,3 | 5,1 | 5,2 | 5,3 | 4,9 | 4,2 | 4,2 | 3,8 | 3,0 | 2,3 | 1,5 | - |
| K3 | 8,7 |  |  |  |  |  |  |  |  |  |  |  |  |  |  |  |  |  |  |  |  |  |  |  |

Таблица 4.03 – Выживаемость компаний Республики Северная-Осетия (Алания) за период 1991–2014 гг., %

| T+ | 1991 | 1992 | 1993 | 1994 | 1995 | 1996 | 1997 | 1998 | 1999 | 2000 | 2001 | 2002 | 2003 | 2004 | 2005 | 2006 | 2007 | 2008 | 2009 | 2010 | 2011 | 2012 | 2013 | 2014 |
|---|---|---|---|---|---|---|---|---|---|---|---|---|---|---|---|---|---|---|---|---|---|---|---|---|
| 0 | | | | | | | | | 94,1 | 95,4 | 92,5 | 86,3 | 85,3 | 88,8 | 90,9 | 94,4 | 93,3 | 95,9 | 99,4 | 97,7 | 98,3 | 97,3 | 87,0 | 77,0 |
| 1 | | | | | | | | 90,9 | 85,6 | 88,9 | 69,7 | 67,8 | 71,8 | 78,4 | 80,6 | 87,1 | 88,9 | 92,3 | 96,3 | 95,9 | 96,2 | 79,1 | 65,7 | |
| 2 | | | | | | | 88,3 | 80,7 | 77,5 | 73,2 | 53,7 | 58,0 | 64,4 | 68,7 | 74,9 | 80,8 | 84,4 | 90,0 | 94,5 | 93,1 | 81,0 | 55,9 | | |
| 3 | | | | | | 87,4 | 81,1 | 73,9 | 63,4 | 58,6 | 44,8 | 47,3 | 55,2 | 60,4 | 70,9 | 74,6 | 80,4 | 87,3 | 92,0 | 72,0 | 53,6 | | | |
| 4 | | | | | 91,0 | 79,0 | 72,8 | 62,5 | 52,3 | 46,8 | 39,8 | 44,4 | 52,8 | 58,2 | 68,6 | 71,1 | 79,6 | 84,5 | 74,2 | 49,5 | | | | |
| 5 | | | | 88,1 | 84,3 | 68,9 | 57,8 | 51,7 | 44,8 | 41,8 | 35,8 | 42,9 | 50,3 | 56,0 | 66,9 | 69,7 | 78,2 | 71,8 | 53,4 | | | | | |
| 6 | | | 93,6 | 82,2 | 75,3 | 58,7 | 48,9 | 47,2 | 41,2 | 36,4 | 32,3 | 39,5 | 48,5 | 54,5 | 65,1 | 66,2 | 68,9 | 49,5 | | | | | | |
| 7 | | 91,8 | 88,3 | 79,0 | 60,8 | 50,9 | 47,2 | 38,6 | 37,3 | 32,1 | 30,8 | 37,1 | 47,2 | 52,2 | 62,3 | 55,4 | 49,3 | | | | | | | |
| 8 | 91,0 | 85,0 | 84,4 | 70,8 | 51,2 | 45,5 | 40,6 | 36,4 | 34,0 | 29,6 | 29,4 | 36,6 | 45,4 | 51,5 | 50,9 | 41,8 | | | | | | | | |
| 9 | 88,0 | 80,8 | 74,2 | 62,1 | 48,8 | 40,7 | 38,3 | 32,4 | 31,0 | 28,2 | 28,4 | 34,6 | 43,6 | 44,8 | 37,1 | | | | | | | | | |
| 10 | 84,4 | 67,8 | 64,7 | 58,0 | 44,0 | 35,9 | 35,6 | 31,3 | 29,7 | 27,1 | 27,9 | 33,7 | 38,7 | 35,8 | | | | | | | | | | |
| 11 | 70,1 | 58,1 | 57,7 | 54,3 | 41,0 | 31,7 | 32,2 | 28,4 | 27,1 | 25,7 | 26,9 | 30,2 | 27,6 | | | | | | | | | | | |
| 12 | 63,5 | 49,1 | 52,1 | 49,3 | 35,5 | 29,9 | 31,1 | 27,3 | 26,5 | 25,0 | 24,4 | 23,9 | | | | | | | | | | | | |
| 13 | 59,9 | 40,9 | 46,6 | 47,9 | 32,5 | 29,3 | 29,4 | 27,3 | 25,5 | 22,9 | 17,4 | | | | | | | | | | | | | |
| 14 | 55,1 | 35,7 | 40,5 | 46,1 | 30,7 | 28,7 | 28,9 | 25,6 | 21,2 | 17,9 | | | | | | | | | | | | | | |
| 15 | 52,7 | 29,4 | 36,2 | 43,4 | 28,9 | 28,7 | 27,2 | 22,2 | 18,0 | | | | | | | | | | | | | | | |
| 16 | 48,5 | 26,4 | 33,7 | 41,6 | 27,1 | 28,7 | 25,0 | 17,6 | | | | | | | | | | | | | | | | |
| 17 | 46,1 | 24,2 | 31,9 | 37,4 | 24,1 | 28,1 | 20,0 | | | | | | | | | | | | | | | | | |
| 18 | 43,7 | 21,9 | 28,8 | 36,5 | 22,3 | 24,6 | | | | | | | | | | | | | | | | | | |
| 19 | 39,5 | 20,7 | 27,6 | 32,9 | 16,3 | | | | | | | | | | | | | | | | | | | |
| 20 | 39,5 | 19,0 | 24,5 | 26,9 | | | | | | | | | | | | | | | | | | | | |
| 21 | 38,9 | 16,5 | 19,9 | | | | | | | | | | | | | | | | | | | | | |
| 22 | 34,1 | 13,2 | | | | | | | | | | | | | | | | | | | | | | |
| 23 | 27,5 | | | | | | | | | | | | | | | | | | | | | | | |

Статистика эмпирического исследования

| | 1991 | 1992 | 1993 | 1994 | 1995 | 1996 | 1997 | 1998 | 1999 | 2000 | 2001 | 2002 | 2003 | 2004 | 2005 | 2006 | 2007 | 2008 | 2009 | 2010 | 2011 | 2012 | 2013 | 2014 |
|---|---|---|---|---|---|---|---|---|---|---|---|---|---|---|---|---|---|---|---|---|---|---|---|---|
| K1 | 167 | 401 | 326 | 219 | 166 | 167 | 180 | 176 | 306 | 280 | 201 | 205 | 163 | 134 | 175 | 287 | 225 | 220 | 163 | 218 | 237 | 263 | 277 | 196 |
| K2 | 15,1 | 13,4 | 13,1 | 11,8 | 10,4 | 8,0 | 7,8 | 7,0 | 6,1 | 5,6 | 4,8 | 4,6 | 5,1 | 5,0 | 5,7 | 5,6 | 5,5 | 5,5 | 5,1 | 4,2 | 3,5 | 2,5 | 1,6 | – |
| K3 | 8,3 | | | | | | | | | | | | | | | | | | | | | | | |

Таблица 4.04 – Выживаемость компаний Республики Кабардино-Балкарии за период 1991–2014 гг., %

| T+ | 1991 | 1992 | 1993 | 1994 | 1995 | 1996 | 1997 | 1998 | 1999 | 2000 | 2001 | 2002 | 2003 | 2004 | 2005 | 2006 | 2007 | 2008 | 2009 | 2010 | 2011 | 2012 | 2013 | 2014 |
|---|---|---|---|---|---|---|---|---|---|---|---|---|---|---|---|---|---|---|---|---|---|---|---|---|
| 0 | | | | | | | | | 96,7 | 92,4 | 91,8 | 90,2 | 86,4 | 91,9 | 95,4 | 97,8 | 97,3 | 96,9 | 99,6 | 98,7 | 97,7 | 96,7 | 89,0 | 92,5 |
| 1 | | | | | | | | 91,1 | 87,2 | 73,1 | 72,3 | 73,2 | 78,6 | 86,3 | 89,1 | 95,3 | 94,1 | 94,1 | 98,1 | 95,0 | 94,5 | 81,3 | 72,1 | |
| 2 | | | | | | | 87,2 | 84,2 | 74,4 | 57,9 | 57,9 | 66,0 | 70,5 | 82,2 | 83,9 | 91,0 | 91,0 | 92,7 | 94,2 | 90,3 | 81,0 | 65,4 | | |
| 3 | | | | | | 92,0 | 78,5 | 72,1 | 59,7 | 45,2 | 50,8 | 60,8 | 66,4 | 80,7 | 79,9 | 88,8 | 89,1 | 90,6 | 90,7 | 79,4 | 65,6 | | | |
| 4 | | | | | 90,0 | 82,2 | 68,5 | 59,5 | 52,0 | 38,6 | 44,6 | 57,2 | 63,2 | 77,7 | 76,4 | 86,0 | 86,3 | 89,9 | 81,8 | 66,4 | | | | |
| 5 | | | | 93,2 | 82,8 | 71,8 | 58,4 | 48,9 | 47,3 | 32,5 | 42,1 | 52,1 | 58,6 | 76,1 | 75,9 | 83,5 | 81,6 | 81,2 | 66,7 | | | | | |
| 6 | | | 87,5 | 86,9 | 71,8 | 59,8 | 47,7 | 45,8 | 42,1 | 27,9 | 39,0 | 47,4 | 56,8 | 73,6 | 74,7 | 79,1 | 68,8 | 66,9 | | | | | | |
| 7 | | 89,6 | 78,0 | 77,7 | 61,2 | 53,4 | 41,6 | 42,1 | 38,8 | 25,9 | 37,9 | 45,9 | 55,5 | 73,1 | 73,6 | 71,3 | 58,2 | | | | | | | |
| 8 | 89,7 | 80,2 | 68,1 | 65,5 | 53,3 | 45,4 | 38,3 | 38,9 | 37,7 | 25,4 | 36,4 | 41,8 | 55,0 | 69,5 | 66,1 | 59,5 | | | | | | | | |
| 9 | 77,4 | 68,8 | 57,7 | 55,7 | 47,4 | 38,5 | 36,2 | 34,7 | 36,6 | 24,9 | 32,8 | 40,2 | 52,3 | 64,0 | 57,5 | | | | | | | | | |
| 10 | 69,4 | 54,3 | 50,1 | 52,1 | 37,5 | 36,2 | 34,9 | 32,6 | 36,3 | 23,4 | 32,8 | 37,1 | 48,6 | 56,3 | | | | | | | | | | |
| 11 | 56,0 | 44,4 | 43,8 | 48,2 | 33,0 | 32,8 | 31,5 | 31,6 | 35,2 | 22,8 | 32,3 | 32,5 | 40,0 | | | | | | | | | | | |
| 12 | 44,4 | 39,9 | 38,6 | 43,5 | 29,2 | 29,3 | 30,9 | 31,6 | 33,7 | 22,8 | 30,8 | 24,2 | | | | | | | | | | | | |
| 13 | 38,9 | 36,5 | 33,0 | 40,2 | 27,8 | 29,3 | 30,2 | 28,4 | 32,2 | 20,8 | 28,7 | | | | | | | | | | | | | |
| 14 | 34,9 | 32,6 | 30,1 | 38,1 | 25,8 | 28,2 | 28,9 | 27,4 | 30,0 | 18,8 | | | | | | | | | | | | | | |
| 15 | 32,1 | 31,2 | 27,8 | 35,7 | 24,1 | 28,2 | 27,5 | 26,3 | 26,7 | | | | | | | | | | | | | | | |
| 16 | 30,2 | 28,5 | 27,0 | 34,5 | 22,3 | 27,0 | 25,5 | 24,2 | | | | | | | | | | | | | | | | |
| 17 | 29,8 | 28,3 | 25,5 | 32,7 | 21,6 | 25,3 | 22,1 | | | | | | | | | | | | | | | | | |
| 18 | 29,0 | 26,3 | 24,3 | 31,5 | 19,9 | 24,1 | | | | | | | | | | | | | | | | | | |
| 19 | 28,6 | 25,6 | 22,9 | 28,9 | 18,9 | | | | | | | | | | | | | | | | | | | |
| 20 | 28,2 | 25,1 | 19,4 | 25,3 | | | | | | | | | | | | | | | | | | | | |
| 21 | 26,6 | 23,4 | 16,5 | | | | | | | | | | | | | | | | | | | | | |
| 22 | 23,8 | 21,5 | | | | | | | | | | | | | | | | | | | | | | |
| 23 | 19,0 | | | | | | | | | | | | | | | | | | | | | | | |

Статистика эмпирического исследования

| | 1991 | 1992 | 1993 | 1994 | 1995 | 1996 | 1997 | 1998 | 1999 | 2000 | 2001 | 2002 | 2003 | 2004 | 2005 | 2006 | 2007 | 2008 | 2009 | 2010 | 2011 | 2012 | 2013 | 2014 |
|---|---|---|---|---|---|---|---|---|---|---|---|---|---|---|---|---|---|---|---|---|---|---|---|---|
| K1 | 252 | 414 | 345 | 336 | 291 | 174 | 149 | 190 | 273 | 197 | 195 | 194 | 220 | 197 | 174 | 321 | 256 | 287 | 258 | 238 | 311 | 272 | 283 | 239 |
| K2 | 13,4 | 12,0 | 11,6 | 11,2 | 9,5 | 8,2 | 7,3 | 6,4 | 5,6 | 4,3 | 4,2 | 5,7 | 5,2 | 5,8 | 5,6 | 6,4 | 5,8 | 5,3 | 4,9 | 3,9 | 3,2 | 2,4 | 1,6 | - |
| K3 | 8,5 | | | | | | | | | | | | | | | | | | | | | | | |

Таблица 4.05 – Выживаемость компаний Республики Чечня за период 1991–2014 гг., %

| T+ | 1991 | 1992 | 1993 | 1994 | 1995 | 1996 | 1997 | 1998 | 1999 | 2000 | 2001 | 2002 | 2003 | 2004 | 2005 | 2006 | 2007 | 2008 | 2009 | 2010 | 2011 | 2012 | 2013 | 2014 |
|---|---|---|---|---|---|---|---|---|---|---|---|---|---|---|---|---|---|---|---|---|---|---|---|---|
| 0 | | | | | | | | | | 100 | 100 | 99,5 | 100 | 99,1 | 98,6 | 96,9 | 98,0 | 96,5 | 93,3 | 95,2 | 94,2 | 92,6 | 91,3 | 87,2 |
| 1 | | | | | | | | | | 100 | 99,5 | 99,5 | 100 | 97,2 | 94,4 | 94,6 | 90,1 | 87,7 | 83,7 | 91,3 | 84,3 | 75,2 | 70,7 | |
| 2 | | | | | | | | | | 99,6 | 99,2 | 99,5 | 100 | 93,5 | 88,7 | 84,5 | 86,8 | 76,6 | 77,8 | 81,7 | 68,6 | 54,5 | | |
| 3 | | | | | | | | | | 99,6 | 99,2 | 99,5 | 99,0 | 91,7 | 85,9 | 79,1 | 77,0 | 72,5 | 71,9 | 63,5 | 52,1 | | | |
| 4 | | | | | | | | | | 99,2 | 98,4 | 92,3 | 99,0 | 81,5 | 81,7 | 76,0 | 75,0 | 67,3 | 59,3 | 49,0 | | | | |
| 5 | | | | | | | | | | 98,8 | 93,5 | 88,1 | 97,1 | 77,8 | 76,1 | 73,6 | 69,1 | 55,6 | 42,2 | | | | | |
| 6 | | | | | | | | | | 97,2 | 90,4 | 81,4 | 94,1 | 66,7 | 74,6 | 67,4 | 58,6 | 47,4 | | | | | | |
| 7 | | | | | | | | | | 93,3 | 86,8 | 77,3 | 90,2 | 61,1 | 71,8 | 58,9 | 50,0 | | | | | | | |
| 8 | | | | | | | | | | 89,7 | 85,0 | 71,1 | 87,3 | 56,5 | 63,4 | 48,8 | | | | | | | | |
| 9 | | | | | | | | | | 84,2 | 79,6 | 64,9 | 83,3 | 50,9 | 49,3 | | | | | | | | | |
| 10 | | | | | | | | | | 81,8 | 76,5 | 59,3 | 71,6 | 43,5 | | | | | | | | | | |
| 11 | | | | | | | | | | 77,9 | 73,6 | 56,2 | 64,7 | | | | | | | | | | | |
| 12 | | | | | | | | | | 72,3 | 66,9 | 45,4 | | | | | | | | | | | | |
| 13 | | | | | | | | | | 63,6 | 58,4 | | | | | | | | | | | | | |
| 14 | | | | | | | | | | 56,1 | | | | | | | | | | | | | | |
| 15 | | | | | | | | | | | | | | | | | | | | | | | | |
| 16 | | | | | | | | | | | | | | | | | | | | | | | | |
| 17 | | | | | | | | | | | | | | | | | | | | | | | | |
| 18 | | | | | | | | | | | | | | | | | | | | | | | | |
| 19 | | | | | | | | | | | | | | | | | | | | | | | | |
| 20 | | | | | | | | | | | | | | | | | | | | | | | | |
| 21 | | | | | | | | | | | | | | | | | | | | | | | | |
| 22 | | | | | | | | | | | | | | | | | | | | | | | | |
| 23 | | | | | | | | | | | | | | | | | | | | | | | | |
| **Статистика эмпирического исследования** | | | | | | | | | | | | | | | | | | | | | | | | |
| K1 | - | - | - | - | - | - | - | - | - | 253 | 387 | 194 | 102 | 108 | 71 | 129 | 152 | 171 | 135 | 104 | 121 | 121 | 150 | 125 |
| K2 | - | - | - | - | - | - | - | - | - | 11,7 | 10,4 | 9,1 | 9,8 | 7,0 | 6,8 | 5,7 | 5,1 | 4,3 | 4,0 | 3,7 | 2,9 | 2,3 | 1,7 | - |
| K3 | 8,2 | | | | | | | | | | | | | | | | | | | | | | | |

Таблица 4.06 – Выживаемость компаний Республики Дагестан за период 1991–2014 гг., %

| Т+ | 1991 | 1992 | 1993 | 1994 | 1995 | 1996 | 1997 | 1998 | 1999 | 2000 | 2001 | 2002 | 2003 | 2004 | 2005 | 2006 | 2007 | 2008 | 2009 | 2010 | 2011 | 2012 | 2013 | 2014 |
|---|---|---|---|---|---|---|---|---|---|---|---|---|---|---|---|---|---|---|---|---|---|---|---|---|
| 0 |  |  |  |  |  |  |  |  | 96,7 | 97,7 | 88,2 | 90,6 | 93,6 | 93,1 | 93,8 | 95,0 | 95,6 | 95,1 | 97,1 | 97,0 | 98,4 | 96,8 | 96,6 | 85,6 |
| 1 |  |  |  |  |  |  |  | 93,9 | 93,5 | 87,8 | 67,9 | 80,8 | 82,0 | 87,8 | 81,7 | 88,7 | 86,5 | 89,3 | 90,5 | 93,6 | 93,8 | 86,7 | 77,6 |  |
| 2 |  |  |  |  |  |  | 92,8 | 89,9 | 88,3 | 72,6 | 46,9 | 71,4 | 74,9 | 77,2 | 74,7 | 83,2 | 81,5 | 85,0 | 88,1 | 87,2 | 75,3 | 69,7 |  |  |
| 3 |  |  |  |  |  | 97,1 | 87,8 | 82,3 | 79,4 | 65,0 | 39,9 | 66,3 | 70,4 | 70,6 | 68,5 | 79,7 | 76,5 | 83,4 | 85,2 | 74,8 | 58,6 |  |  |  |
| 4 |  |  |  |  | 96,5 | 94,6 | 77,8 | 73,7 | 75,6 | 54,8 | 37,6 | 60,3 | 64,4 | 67,0 | 65,1 | 75,7 | 72,7 | 81,3 | 74,1 | 58,1 |  |  |  |  |
| 5 |  |  |  | 95,8 | 93,6 | 85,9 | 70,0 | 62,6 | 72,1 | 50,5 | 34,9 | 55,4 | 60,5 | 64,4 | 61,4 | 74,5 | 69,0 | 72,4 | 58,8 |  |  |  |  |  |
| 6 |  |  | 96,6 | 92,6 | 84,4 | 76,3 | 65,6 | 53,5 | 66,9 | 47,2 | 31,7 | 53,4 | 57,2 | 61,4 | 59,8 | 72,8 | 62,4 | 56,4 |  |  |  |  |  |  |
| 7 |  | 95,0 | 92,4 | 85,6 | 77,0 | 73,0 | 62,2 | 50,5 | 63,1 | 41,6 | 30,5 | 50,4 | 55,5 | 60,4 | 56,4 | 63,4 | 46,7 |  |  |  |  |  |  |  |
| 8 | 96,1 | 92,2 | 84,1 | 77,3 | 70,9 | 67,2 | 57,2 | 46,5 | 58,0 | 40,3 | 28,5 | 48,9 | 55,0 | 60,1 | 51,5 | 48,9 |  |  |  |  |  |  |  |  |
| 9 | 93,4 | 86,0 | 77,0 | 72,4 | 64,2 | 63,1 | 53,9 | 42,9 | 55,3 | 38,3 | 26,9 | 47,3 | 54,4 | 52,5 | 39,4 |  |  |  |  |  |  |  |  |  |
| 10 | 84,0 | 77,0 | 71,3 | 68,1 | 61,3 | 59,3 | 48,9 | 40,9 | 53,4 | 36,0 | 26,2 | 46,6 | 51,4 | 41,9 |  |  |  |  |  |  |  |  |  |  |
| 11 | 74,0 | 72,8 | 66,4 | 64,8 | 56,7 | 55,6 | 46,1 | 37,9 | 52,0 | 34,3 | 25,8 | 41,0 | 40,1 |  |  |  |  |  |  |  |  |  |  |  |
| 12 | 69,6 | 66,7 | 62,5 | 59,0 | 53,5 | 53,5 | 43,9 | 36,9 | 50,1 | 33,7 | 23,9 | 32,4 |  |  |  |  |  |  |  |  |  |  |  |  |
| 13 | 61,3 | 61,5 | 56,8 | 55,2 | 50,0 | 50,6 | 41,1 | 34,8 | 48,0 | 30,7 | 18,9 |  |  |  |  |  |  |  |  |  |  |  |  |  |
| 14 | 56,9 | 58,0 | 54,5 | 50,7 | 46,8 | 48,5 | 40,6 | 33,8 | 45,3 | 25,1 |  |  |  |  |  |  |  |  |  |  |  |  |  |  |
| 15 | 53,0 | 53,5 | 52,0 | 48,2 | 45,0 | 47,7 | 38,9 | 31,3 | 36,9 |  |  |  |  |  |  |  |  |  |  |  |  |  |  |  |
| 16 | 50,3 | 51,8 | 50,6 | 46,9 | 43,6 | 47,3 | 36,7 | 24,7 |  |  |  |  |  |  |  |  |  |  |  |  |  |  |  |  |
| 17 | 48,1 | 49,3 | 48,0 | 43,3 | 42,9 | 43,2 | 28,9 |  |  |  |  |  |  |  |  |  |  |  |  |  |  |  |  |  |
| 18 | 47,0 | 47,0 | 46,9 | 42,0 | 39,7 | 35,3 |  |  |  |  |  |  |  |  |  |  |  |  |  |  |  |  |  |  |
| 19 | 44,8 | 44,7 | 45,7 | 38,8 | 35,5 |  |  |  |  |  |  |  |  |  |  |  |  |  |  |  |  |  |  |  |
| 20 | 42,0 | 43,7 | 42,3 | 33,1 |  |  |  |  |  |  |  |  |  |  |  |  |  |  |  |  |  |  |  |  |
| 21 | 41,4 | 38,3 | 35,6 |  |  |  |  |  |  |  |  |  |  |  |  |  |  |  |  |  |  |  |  |  |
| 22 | 39,2 | 32,2 |  |  |  |  |  |  |  |  |  |  |  |  |  |  |  |  |  |  |  |  |  |  |
| 23 | 34,3 |  |  |  |  |  |  |  |  |  |  |  |  |  |  |  |  |  |  |  |  |  |  |  |

**Статистика эмпирического исследования**

| | 1991 | 1992 | 1993 | 1994 | 1995 | 1996 | 1997 | 1998 | 1999 | 2000 | 2001 | 2002 | 2003 | 2004 | 2005 | 2006 | 2007 | 2008 | 2009 | 2010 | 2011 | 2012 | 2013 | 2014 |
|---|---|---|---|---|---|---|---|---|---|---|---|---|---|---|---|---|---|---|---|---|---|---|---|---|
| K1 | 181 | 600 | 435 | 529 | 282 | 241 | 180 | 198 | 369 | 303 | 561 | 395 | 362 | 303 | 241 | 423 | 319 | 326 | 243 | 234 | 304 | 218 | 232 | 139 |
| K2 | 14,9 | 14,7 | 13,4 | 12,6 | 11,1 | 10,7 | 9,0 | 7,9 | 8,0 | 6,1 | 4,2 | 5,8 | 5,6 | 5,7 | 5,3 | 5,7 | 5,1 | 4,9 | 4,4 | 3,9 | 3,2 | 2,5 | 1,8 | - |
| K3 | 9,8 |  |  |  |  |  |  |  |  |  |  |  |  |  |  |  |  |  |  |  |  |  |  |  |

Таблица 4.07 – Выживаемость компаний Республики Ингушетия за период 1991–2014 гг., %

| T+ | 1991 | 1992 | 1993 | 1994 | 1995 | 1996 | 1997 | 1998 | 1999 | 2000 | 2001 | 2002 | 2003 | 2004 | 2005 | 2006 | 2007 | 2008 | 2009 | 2010 | 2011 | 2012 | 2013 | 2014 |
|---|---|---|---|---|---|---|---|---|---|---|---|---|---|---|---|---|---|---|---|---|---|---|---|---|
| 0 | | | | | | | | | | 89,1 | 81,8 | 88,5 | 98,0 | 100 | 98,0 | 97,8 | 82,7 | 94,6 | 100 | 98,1 | 100 | 98,6 | 77,7 | 41,2 |
| 1 | | | | | | | | | | 71,7 | 65,9 | 80,8 | 92,0 | 92,6 | 91,8 | 95,6 | 73,1 | 91,1 | 98,0 | 92,3 | 100 | 80,0 | 46,8 | |
| 2 | | | | | | | | | | 63,0 | 59,1 | 71,2 | 80,0 | 85,2 | 83,7 | 95,6 | 71,2 | 82,1 | 98,0 | 86,5 | 80,9 | 61,4 | | |
| 3 | | | | | | | | | | 63,0 | 50,0 | 63,5 | 74,0 | 81,5 | 77,6 | 95,6 | 71,2 | 80,4 | 98,0 | 69,2 | 63,8 | | | |
| 4 | | | | | | | | | | 56,5 | 40,9 | 61,5 | 72,0 | 77,8 | 75,5 | 93,3 | 69,2 | 78,6 | 81,6 | 59,6 | | | | |
| 5 | | | | | | | | | | 45,7 | 36,4 | 59,6 | 70,0 | 74,1 | 75,5 | 88,9 | 69,2 | 64,3 | 59,2 | | | | | |
| 6 | | | | | | | | | | 39,1 | 36,4 | 53,8 | 68,0 | 74,1 | 71,4 | 86,7 | 55,8 | 44,6 | | | | | | |
| 7 | | | | | | | | | | 37,0 | 36,4 | 50,0 | 68,0 | 70,4 | 71,4 | 77,8 | 40,4 | | | | | | | |
| 8 | | | | | | | | | | 32,6 | 31,8 | 50,0 | 64,0 | 70,4 | 53,1 | 48,9 | | | | | | | | |
| 9 | | | | | | | | | | 32,6 | 29,5 | 38,5 | 54,0 | 55,6 | 38,8 | | | | | | | | | |
| 10 | | | | | | | | | | 32,6 | 29,5 | 25,0 | 48,0 | 33,3 | | | | | | | | | | |
| 11 | | | | | | | | | | 28,3 | 27,3 | 23,1 | 34,0 | | | | | | | | | | | |
| 12 | | | | | | | | | | 28,3 | 20,5 | 17,3 | | | | | | | | | | | | |
| 13 | | | | | | | | | | 21,7 | 15,9 | | | | | | | | | | | | | |
| 14 | | | | | | | | | | 17,4 | | | | | | | | | | | | | | |
| 15 | | | | | | | | | | | | | | | | | | | | | | | | |
| 16 | | | | | | | | | | | | | | | | | | | | | | | | |
| 17 | | | | | | | | | | | | | | | | | | | | | | | | |
| 18 | | | | | | | | | | | | | | | | | | | | | | | | |
| 19 | | | | | | | | | | | | | | | | | | | | | | | | |
| 20 | | | | | | | | | | | | | | | | | | | | | | | | |
| 21 | | | | | | | | | | | | | | | | | | | | | | | | |
| 22 | | | | | | | | | | | | | | | | | | | | | | | | |
| 23 | | | | | | | | | | | | | | | | | | | | | | | | |
| | | | | | | | | | Статистика эмпирического исследования | | | | | | | | | | | | | | | |
| K1 | - | - | - | - | - | - | - | - | - | 46 | 44 | 52 | 50 | 27 | 49 | 45 | 52 | 56 | 49 | 52 | 47 | 70 | 94 | 119 |
| K2 | - | - | - | - | - | - | - | - | - | 5,8 | 5,0 | 6,5 | 7,3 | 7,7 | 6,7 | 7,7 | 4,5 | 5,0 | 5,4 | 3,7 | 3,5 | 2,4 | 1,6 | - |
| K3 | 7,1 | | | | | | | | | | | | | | | | | | | | | | | |

47

Таблица 4.08 – Выживаемость компаний Ставропольского края за период 1991–2014 гг., %

| Т+ | 1991 | 1992 | 1993 | 1994 | 1995 | 1996 | 1997 | 1998 | 1999 | 2000 | 2001 | 2002 | 2003 | 2004 | 2005 | 2006 | 2007 | 2008 | 2009 | 2010 | 2011 | 2012 | 2013 | 2014 |
|---|---|---|---|---|---|---|---|---|---|---|---|---|---|---|---|---|---|---|---|---|---|---|---|---|
| 0 |  |  |  |  |  |  |  |  | 96,2 | 94,9 | 92,0 | 89,8 | 91,5 | 92,5 | 90,8 | 93,0 | 93,2 | 91,5 | 95,7 | 95,5 | 95,9 | 95,0 | 87,8 | 85,7 |
| 1 |  |  |  |  |  |  |  | 91,4 | 87,3 | 83,5 | 75,7 | 74,4 | 80,6 | 81,8 | 80,3 | 86,9 | 84,0 | 84,6 | 88,8 | 90,0 | 87,8 | 80,1 | 67,8 |  |
| 2 |  |  |  |  |  |  | 89,4 | 81,5 | 77,1 | 68,7 | 65,6 | 63,8 | 71,7 | 73,1 | 73,9 | 80,9 | 78,7 | 78,8 | 82,7 | 83,0 | 74,0 | 63,8 |  |  |
| 3 |  |  |  |  |  | 89,8 | 81,0 | 72,5 | 65,4 | 57,8 | 57,5 | 55,9 | 64,2 | 66,3 | 67,6 | 76,9 | 73,3 | 75,0 | 76,6 | 71,9 | 57,8 |  |  |  |
| 4 |  |  |  |  | 90,8 | 80,5 | 70,9 | 62,4 | 57,2 | 50,3 | 50,8 | 50,8 | 59,9 | 62,0 | 63,3 | 69,9 | 69,3 | 70,8 | 66,0 | 60,1 |  |  |  |  |
| 5 |  |  |  | 90,4 | 81,1 | 71,5 | 59,2 | 56,3 | 52,0 | 44,4 | 46,1 | 48,1 | 55,2 | 57,5 | 59,1 | 65,2 | 65,5 | 60,6 | 54,9 |  |  |  |  |  |
| 6 |  |  | 93,4 | 82,3 | 71,7 | 62,4 | 51,6 | 51,9 | 48,0 | 39,9 | 42,4 | 45,2 | 52,6 | 53,5 | 56,6 | 60,9 | 58,2 | 52,1 |  |  |  |  |  |  |
| 7 |  | 94,4 | 86,0 | 73,5 | 60,2 | 55,1 | 47,8 | 47,5 | 44,7 | 37,1 | 40,2 | 42,3 | 49,4 | 51,8 | 54,1 | 53,4 | 50,8 |  |  |  |  |  |  |  |
| 8 | 93,6 | 88,1 | 78,3 | 63,7 | 53,8 | 50,4 | 43,1 | 44,5 | 42,4 | 34,4 | 38,1 | 40,1 | 47,9 | 49,8 | 48,5 | 43,7 |  |  |  |  |  |  |  |  |
| 9 | 87,1 | 78,7 | 67,7 | 56,6 | 50,4 | 45,0 | 38,6 | 41,7 | 40,5 | 33,0 | 36,2 | 38,9 | 46,0 | 45,4 | 42,0 |  |  |  |  |  |  |  |  |  |
| 10 | 79,2 | 67,8 | 60,7 | 51,6 | 46,1 | 40,7 | 36,6 | 39,4 | 38,9 | 31,3 | 35,3 | 37,0 | 42,4 | 39,2 |  |  |  |  |  |  |  |  |  |  |
| 11 | 68,0 | 61,2 | 56,2 | 47,5 | 42,5 | 38,3 | 34,5 | 37,7 | 36,4 | 30,1 | 33,7 | 33,4 | 37,3 |  |  |  |  |  |  |  |  |  |  |  |
| 12 | 61,4 | 56,7 | 50,7 | 44,2 | 40,2 | 36,2 | 32,3 | 35,4 | 35,4 | 29,0 | 30,3 | 29,4 |  |  |  |  |  |  |  |  |  |  |  |  |
| 13 | 55,8 | 50,3 | 46,9 | 42,0 | 37,8 | 34,9 | 30,3 | 33,7 | 34,6 | 27,1 | 26,3 |  |  |  |  |  |  |  |  |  |  |  |  |  |
| 14 | 48,7 | 46,6 | 44,6 | 39,3 | 35,8 | 33,3 | 28,9 | 32,5 | 32,0 | 23,1 |  |  |  |  |  |  |  |  |  |  |  |  |  |  |
| 15 | 45,3 | 43,5 | 42,2 | 38,3 | 34,1 | 31,0 | 28,1 | 29,0 | 27,3 |  |  |  |  |  |  |  |  |  |  |  |  |  |  |  |
| 16 | 43,3 | 39,3 | 40,6 | 36,8 | 33,4 | 30,4 | 25,7 | 26,5 |  |  |  |  |  |  |  |  |  |  |  |  |  |  |  |  |
| 17 | 41,3 | 37,4 | 38,8 | 35,6 | 31,2 | 27,9 | 23,1 |  |  |  |  |  |  |  |  |  |  |  |  |  |  |  |  |  |
| 18 | 40,1 | 35,3 | 36,7 | 34,1 | 28,6 | 25,1 |  |  |  |  |  |  |  |  |  |  |  |  |  |  |  |  |  |  |
| 19 | 37,9 | 33,8 | 35,8 | 30,9 | 25,4 |  |  |  |  |  |  |  |  |  |  |  |  |  |  |  |  |  |  |  |
| 20 | 36,4 | 32,6 | 33,3 | 28,1 |  |  |  |  |  |  |  |  |  |  |  |  |  |  |  |  |  |  |  |  |
| 21 | 34,7 | 30,5 | 30,0 |  |  |  |  |  |  |  |  |  |  |  |  |  |  |  |  |  |  |  |  |  |
| 22 | 31,8 | 27,4 |  |  |  |  |  |  |  |  |  |  |  |  |  |  |  |  |  |  |  |  |  |  |
| 23 | 29,1 |  |  |  |  |  |  |  |  |  |  |  |  |  |  |  |  |  |  |  |  |  |  |  |

Статистика эмпирического исследования

| | 1991 | 1992 | 1993 | 1994 | 1995 | 1996 | 1997 | 1998 | 1999 | 2000 | 2001 | 2002 | 2003 | 2004 | 2005 | 2006 | 2007 | 2008 | 2009 | 2010 | 2011 | 2012 | 2013 | 2014 |
|---|---|---|---|---|---|---|---|---|---|---|---|---|---|---|---|---|---|---|---|---|---|---|---|---|
| K1 | 591 | 2678 | 2077 | 1096 | 1127 | 896 | 1162 | 1380 | 1531 | 1327 | 1467 | 1385 | 1189 | 1153 | 1256 | 2024 | 1477 | 1357 | 1102 | 1257 | 1194 | 1290 | 1206 | 1029 |
| K2 | 14,2 | 13,3 | 12,2 | 10,8 | 9,8 | 8,7 | 7,6 | 6,9 | 6,2 | 5,4 | 5,1 | 4,8 | 5,0 | 5,0 | 4,7 | 5,2 | 4,4 | 4,1 | 4,0 | 3,5 | 3,0 | 2,3 | 1,6 | - |
| K3 | 8,7 |  |  |  |  |  |  |  |  |  |  |  |  |  |  |  |  |  |  |  |  |  |  |  |

Таблица 5.01 – Выживаемость компаний Сибирского федерального округа за период 1991–2014 гг., % (скорректировано)

| T+ | 1991 | 1992 | 1993 | 1994 | 1995 | 1996 | 1997 | 1998 | 1999 | 2000 | 2001 | 2002 | 2003 | 2004 | 2005 | 2006 | 2007 | 2008 | 2009 | 2010 | 2011 | 2012 | 2013 | 2014 |
|---|---|---|---|---|---|---|---|---|---|---|---|---|---|---|---|---|---|---|---|---|---|---|---|---|
| 0 | | | | | | | | | 91,1 | 90,2 | 89,6 | 84,8 | 85,9 | 88,4 | 90,2 | 91,4 | 89,2 | 89,6 | 92,8 | 90,7 | 93,9 | 93,7 | 89,6 | 85,2 |
| 1 | | | | | | | | 84,6 | 76,1 | 74,8 | 69,4 | 66,8 | 71,6 | 74,2 | 78,7 | 80,2 | 76,2 | 78,5 | 79,5 | 80,6 | 83,2 | 77,2 | 69,7 | |
| 2 | | | | | | | 83,8 | 70,5 | 63,1 | 57,6 | 55,7 | 55,6 | 60,4 | 64,4 | 68,0 | 71,1 | 66,6 | 68,3 | 70,5 | 70,8 | 66,4 | 58,7 | | |
| 3 | | | | | | 85,5 | 70,3 | 59,4 | 50,4 | 47,0 | 47,1 | 47,9 | 54,0 | 56,1 | 60,3 | 64,2 | 59,2 | 62,2 | 63,4 | 58,5 | 51,9 | | | |
| 4 | | | | | 87,4 | 74,3 | 59,2 | 48,2 | 42,8 | 40,2 | 41,0 | 42,6 | 48,9 | 50,2 | 54,8 | 58,3 | 54,8 | 57,1 | 53,7 | 47,2 | | | | |
| 5 | | | | 89,6 | 76,3 | 64,4 | 48,3 | 41,1 | 38,3 | 34,7 | 36,5 | 38,4 | 44,3 | 46,0 | 50,3 | 53,5 | 50,5 | 49,2 | 44,2 | | | | | |
| 6 | | | 91,5 | 79,8 | 66,3 | 53,0 | 41,4 | 36,6 | 34,4 | 31,4 | 33,0 | 34,9 | 41,1 | 42,6 | 47,4 | 49,7 | 44,2 | 41,2 | | | | | | |
| 7 | | 92,0 | 83,6 | 70,3 | 54,8 | 45,8 | 37,2 | 32,7 | 31,5 | 28,2 | 30,3 | 32,1 | 38,2 | 40,3 | 44,5 | 44,3 | 37,4 | | | | | | | |
| 8 | 91,1 | 84,4 | 74,5 | 57,8 | 48,0 | 41,3 | 33,5 | 30,1 | 29,2 | 25,9 | 27,9 | 29,7 | 36,0 | 38,2 | 40,0 | 37,7 | | | | | | | | |
| 9 | 83,4 | 75,9 | 62,9 | 50,2 | 43,3 | 37,6 | 31,2 | 27,9 | 27,2 | 24,1 | 26,1 | 28,4 | 34,1 | 34,7 | 34,7 | | | | | | | | | |
| 10 | 75,7 | 63,3 | 54,5 | 45,5 | 39,5 | 35,1 | 29,0 | 26,2 | 25,6 | 22,5 | 24,7 | 27,0 | 30,8 | 30,6 | | | | | | | | | | |
| 11 | 65,3 | 55,7 | 48,9 | 41,0 | 36,7 | 32,9 | 27,3 | 24,7 | 24,1 | 21,5 | 23,6 | 24,7 | 27,4 | | | | | | | | | | | |
| 12 | 58,5 | 50,4 | 44,2 | 38,0 | 34,3 | 30,9 | 25,7 | 23,4 | 23,0 | 20,4 | 21,3 | 22,1 | | | | | | | | | | | | |
| 13 | 54,3 | 46,0 | 41,2 | 35,6 | 32,3 | 29,2 | 24,1 | 22,4 | 22,1 | 18,6 | 19,1 | | | | | | | | | | | | | |
| 14 | 50,6 | 42,9 | 38,7 | 33,3 | 30,2 | 27,5 | 23,2 | 21,5 | 20,4 | 16,4 | | | | | | | | | | | | | | |
| 15 | 48,6 | 40,2 | 36,3 | 31,3 | 28,7 | 26,5 | 22,1 | 19,9 | 18,0 | | | | | | | | | | | | | | | |
| 16 | 46,1 | 37,6 | 34,5 | 29,0 | 27,6 | 25,4 | 20,3 | 18,1 | | | | | | | | | | | | | | | | |
| 17 | 44,0 | 35,7 | 32,3 | 27,7 | 26,7 | 23,8 | 18,6 | | | | | | | | | | | | | | | | | |
| 18 | 42,0 | 34,0 | 30,7 | 26,4 | 24,7 | 21,9 | | | | | | | | | | | | | | | | | | |
| 19 | 40,2 | 32,6 | 29,4 | 24,5 | 21,9 | | | | | | | | | | | | | | | | | | | |
| 20 | 38,9 | 31,3 | 27,2 | 22,1 | | | | | | | | | | | | | | | | | | | | |
| 21 | 37,2 | 29,1 | 24,7 | | | | | | | | | | | | | | | | | | | | | |
| 22 | 33,0 | 26,5 | | | | | | | | | | | | | | | | | | | | | | |
| 23 | 28,6 | | | | | | | | | | | | | | | | | | | | | | | |

Статистика эмпирического исследования

| | 1991 | 1992 | 1993 | 1994 | 1995 | 1996 | 1997 | 1998 | 1999 | 2000 | 2001 | 2002 | 2003 | 2004 | 2005 | 2006 | 2007 | 2008 | 2009 | 2010 | 2011 | 2012 | 2013 | 2014 |
|---|---|---|---|---|---|---|---|---|---|---|---|---|---|---|---|---|---|---|---|---|---|---|---|---|
| К1 | 3485 | 11159 | 10839 | 7288 | 6512 | 6354 | 7906 | 9171 | 12858 | 13558 | 14724 | 14467 | 13402 | 12946 | 15748 | 22121 | 17898 | 16666 | 14649 | 15936 | 16870 | 15899 | 14669 | 12027 |
| К2 | 14,3 | 12,8 | 11,8 | 10,5 | 9,2 | 7,9 | 6,7 | 5,6 | 5,0 | 4,7 | 4,4 | 4,2 | 4,4 | 4,3 | 4,4 | 4,4 | 3,9 | 3,7 | 3,5 | 3,1 | 2,8 | 2,3 | 1,7 | – |
| К3 | 6,7 | | | | | | | | | | | | | | | | | | | | | | | |

Таблица 5.02 – Выживаемость компаний Алтайского края за период 1991–2014 гг., %

| T+ | 1991 | 1992 | 1993 | 1994 | 1995 | 1996 | 1997 | 1998 | 1999 | 2000 | 2001 | 2002 | 2003 | 2004 | 2005 | 2006 | 2007 | 2008 | 2009 | 2010 | 2011 | 2012 | 2013 | 2014 |
|---|---|---|---|---|---|---|---|---|---|---|---|---|---|---|---|---|---|---|---|---|---|---|---|---|
| 0 | | | | | | | | | 93,6 | 92,0 | 90,6 | 85,4 | 87,0 | 91,9 | 91,0 | 90,9 | 88,2 | 87,5 | 92,4 | 91,5 | 92,3 | 92,7 | 89,0 | 84,1 |
| 1 | | | | | | | | 87,8 | 80,9 | 75,9 | 69,3 | 70,1 | 72,9 | 78,3 | 79,3 | 79,2 | 75,5 | 76,5 | 77,9 | 80,9 | 79,4 | 75,9 | 66,4 | |
| 2 | | | | | | | 85,6 | 75,5 | 69,2 | 58,6 | 57,6 | 60,0 | 63,1 | 67,7 | 69,7 | 69,9 | 64,9 | 67,0 | 67,5 | 70,5 | 64,0 | 55,7 | | |
| 3 | | | | | | 88,6 | 74,8 | 63,8 | 54,2 | 48,9 | 50,2 | 51,5 | 57,5 | 58,6 | 62,7 | 63,2 | 58,2 | 61,1 | 59,6 | 57,6 | 48,7 | | | |
| 4 | | | | | 89,4 | 77,0 | 64,6 | 51,9 | 46,2 | 41,8 | 44,9 | 46,7 | 52,7 | 52,6 | 57,6 | 57,0 | 53,3 | 56,0 | 50,7 | 45,9 | | | | |
| 5 | | | | 91,0 | 79,1 | 66,4 | 50,6 | 44,0 | 41,6 | 35,8 | 40,4 | 41,6 | 48,6 | 48,2 | 53,0 | 51,4 | 48,9 | 48,1 | 40,4 | | | | | |
| 6 | | | 94,2 | 81,0 | 69,5 | 53,8 | 45,0 | 40,3 | 37,8 | 32,9 | 37,0 | 37,8 | 45,1 | 45,5 | 50,3 | 46,8 | 43,5 | 39,9 | | | | | | |
| 7 | | 93,8 | 88,5 | 72,7 | 55,7 | 45,8 | 40,0 | 35,3 | 34,1 | 29,9 | 34,4 | 35,7 | 41,8 | 43,3 | 46,5 | 41,7 | 37,8 | | | | | | | |
| 8 | 93,7 | 87,9 | 81,8 | 58,2 | 51,1 | 42,2 | 36,2 | 32,6 | 31,7 | 27,5 | 31,7 | 33,2 | 39,2 | 40,6 | 42,4 | 35,3 | | | | | | | | |
| 9 | 85,5 | 80,9 | 68,6 | 52,0 | 47,2 | 38,7 | 33,9 | 29,5 | 30,0 | 25,9 | 29,4 | 31,8 | 36,9 | 37,9 | 36,2 | | | | | | | | | |
| 10 | 77,8 | 67,5 | 60,4 | 47,5 | 43,5 | 35,5 | 31,7 | 27,4 | 28,8 | 24,7 | 28,1 | 29,8 | 34,1 | 32,6 | | | | | | | | | | |
| 11 | 66,1 | 61,1 | 54,6 | 43,7 | 39,6 | 33,4 | 30,1 | 26,0 | 27,2 | 24,1 | 26,9 | 27,4 | 30,2 | | | | | | | | | | | |
| 12 | 57,9 | 55,6 | 49,6 | 39,9 | 37,3 | 31,3 | 28,3 | 24,2 | 26,1 | 23,3 | 25,0 | 24,3 | | | | | | | | | | | | |
| 13 | 53,9 | 49,9 | 46,7 | 38,0 | 35,5 | 29,5 | 26,1 | 23,2 | 25,2 | 21,3 | 22,4 | | | | | | | | | | | | | |
| 14 | 49,9 | 46,3 | 43,5 | 35,4 | 33,4 | 27,8 | 25,2 | 22,4 | 23,2 | 18,8 | | | | | | | | | | | | | | |
| 15 | 48,1 | 43,7 | 40,0 | 33,9 | 32,6 | 27,2 | 23,8 | 21,0 | 20,2 | | | | | | | | | | | | | | | |
| 16 | 45,7 | 40,0 | 37,9 | 32,0 | 31,3 | 26,2 | 22,5 | 19,1 | | | | | | | | | | | | | | | | |
| 17 | 43,2 | 37,7 | 35,2 | 30,5 | 30,1 | 25,2 | 19,6 | | | | | | | | | | | | | | | | | |
| 18 | 40,9 | 35,8 | 33,4 | 28,7 | 27,6 | 23,0 | | | | | | | | | | | | | | | | | | |
| 19 | 39,2 | 34,3 | 32,0 | 25,9 | 24,4 | | | | | | | | | | | | | | | | | | | |
| 20 | 37,7 | 32,8 | 29,6 | 23,8 | | | | | | | | | | | | | | | | | | | | |
| 21 | 36,1 | 30,8 | 26,8 | | | | | | | | | | | | | | | | | | | | | |
| 22 | 31,9 | 28,7 | | | | | | | | | | | | | | | | | | | | | | |
| 23 | 27,5 | | | | | | | | | | | | | | | | | | | | | | | |

Статистика эмпирического исследования

| | 1991 | 1992 | 1993 | 1994 | 1995 | 1996 | 1997 | 1998 | 1999 | 2000 | 2001 | 2002 | 2003 | 2004 | 2005 | 2006 | 2007 | 2008 | 2009 | 2010 | 2011 | 2012 | 2013 | 2014 |
|---|---|---|---|---|---|---|---|---|---|---|---|---|---|---|---|---|---|---|---|---|---|---|---|---|
| K1 | 599 | 1845 | 1877 | 1087 | 1065 | 806 | 923 | 1013 | 1427 | 1604 | 1884 | 1868 | 1457 | 1455 | 1596 | 2340 | 1862 | 1801 | 1612 | 1726 | 2008 | 1952 | 1860 | 1551 |
| K2 | 14,4 | 13,2 | 12,4 | 10,6 | 9,5 | 7,9 | 7,0 | 5,9 | 5,3 | 4,7 | 4,5 | 4,4 | 4,5 | 4,5 | 4,6 | 4,4 | 3,7 | 3,6 | 3,5 | 3,2 | 2,7 | 2,3 | 1,7 | - |
| K3 | 7,2 | | | | | | | | | | | | | | | | | | | | | | | |

Таблица 5.03 – Выживаемость компаний Новосибирской области за период 1991–2014 гг., %

| T+ | 1991 | 1992 | 1993 | 1994 | 1995 | 1996 | 1997 | 1998 | 1999 | 2000 | 2001 | 2002 | 2003 | 2004 | 2005 | 2006 | 2007 | 2008 | 2009 | 2010 | 2011 | 2012 | 2013 | 2014 |
|---|---|---|---|---|---|---|---|---|---|---|---|---|---|---|---|---|---|---|---|---|---|---|---|---|
| 0 | | | | | | | | | 83,8 | 89,8 | 87,9 | 81,3 | 84,0 | 84,1 | 84,7 | 86,4 | 83,8 | 85,4 | 88,4 | 86,1 | 90,2 | 91,7 | 88,8 | 84,2 |
| 1 | | | | | | | | 77,7 | 66,6 | 74,0 | 66,5 | 59,5 | 65,9 | 65,3 | 69,7 | 69,8 | 67,0 | 70,2 | 68,7 | 72,3 | 76,0 | 73,3 | 68,8 | |
| 2 | | | | | | | 80,5 | 61,6 | 54,7 | 57,1 | 52,3 | 47,6 | 53,4 | 52,8 | 56,9 | 58,4 | 54,6 | 55,7 | 55,5 | 58,8 | 57,4 | 55,1 | | |
| 3 | | | | | | 81,7 | 66,6 | 51,5 | 44,1 | 46,7 | 43,0 | 40,5 | 46,2 | 44,2 | 47,3 | 49,9 | 44,6 | 47,4 | 47,7 | 47,1 | 43,6 | | | |
| 4 | | | | | 85,0 | 72,3 | 56,4 | 42,6 | 37,2 | 40,3 | 36,7 | 34,9 | 40,4 | 38,6 | 40,2 | 44,1 | 39,2 | 42,6 | 39,9 | 37,8 | | | | |
| 5 | | | | 87,3 | 72,7 | 62,6 | 48,0 | 37,0 | 33,8 | 35,0 | 32,0 | 31,4 | 35,9 | 34,4 | 35,6 | 39,4 | 35,0 | 37,0 | 33,1 | | | | | |
| 6 | | | 88,3 | 79,1 | 64,2 | 52,4 | 42,1 | 33,4 | 30,1 | 31,0 | 28,4 | 28,5 | 32,7 | 30,6 | 32,4 | 35,3 | 30,5 | 30,8 | | | | | | |
| 7 | | 91,2 | 80,2 | 70,4 | 54,6 | 46,5 | 38,1 | 30,2 | 27,4 | 27,1 | 26,0 | 25,6 | 29,2 | 28,1 | 29,5 | 31,6 | 25,9 | | | | | | | |
| 8 | 88,1 | 84,1 | 70,8 | 60,3 | 49,7 | 41,8 | 34,9 | 27,7 | 25,1 | 24,9 | 23,9 | 22,7 | 26,7 | 26,4 | 26,7 | 27,4 | | | | | | | | |
| 9 | 78,8 | 75,3 | 62,0 | 51,8 | 45,6 | 38,2 | 32,1 | 26,0 | 23,6 | 22,7 | 21,5 | 21,2 | 25,1 | 24,3 | 23,7 | | | | | | | | | |
| 10 | 71,6 | 64,9 | 56,4 | 48,2 | 41,2 | 35,6 | 29,6 | 24,1 | 22,0 | 20,6 | 19,7 | 20,0 | 22,6 | 21,4 | | | | | | | | | | |
| 11 | 60,0 | 58,8 | 50,4 | 43,5 | 39,0 | 33,3 | 27,3 | 22,1 | 20,3 | 19,3 | 18,8 | 18,3 | 20,3 | | | | | | | | | | | |
| 12 | 55,3 | 54,5 | 45,7 | 40,7 | 37,4 | 31,4 | 25,6 | 20,7 | 19,2 | 18,2 | 17,4 | 16,1 | | | | | | | | | | | | |
| 13 | 51,4 | 49,3 | 41,4 | 38,0 | 35,2 | 29,1 | 24,1 | 19,8 | 18,3 | 16,3 | 15,4 | | | | | | | | | | | | | |
| 14 | 47,2 | 45,1 | 38,4 | 35,9 | 32,2 | 27,4 | 23,3 | 19,1 | 17,0 | 14,7 | | | | | | | | | | | | | | |
| 15 | 45,9 | 42,3 | 37,1 | 33,9 | 30,3 | 25,9 | 22,3 | 17,5 | 15,4 | | | | | | | | | | | | | | | |
| 16 | 43,0 | 40,6 | 35,6 | 31,1 | 28,6 | 24,5 | 20,1 | 16,0 | | | | | | | | | | | | | | | | |
| 17 | 42,2 | 38,8 | 32,7 | 29,7 | 27,8 | 22,9 | 18,5 | | | | | | | | | | | | | | | | | |
| 18 | 39,0 | 37,4 | 30,3 | 28,5 | 25,6 | 21,0 | | | | | | | | | | | | | | | | | | |
| 19 | 36,8 | 35,6 | 28,7 | 26,5 | 22,8 | | | | | | | | | | | | | | | | | | | |
| 20 | 34,6 | 33,5 | 26,7 | 24,0 | | | | | | | | | | | | | | | | | | | | |
| 21 | 33,3 | 31,5 | 25,2 | | | | | | | | | | | | | | | | | | | | | |
| 22 | 31,9 | 29,9 | | | | | | | | | | | | | | | | | | | | | | |
| 23 | 28,6 | | | | | | | | | | | | | | | | | | | | | | | |

| | 1991 | 1992 | 1993 | 1994 | 1995 | 1996 | 1997 | 1998 | 1999 | 2000 | 2001 | 2002 | 2003 | 2004 | 2005 | 2006 | 2007 | 2008 | 2009 | 2010 | 2011 | 2012 | 2013 | 2014 |
|---|---|---|---|---|---|---|---|---|---|---|---|---|---|---|---|---|---|---|---|---|---|---|---|---|
| | | | | | | | | | | | | | Статистика эмпирического исследования | | | | | | | | | | | |
| K1 | 405 | 1617 | 1308 | 1096 | 944 | 1001 | 1474 | 1926 | 2564 | 2476 | 2824 | 2810 | 2716 | 2602 | 2923 | 3610 | 3464 | 3127 | 2824 | 2942 | 2954 | 2478 | 2286 | 1582 |
| K2 | 13,6 | 12,8 | 11,6 | 10,5 | 9,2 | 7,9 | 6,6 | 5,2 | 4,5 | 4,7 | 4,2 | 3,8 | 4,0 | 3,7 | 3,7 | 3,7 | 3,3 | 3,2 | 3,0 | 2,8 | 2,6 | 2,2 | 1,6 | – |
| K3 | 6,0 | | | | | | | | | | | | | | | | | | | | | | | |

Таблица 5.04 – Выживаемость компаний Республики Алтай за период 1991–2014 гг., %

| T+ | 1991 | 1992 | 1993 | 1994 | 1995 | 1996 | 1997 | 1998 | 1999 | 2000 | 2001 | 2002 | 2003 | 2004 | 2005 | 2006 | 2007 | 2008 | 2009 | 2010 | 2011 | 2012 | 2013 | 2014 |
|---|---|---|---|---|---|---|---|---|---|---|---|---|---|---|---|---|---|---|---|---|---|---|---|---|
| 0 | | | | | | | | | 85,5 | 81,2 | 82,5 | 82,4 | 77,1 | 85,5 | 90,8 | 92,5 | 89,4 | 84,0 | 91,1 | 87,6 | 91,6 | 95,0 | 90,6 | 80,2 |
| 1 | | | | | | | | 73,5 | 61,0 | 56,8 | 58,7 | 51,9 | 60,2 | 72,7 | 71,0 | 81,3 | 70,1 | 70,6 | 74,7 | 77,1 | 76,7 | 72,8 | 68,7 | |
| 2 | | | | | | | 70,4 | 52,7 | 38,3 | 37,3 | 40,2 | 37,8 | 47,8 | 57,0 | 55,8 | 66,0 | 61,4 | 61,1 | 61,5 | 65,1 | 55,7 | 49,0 | | |
| 3 | | | | | | 73,6 | 49,4 | 38,4 | 27,6 | 26,8 | 29,4 | 30,1 | 40,1 | 45,3 | 49,2 | 57,4 | 51,7 | 56,6 | 54,9 | 52,0 | 42,2 | | | |
| 4 | | | | | 79,5 | 63,6 | 33,3 | 27,0 | 21,5 | 20,4 | 23,9 | 24,7 | 34,7 | 37,5 | 44,6 | 51,8 | 47,4 | 51,1 | 42,0 | 37,5 | | | | |
| 5 | | | | 93,0 | 70,9 | 50,4 | 22,5 | 20,6 | 18,6 | 15,8 | 19,1 | 21,3 | 28,7 | 34,4 | 38,3 | 46,8 | 41,1 | 39,7 | 35,0 | | | | | |
| 6 | | | 96,4 | 86,7 | 58,1 | 41,1 | 14,4 | 17,2 | 16,1 | 13,8 | 16,7 | 18,1 | 25,5 | 31,6 | 36,3 | 39,2 | 33,6 | 30,3 | | | | | | |
| 7 | | 94,4 | 90,4 | 76,6 | 47,0 | 31,0 | 13,1 | 12,9 | 13,5 | 11,9 | 13,4 | 16,5 | 22,6 | 29,7 | 34,0 | 30,8 | 23,4 | | | | | | | |
| 8 | 90,9 | 87,2 | 80,8 | 60,9 | 42,7 | 29,5 | 10,8 | 11,2 | 11,0 | 10,9 | 13,2 | 14,4 | 21,0 | 27,0 | 28,4 | 22,4 | | | | | | | | |
| 9 | 83,6 | 80,1 | 71,9 | 53,9 | 39,3 | 27,9 | 9,4 | 9,8 | 8,9 | 9,1 | 11,9 | 13,8 | 16,2 | 23,4 | 20,1 | | | | | | | | | |
| 10 | 72,7 | 69,9 | 66,5 | 53,1 | 34,2 | 25,6 | 8,7 | 8,7 | 8,2 | 8,2 | 11,3 | 12,8 | 14,0 | 20,3 | | | | | | | | | | |
| 11 | 65,5 | 63,3 | 62,3 | 50,0 | 32,5 | 20,2 | 7,3 | 8,1 | 7,4 | 7,5 | 10,9 | 11,7 | 12,4 | | | | | | | | | | | |
| 12 | 61,8 | 59,7 | 58,1 | 44,5 | 28,2 | 19,4 | 7,1 | 7,8 | 7,3 | 7,1 | 9,6 | 9,8 | | | | | | | | | | | | |
| 13 | 54,5 | 57,7 | 55,7 | 42,2 | 26,5 | 18,6 | 6,2 | 7,0 | 7,2 | 6,2 | 8,5 | | | | | | | | | | | | | |
| 14 | 47,3 | 54,1 | 49,7 | 39,8 | 20,5 | 16,3 | 6,0 | 6,6 | 5,9 | 4,8 | | | | | | | | | | | | | | |
| 15 | 43,6 | 50,5 | 45,5 | 34,4 | 17,9 | 14,7 | 4,8 | 5,3 | 4,8 | | | | | | | | | | | | | | | |
| 16 | 40,0 | 48,5 | 41,3 | 32,0 | 16,2 | 14,7 | 4,6 | 4,7 | | | | | | | | | | | | | | | | |
| 17 | 38,2 | 44,9 | 36,5 | 31,3 | 15,4 | 14,0 | 4,6 | | | | | | | | | | | | | | | | | |
| 18 | 38,2 | 41,8 | 31,1 | 29,7 | 13,7 | 11,6 | | | | | | | | | | | | | | | | | | |
| 19 | 36,4 | 39,3 | 29,3 | 27,3 | 11,1 | | | | | | | | | | | | | | | | | | | |
| 20 | 36,4 | 38,3 | 26,3 | 21,9 | | | | | | | | | | | | | | | | | | | | |
| 21 | 34,5 | 33,7 | 19,8 | | | | | | | | | | | | | | | | | | | | | |
| 22 | 32,7 | 28,1 | | | | | | | | | | | | | | | | | | | | | | |
| 23 | 25,5 | | | | | | | | | | | | | | | | | | | | | | | |

Статистика эмпирического исследования

| | 1991 | 1992 | 1993 | 1994 | 1995 | 1996 | 1997 | 1998 | 1999 | 2000 | 2001 | 2002 | 2003 | 2004 | 2005 | 2006 | 2007 | 2008 | 2009 | 2010 | 2011 | 2012 | 2013 | 2014 |
|---|---|---|---|---|---|---|---|---|---|---|---|---|---|---|---|---|---|---|---|---|---|---|---|---|
| K1 | 55 | 196 | 167 | 128 | 117 | 129 | 520 | 529 | 794 | 745 | 612 | 376 | 314 | 256 | 303 | 477 | 321 | 350 | 257 | 275 | 296 | 302 | 297 | 217 |
| K2 | 14,3 | 14,1 | 13,8 | 11,5 | 9,2 | 7,2 | 5,1 | 4,5 | 3,8 | 3,6 | 3,5 | 3,4 | 3,9 | 4,0 | 4,3 | 4,7 | 4,0 | 3,6 | 3,3 | 3,1 | 2,7 | 2,4 | 1,7 | - |
| K3 | 5,4 | | | | | | | | | | | | | | | | | | | | | | | |

Таблица 5.05 – Выживаемость компаний Томской области за период 1991–2014 гг., %

| T+ | 1991 | 1992 | 1993 | 1994 | 1995 | 1996 | 1997 | 1998 | 1999 | 2000 | 2001 | 2002 | 2003 | 2004 | 2005 | 2006 | 2007 | 2008 | 2009 | 2010 | 2011 | 2012 | 2013 | 2014 |
|---|---|---|---|---|---|---|---|---|---|---|---|---|---|---|---|---|---|---|---|---|---|---|---|---|
| 0 | | | | | | | | | 94,0 | 89,9 | 88,4 | 87,2 | 89,1 | 91,6 | 93,2 | 93,4 | 90,9 | 92,3 | 94,9 | 92,5 | 94,9 | 94,4 | 90,6 | 87,7 |
| 1 | | | | | | | | 87,6 | 76,7 | 75,7 | 70,1 | 71,9 | 78,0 | 80,6 | 84,2 | 85,0 | 78,9 | 81,1 | 83,9 | 83,1 | 86,8 | 79,2 | 71,8 | |
| 2 | | | | | | | 83,1 | 72,5 | 63,4 | 61,9 | 57,9 | 61,0 | 67,2 | 71,9 | 75,0 | 76,0 | 69,0 | 72,2 | 77,4 | 74,9 | 71,5 | 59,6 | | |
| 3 | | | | | | 85,2 | 69,3 | 62,7 | 52,6 | 53,6 | 49,6 | 54,1 | 60,8 | 65,4 | 67,8 | 68,1 | 61,8 | 67,1 | 69,7 | 63,1 | 55,5 | | | |
| 4 | | | | | 86,7 | 70,4 | 56,4 | 51,6 | 46,7 | 47,4 | 43,5 | 49,5 | 56,4 | 59,7 | 62,2 | 59,3 | 57,6 | 61,6 | 60,1 | 51,8 | | | | |
| 5 | | | | 88,4 | 74,7 | 60,3 | 49,3 | 45,7 | 43,2 | 42,8 | 38,9 | 46,3 | 51,1 | 55,6 | 57,3 | 51,5 | 53,2 | 54,1 | 49,8 | | | | | |
| 6 | | | 89,9 | 76,6 | 63,6 | 47,8 | 45,1 | 41,4 | 39,8 | 39,2 | 35,6 | 43,7 | 47,3 | 53,0 | 53,5 | 47,4 | 46,8 | 45,9 | | | | | | |
| 7 | | 89,6 | 81,3 | 67,6 | 53,7 | 41,8 | 39,2 | 38,6 | 37,8 | 35,6 | 33,4 | 40,4 | 44,5 | 51,1 | 50,0 | 42,3 | 39,5 | | | | | | | |
| 8 | 88,7 | 80,7 | 71,7 | 57,8 | 46,5 | 37,4 | 34,7 | 36,4 | 35,3 | 33,3 | 30,6 | 37,3 | 42,7 | 49,3 | 45,8 | 35,7 | | | | | | | | |
| 9 | 80,1 | 72,7 | 62,7 | 51,0 | 43,4 | 33,8 | 32,2 | 33,3 | 32,9 | 31,1 | 29,8 | 35,2 | 40,9 | 45,7 | 40,0 | | | | | | | | | |
| 10 | 72,9 | 60,1 | 51,7 | 47,4 | 39,6 | 32,7 | 31,3 | 32,7 | 31,0 | 29,2 | 29,0 | 33,6 | 37,2 | 40,5 | | | | | | | | | | |
| 11 | 61,9 | 51,8 | 45,6 | 43,5 | 38,0 | 29,9 | 30,3 | 31,1 | 29,7 | 28,0 | 27,7 | 31,4 | 32,9 | | | | | | | | | | | |
| 12 | 53,9 | 46,6 | 43,2 | 40,6 | 36,2 | 27,5 | 28,4 | 29,9 | 28,0 | 26,9 | 25,1 | 28,9 | | | | | | | | | | | | |
| 13 | 50,3 | 43,0 | 40,9 | 37,2 | 34,8 | 26,5 | 26,7 | 28,1 | 26,9 | 24,4 | 22,6 | | | | | | | | | | | | | |
| 14 | 48,5 | 41,0 | 39,1 | 35,8 | 33,2 | 25,5 | 25,5 | 26,3 | 24,8 | 21,7 | | | | | | | | | | | | | | |
| 15 | 46,4 | 38,6 | 37,0 | 34,2 | 31,4 | 24,7 | 24,2 | 25,1 | 21,9 | | | | | | | | | | | | | | | |
| 16 | 42,0 | 35,0 | 35,7 | 30,6 | 30,3 | 23,4 | 21,9 | 22,3 | | | | | | | | | | | | | | | | |
| 17 | 39,0 | 32,1 | 32,4 | 29,9 | 29,8 | 20,8 | 20,7 | | | | | | | | | | | | | | | | | |
| 18 | 36,3 | 29,6 | 30,9 | 28,1 | 27,1 | 19,2 | | | | | | | | | | | | | | | | | | |
| 19 | 35,4 | 28,1 | 28,8 | 25,6 | 24,7 | | | | | | | | | | | | | | | | | | | |
| 20 | 34,2 | 25,9 | 27,1 | 23,6 | | | | | | | | | | | | | | | | | | | | |
| 21 | 33,6 | 23,9 | 24,5 | | | | | | | | | | | | | | | | | | | | | |
| 22 | 29,2 | 21,0 | | | | | | | | | | | | | | | | | | | | | | |
| 23 | 26,8 | | | | | | | | | | | | | | | | | | | | | | | |

Статистика эмпирического исследования

| | 1991 | 1992 | 1993 | 1994 | 1995 | 1996 | 1997 | 1998 | 1999 | 2000 | 2001 | 2002 | 2003 | 2004 | 2005 | 2006 | 2007 | 2008 | 2009 | 2010 | 2011 | 2012 | 2013 | 2014 |
|---|---|---|---|---|---|---|---|---|---|---|---|---|---|---|---|---|---|---|---|---|---|---|---|---|
| K1 | 336 | 695 | 695 | 441 | 376 | 385 | 479 | 676 | 918 | 972 | 993 | 1068 | 1082 | 1060 | 1285 | 2097 | 1621 | 1515 | 1245 | 1340 | 1435 | 1550 | 1553 | 1264 |
| K2 | 13,8 | 12,9 | 11,6 | 10,5 | 9,0 | 7,7 | 6,6 | 6,0 | 5,3 | 5,0 | 4,4 | 4,4 | 4,8 | 4,7 | 4,8 | 4,7 | 4,0 | 3,8 | 3,7 | 3,2 | 2,9 | 2,3 | 1,7 | - |
| K3 | 6,5 | | | | | | | | | | | | | | | | | | | | | | | |

Таблица 5.06 – Выживаемость компаний Забайкальского края за период 1991–2014 гг., %

| Т+ | 1991 | 1992 | 1993 | 1994 | 1995 | 1996 | 1997 | 1998 | 1999 | 2000 | 2001 | 2002 | 2003 | 2004 | 2005 | 2006 | 2007 | 2008 | 2009 | 2010 | 2011 | 2012 | 2013 | 2014 |
|---|---|---|---|---|---|---|---|---|---|---|---|---|---|---|---|---|---|---|---|---|---|---|---|---|
| 0 |  |  |  |  |  |  |  |  | 90,2 | 81,6 | 87,4 | 85,0 | 87,5 | 87,6 | 93,4 | 96,2 | 95,8 | 94,1 | 97,7 | 98,1 | 98,0 | 98,9 | 90,0 | 88,7 |
| 1 |  |  |  |  |  |  |  | 88,3 | 77,2 | 65,7 | 69,5 | 67,1 | 73,7 | 70,6 | 85,1 | 89,7 | 89,3 | 86,7 | 95,2 | 92,1 | 95,5 | 86,7 | 71,0 |  |
| 2 |  |  |  |  |  |  | 81,6 | 73,9 | 59,4 | 49,1 | 56,6 | 59,2 | 63,9 | 62,9 | 73,9 | 83,7 | 81,4 | 84,6 | 92,3 | 90,3 | 82,2 | 67,9 |  |  |
| 3 |  |  |  |  |  | 85,1 | 71,7 | 60,7 | 47,7 | 36,8 | 50,5 | 52,6 | 57,9 | 56,7 | 68,0 | 79,4 | 79,6 | 81,5 | 91,0 | 74,2 | 67,7 |  |  |  |
| 4 |  |  |  |  | 87,2 | 73,1 | 61,9 | 49,8 | 38,5 | 30,7 | 42,1 | 47,6 | 52,1 | 54,7 | 66,6 | 76,8 | 78,3 | 80,2 | 78,5 | 59,7 |  |  |  |  |
| 5 |  |  |  | 88,4 | 73,6 | 61,1 | 51,6 | 41,6 | 35,7 | 27,0 | 39,2 | 44,7 | 49,1 | 51,2 | 64,3 | 73,1 | 75,0 | 68,1 | 64,2 |  |  |  |  |  |
| 6 |  |  | 87,6 | 79,1 | 63,6 | 49,5 | 45,1 | 33,5 | 31,1 | 23,9 | 33,2 | 40,5 | 47,1 | 49,0 | 63,1 | 70,9 | 64,0 | 56,5 |  |  |  |  |  |  |
| 7 |  | 89,7 | 76,6 | 70,9 | 54,5 | 41,8 | 42,6 | 28,4 | 28,6 | 21,2 | 31,6 | 37,6 | 45,6 | 48,0 | 61,8 | 60,8 | 54,9 |  |  |  |  |  |  |  |
| 8 | 91,7 | 82,7 | 66,7 | 59,9 | 47,9 | 37,5 | 38,5 | 24,9 | 27,1 | 19,6 | 28,2 | 35,0 | 45,1 | 47,3 | 53,5 | 51,4 |  |  |  |  |  |  |  |  |
| 9 | 83,3 | 73,5 | 57,0 | 50,0 | 42,6 | 33,2 | 35,7 | 24,5 | 25,2 | 18,9 | 26,8 | 33,9 | 44,4 | 41,8 | 45,4 |  |  |  |  |  |  |  |  |  |
| 10 | 81,3 | 61,1 | 49,1 | 44,9 | 40,5 | 32,2 | 34,0 | 22,6 | 24,6 | 18,4 | 25,8 | 33,2 | 40,1 | 38,1 |  |  |  |  |  |  |  |  |  |  |
| 11 | 67,7 | 53,3 | 45,0 | 39,0 | 38,0 | 29,3 | 32,8 | 21,0 | 23,1 | 17,6 | 25,3 | 29,7 | 37,6 |  |  |  |  |  |  |  |  |  |  |  |
| 12 | 59,4 | 50,0 | 40,5 | 37,7 | 34,7 | 27,9 | 31,1 | 20,2 | 22,2 | 15,9 | 23,2 | 26,8 |  |  |  |  |  |  |  |  |  |  |  |  |
| 13 | 56,3 | 45,1 | 38,1 | 36,0 | 33,5 | 26,0 | 30,7 | 19,8 | 21,8 | 14,1 | 20,8 |  |  |  |  |  |  |  |  |  |  |  |  |  |
| 14 | 50,0 | 43,6 | 35,8 | 35,3 | 31,0 | 26,0 | 29,9 | 19,5 | 19,7 | 11,1 |  |  |  |  |  |  |  |  |  |  |  |  |  |  |
| 15 | 50,0 | 42,2 | 34,0 | 33,6 | 30,2 | 26,0 | 29,5 | 18,3 | 17,5 |  |  |  |  |  |  |  |  |  |  |  |  |  |  |  |
| 16 | 49,0 | 40,8 | 32,4 | 31,8 | 29,8 | 25,5 | 27,0 | 16,3 |  |  |  |  |  |  |  |  |  |  |  |  |  |  |  |  |
| 17 | 45,8 | 39,2 | 31,1 | 31,5 | 29,8 | 22,6 | 26,2 |  |  |  |  |  |  |  |  |  |  |  |  |  |  |  |  |  |
| 18 | 42,7 | 37,7 | 30,0 | 30,8 | 25,6 | 20,7 |  |  |  |  |  |  |  |  |  |  |  |  |  |  |  |  |  |  |
| 19 | 39,6 | 37,1 | 30,0 | 29,5 | 23,6 |  |  |  |  |  |  |  |  |  |  |  |  |  |  |  |  |  |  |  |
| 20 | 39,6 | 36,4 | 27,3 | 26,0 |  |  |  |  |  |  |  |  |  |  |  |  |  |  |  |  |  |  |  |  |
| 21 | 38,5 | 34,2 | 24,8 |  |  |  |  |  |  |  |  |  |  |  |  |  |  |  |  |  |  |  |  |  |
| 22 | 36,5 | 31,5 |  |  |  |  |  |  |  |  |  |  |  |  |  |  |  |  |  |  |  |  |  |  |
| 23 | 35,4 |  |  |  |  |  |  |  |  |  |  |  |  |  |  |  |  |  |  |  |  |  |  |  |

Статистика эмпирического исследования

| | 1991 | 1992 | 1993 | 1994 | 1995 | 1996 | 1997 | 1998 | 1999 | 2000 | 2001 | 2002 | 2003 | 2004 | 2005 | 2006 | 2007 | 2008 | 2009 | 2010 | 2011 | 2012 | 2013 | 2014 |
|---|---|---|---|---|---|---|---|---|---|---|---|---|---|---|---|---|---|---|---|---|---|---|---|---|
| К1 | 96 | 612 | 444 | 292 | 242 | 208 | 244 | 257 | 325 | 397 | 380 | 380 | 399 | 402 | 482 | 953 | 636 | 540 | 480 | 484 | 539 | 610 | 651 | 529 |
| К2 | 13,6 | 12,3 | 11,1 | 10,2 | 9,0 | 7,6 | 6,4 | 5,6 | 4,7 | 4,2 | 4,4 | 4,3 | 4,1 | 4,1 | 5,0 | 5,5 | 5,0 | 4,6 | 4,7 | 3,9 | 3,2 | 2,6 | 1,7 | – |
| К3 | 7,2 |  |  |  |  |  |  |  |  |  |  |  |  |  |  |  |  |  |  |  |  |  |  |  |

Таблица 5.07 – Выживаемость компаний Республики Тыва за период 1991–2014 гг., %

| Т+ | 1991 | 1992 | 1993 | 1994 | 1995 | 1996 | 1997 | 1998 | 1999 | 2000 | 2001 | 2002 | 2003 | 2004 | 2005 | 2006 | 2007 | 2008 | 2009 | 2010 | 2011 | 2012 | 2013 | 2014 |
|---|---|---|---|---|---|---|---|---|---|---|---|---|---|---|---|---|---|---|---|---|---|---|---|---|
| 0 | | | | | | | | | 93,2 | 71,6 | 91,0 | 91,8 | 92,5 | 90,1 | 93,6 | 99,2 | 84,5 | 98,9 | 98,7 | 98,5 | 100 | 99,1 | 93,2 | 83,1 |
| 1 | | | | | | | | 94,1 | 76,7 | 63,5 | 76,9 | 86,1 | 86,0 | 81,7 | 87,2 | 93,2 | 76,2 | 95,7 | 94,7 | 97,1 | 95,1 | 87,3 | 81,8 | |
| 2 | | | | | | | 96,6 | 78,4 | 71,2 | 55,4 | 66,7 | 81,1 | 75,3 | 76,1 | 74,5 | 86,4 | 72,6 | 93,5 | 92,1 | 91,2 | 80,5 | 69,1 | | |
| 3 | | | | | | 94,7 | 87,9 | 78,4 | 61,6 | 52,7 | 65,4 | 70,5 | 66,7 | 66,2 | 61,7 | 77,3 | 69,0 | 91,4 | 88,2 | 83,8 | 64,6 | | | |
| 4 | | | | | 95,2 | 81,6 | 84,5 | 58,8 | 57,5 | 41,9 | 64,1 | 64,8 | 59,1 | 59,2 | 57,4 | 69,7 | 66,7 | 88,2 | 76,3 | 69,1 | | | | |
| 5 | | | | 89,7 | 87,3 | 78,9 | 70,7 | 47,1 | 49,3 | 36,5 | 59,0 | 54,9 | 54,8 | 52,1 | 48,9 | 67,4 | 64,3 | 78,5 | 67,1 | | | | | |
| 6 | | | 97,0 | 82,4 | 77,8 | 65,8 | 62,1 | 35,3 | 46,6 | 31,1 | 53,8 | 50,0 | 50,5 | 50,7 | 44,7 | 61,4 | 60,7 | 68,8 | | | | | | |
| 7 | | 95,3 | 87,9 | 75,0 | 58,7 | 63,2 | 56,9 | 33,3 | 45,2 | 28,4 | 51,3 | 49,2 | 48,4 | 49,3 | 40,4 | 55,3 | 51,2 | | | | | | | |
| 8 | 100 | 85,1 | 83,8 | 67,6 | 54,0 | 57,9 | 53,4 | 31,4 | 43,8 | 27,0 | 50,0 | 45,1 | 48,4 | 47,9 | 38,3 | 50,0 | | | | | | | | |
| 9 | 94,3 | 79,7 | 74,7 | 58,8 | 47,6 | 50,0 | 50,0 | 29,4 | 39,7 | 27,0 | 48,7 | 40,2 | 48,4 | 42,3 | 36,2 | | | | | | | | | |
| 10 | 88,6 | 70,9 | 68,7 | 54,4 | 39,7 | 42,1 | 44,8 | 27,5 | 37,0 | 27,0 | 47,4 | 38,5 | 38,7 | 39,4 | | | | | | | | | | |
| 11 | 82,9 | 68,9 | 64,6 | 47,1 | 34,9 | 42,1 | 37,9 | 27,5 | 35,6 | 27,0 | 44,9 | 34,4 | 36,6 | | | | | | | | | | | |
| 12 | 74,3 | 60,1 | 54,5 | 38,2 | 30,2 | 39,5 | 36,2 | 27,5 | 35,6 | 25,7 | 39,7 | 30,3 | | | | | | | | | | | | |
| 13 | 62,9 | 51,4 | 51,5 | 38,2 | 27,0 | 36,8 | 31,0 | 27,5 | 34,2 | 23,0 | 33,3 | | | | | | | | | | | | | |
| 14 | 57,1 | 39,2 | 48,5 | 33,8 | 25,4 | 34,2 | 27,6 | 27,5 | 31,5 | 21,6 | | | | | | | | | | | | | | |
| 15 | 48,6 | 36,5 | 44,4 | 30,9 | 25,4 | 34,2 | 27,6 | 23,5 | 28,8 | | | | | | | | | | | | | | | |
| 16 | 45,7 | 33,8 | 41,4 | 27,9 | 23,8 | 31,6 | 24,1 | | | | | | | | | | | | | | | | | |
| 17 | 40,0 | 31,8 | 40,4 | 25,0 | 23,8 | 28,9 | 22,4 | | | | | | | | | | | | | | | | | |
| 18 | 40,0 | 29,1 | 39,4 | 22,1 | 20,6 | 26,3 | | | | | | | | | | | | | | | | | | |
| 19 | 40,0 | 29,1 | 37,4 | 19,1 | 17,5 | | | | | | | | | | | | | | | | | | | |
| 20 | 40,0 | 27,7 | 33,3 | 17,6 | | | | | | | | | | | | | | | | | | | | |
| 21 | 37,1 | 27,0 | 29,3 | | | | | | | | | | | | | | | | | | | | | |
| 22 | 34,3 | 24,3 | | | | | | | | | | | | | | | | | | | | | | |
| 23 | 31,4 | | | | | | | | | | | | | | | | | | | | | | | |

### Статистика эмпирического исследования

| | 1991 | 1992 | 1993 | 1994 | 1995 | 1996 | 1997 | 1998 | 1999 | 2000 | 2001 | 2002 | 2003 | 2004 | 2005 | 2006 | 2007 | 2008 | 2009 | 2010 | 2011 | 2012 | 2013 | 2014 |
|---|---|---|---|---|---|---|---|---|---|---|---|---|---|---|---|---|---|---|---|---|---|---|---|---|
| K1 | 35 | 148 | 99 | 68 | 63 | 38 | 58 | 51 | 73 | 74 | 78 | 122 | 93 | 71 | 47 | 132 | 84 | 93 | 76 | 68 | 82 | 110 | 132 | 83 |
| K2 | 15,0 | 13,3 | 13,1 | 11,4 | 10,0 | 9,3 | 8,9 | 5,9 | 5,6 | 4,0 | 5,9 | 5,9 | 5,2 | 4,7 | 4,5 | 5,2 | 3,8 | 5,3 | 4,5 | 4,0 | 3,3 | 2,6 | 1,6 | – |
| K3 | 8,1 | | | | | | | | | | | | | | | | | | | | | | | |

Таблица 5.08 – Выживаемость компаний Республики Хакасия за период 1991–2014 гг., %

| T+ | 1991 | 1992 | 1993 | 1994 | 1995 | 1996 | 1997 | 1998 | 1999 | 2000 | 2001 | 2002 | 2003 | 2004 | 2005 | 2006 | 2007 | 2008 | 2009 | 2010 | 2011 | 2012 | 2013 | 2014 |
|---|---|---|---|---|---|---|---|---|---|---|---|---|---|---|---|---|---|---|---|---|---|---|---|---|
| 0 |  |  |  |  |  |  |  |  | 92,7 | 91,5 | 91,3 | 86,1 | 94,1 | 93,8 | 96,5 | 95,2 | 92,2 | 96,3 | 97,0 | 94,7 | 95,7 | 95,6 | 90,9 | 86,6 |
| 1 |  |  |  |  |  |  |  | 85,3 | 76,9 | 78,7 | 71,7 | 75,1 | 85,4 | 87,1 | 87,2 | 87,1 | 85,3 | 90,7 | 89,6 | 87,0 | 89,9 | 82,9 | 74,1 |  |
| 2 |  |  |  |  |  |  | 85,7 | 68,2 | 64,0 | 59,7 | 59,6 | 65,3 | 79,1 | 79,5 | 78,9 | 79,3 | 79,1 | 85,8 | 86,6 | 83,8 | 76,9 | 67,1 |  |  |
| 3 |  |  |  |  |  | 89,4 | 72,9 | 58,2 | 52,2 | 49,3 | 53,0 | 60,0 | 73,6 | 74,6 | 73,7 | 75,0 | 75,6 | 82,4 | 80,3 | 72,6 | 66,2 |  |  |  |
| 4 |  |  |  |  | 79,6 | 75,2 | 57,9 | 50,0 | 47,8 | 46,0 | 50,0 | 55,5 | 71,1 | 70,1 | 71,3 | 71,7 | 71,6 | 79,0 | 68,6 | 60,8 |  |  |  |  |
| 5 |  |  |  | 91,2 | 73,0 | 64,6 | 45,7 | 42,9 | 44,1 | 42,2 | 44,3 | 51,8 | 69,0 | 67,4 | 68,2 | 66,2 | 67,5 | 66,3 | 58,2 |  |  |  |  |  |
| 6 |  |  | 89,4 | 77,7 | 62,8 | 56,6 | 39,3 | 38,2 | 40,9 | 37,0 | 40,9 | 49,4 | 66,9 | 66,1 | 65,4 | 64,4 | 59,4 | 60,1 |  |  |  |  |  |  |
| 7 |  | 91,6 | 79,7 | 68,4 | 54,7 | 45,1 | 35,7 | 31,2 | 39,7 | 35,5 | 38,7 | 46,5 | 61,9 | 64,7 | 62,6 | 57,8 | 52,2 |  |  |  |  |  |  |  |
| 8 | 92,7 | 82,9 | 70,7 | 59,1 | 48,2 | 41,6 | 34,3 | 30,0 | 38,1 | 33,6 | 37,4 | 44,9 | 59,4 | 63,8 | 57,8 | 49,5 |  |  |  |  |  |  |  |  |
| 9 | 89,1 | 72,4 | 57,7 | 53,9 | 45,3 | 37,2 | 33,6 | 28,8 | 35,2 | 33,2 | 34,8 | 43,7 | 56,5 | 58,9 | 49,5 |  |  |  |  |  |  |  |  |  |
| 10 | 78,2 | 59,3 | 52,8 | 51,3 | 45,3 | 36,3 | 31,4 | 27,6 | 33,6 | 31,8 | 34,3 | 40,8 | 50,6 | 53,6 |  |  |  |  |  |  |  |  |  |  |
| 11 | 67,3 | 53,5 | 47,2 | 46,6 | 43,8 | 35,4 | 30,7 | 25,9 | 31,6 | 31,3 | 33,0 | 38,8 | 45,6 |  |  |  |  |  |  |  |  |  |  |  |
| 12 | 63,6 | 49,5 | 41,1 | 40,9 | 41,6 | 34,5 | 30,0 | 25,9 | 30,4 | 29,9 | 28,7 | 34,7 |  |  |  |  |  |  |  |  |  |  |  |  |
| 13 | 58,2 | 48,0 | 39,4 | 38,3 | 41,6 | 33,6 | 29,3 | 25,3 | 29,1 | 27,5 | 26,1 |  |  |  |  |  |  |  |  |  |  |  |  |  |
| 14 | 56,4 | 46,5 | 37,4 | 36,8 | 41,6 | 32,7 | 28,6 | 24,1 | 27,9 | 24,6 |  |  |  |  |  |  |  |  |  |  |  |  |  |  |
| 15 | 54,5 | 44,0 | 34,6 | 35,8 | 41,6 | 31,9 | 27,9 | 21,2 | 25,1 |  |  |  |  |  |  |  |  |  |  |  |  |  |  |  |
| 16 | 49,1 | 43,3 | 34,1 | 33,7 | 39,4 | 31,0 | 25,7 | 19,4 |  |  |  |  |  |  |  |  |  |  |  |  |  |  |  |  |
| 17 | 45,5 | 41,8 | 32,5 | 31,6 | 38,7 | 25,7 | 24,3 |  |  |  |  |  |  |  |  |  |  |  |  |  |  |  |  |  |
| 18 | 41,8 | 40,7 | 31,7 | 29,5 | 37,2 | 24,8 |  |  |  |  |  |  |  |  |  |  |  |  |  |  |  |  |  |  |
| 19 | 40,0 | 39,6 | 30,5 | 27,5 | 35,8 |  |  |  |  |  |  |  |  |  |  |  |  |  |  |  |  |  |  |  |
| 20 | 36,4 | 39,3 | 28,5 | 24,4 |  |  |  |  |  |  |  |  |  |  |  |  |  |  |  |  |  |  |  |  |
| 21 | 34,5 | 37,5 | 26,4 |  |  |  |  |  |  |  |  |  |  |  |  |  |  |  |  |  |  |  |  |  |
| 22 | 34,5 | 34,2 |  |  |  |  |  |  |  |  |  |  |  |  |  |  |  |  |  |  |  |  |  |  |
| 23 | 32,7 |  |  |  |  |  |  |  |  |  |  |  |  |  |  |  |  |  |  |  |  |  |  |  |

Статистика эмпирического исследования

| | 1991 | 1992 | 1993 | 1994 | 1995 | 1996 | 1997 | 1998 | 1999 | 2000 | 2001 | 2002 | 2003 | 2004 | 2005 | 2006 | 2007 | 2008 | 2009 | 2010 | 2011 | 2012 | 2013 | 2014 |
|---|---|---|---|---|---|---|---|---|---|---|---|---|---|---|---|---|---|---|---|---|---|---|---|---|
| K1 | 55 | 275 | 246 | 193 | 137 | 113 | 140 | 170 | 247 | 211 | 230 | 245 | 239 | 224 | 289 | 396 | 320 | 353 | 299 | 339 | 376 | 428 | 474 | 439 |
| K2 | 14,2 | 12,2 | 11,2 | 10,7 | 8,1 | 8,0 | 6,2 | 5,6 | 5,1 | 4,7 | 4,8 | 4,7 | 5,9 | 5,1 | 5,3 | 5,0 | 4,5 | 4,5 | 4,1 | 3,4 | 2,9 | 2,3 | 1,7 | – |
| K3 | 7,0 | | | | | | | | | | | | | | | | | | | | | | | |

Таблица 5.09 – Выживаемость компаний Иркутской области за период 1991–2014 гг., %

| T+ | 1991 | 1992 | 1993 | 1994 | 1995 | 1996 | 1997 | 1998 | 1999 | 2000 | 2001 | 2002 | 2003 | 2004 | 2005 | 2006 | 2007 | 2008 | 2009 | 2010 | 2011 | 2012 | 2013 | 2014 |
|---|---|---|---|---|---|---|---|---|---|---|---|---|---|---|---|---|---|---|---|---|---|---|---|---|
| 0 |  |  |  |  |  |  |  |  | 94,3 | 91,7 | 92,8 | 85,8 | 86,7 | 89,0 | 92,3 | 90,8 | 87,8 | 89,9 | 93,9 | 91,3 | 95,7 | 94,2 | 89,8 | 84,8 |
| 1 |  |  |  |  |  |  |  | 87,7 | 80,9 | 78,8 | 74,0 | 68,5 | 72,4 | 75,5 | 80,1 | 77,9 | 73,4 | 79,1 | 82,5 | 82,4 | 85,2 | 78,4 | 71,3 |  |
| 2 |  |  |  |  |  |  | 85,5 | 74,8 | 68,4 | 61,5 | 59,5 | 56,0 | 61,4 | 65,1 | 68,6 | 69,2 | 63,4 | 68,6 | 74,6 | 74,1 | 69,0 | 60,4 |  |  |
| 3 |  |  |  |  |  | 87,2 | 73,6 | 64,7 | 54,7 | 50,2 | 49,7 | 47,9 | 54,1 | 55,0 | 60,7 | 62,2 | 56,5 | 62,2 | 67,0 | 62,4 | 53,8 |  |  |  |
| 4 |  |  |  |  | 87,2 | 74,3 | 62,9 | 52,4 | 46,2 | 42,6 | 42,9 | 41,8 | 48,5 | 48,2 | 54,6 | 56,0 | 52,4 | 56,6 | 56,2 | 50,3 |  |  |  |  |
| 5 |  |  |  | 88,7 | 74,3 | 63,1 | 51,7 | 44,1 | 41,0 | 37,1 | 38,0 | 36,5 | 43,1 | 43,0 | 49,5 | 51,3 | 47,9 | 48,8 | 45,8 |  |  |  |  |  |
| 6 |  |  | 90,6 | 79,0 | 63,8 | 51,1 | 43,8 | 39,3 | 36,1 | 33,3 | 34,0 | 32,5 | 39,5 | 38,9 | 46,3 | 48,1 | 40,9 | 40,9 |  |  |  |  |  |  |
| 7 |  | 90,1 | 82,9 | 70,0 | 53,5 | 43,4 | 38,3 | 35,2 | 32,2 | 28,8 | 31,2 | 29,0 | 37,3 | 35,7 | 43,5 | 42,3 | 34,2 |  |  |  |  |  |  |  |
| 8 | 89,2 | 81,2 | 72,4 | 56,4 | 46,3 | 37,3 | 33,8 | 32,4 | 29,5 | 25,9 | 28,2 | 27,1 | 35,1 | 34,1 | 38,7 | 36,1 |  |  |  |  |  |  |  |  |
| 9 | 83,1 | 72,0 | 60,5 | 49,1 | 41,3 | 33,5 | 31,1 | 29,2 | 27,1 | 23,6 | 26,8 | 25,9 | 33,3 | 30,9 | 33,3 |  |  |  |  |  |  |  |  |  |
| 10 | 72,6 | 59,2 | 50,5 | 42,8 | 37,8 | 30,8 | 28,1 | 26,3 | 24,8 | 22,0 | 25,5 | 25,2 | 29,7 | 27,2 |  |  |  |  |  |  |  |  |  |  |
| 11 | 62,4 | 50,3 | 45,5 | 38,8 | 34,3 | 28,6 | 27,6 | 24,7 | 23,8 | 20,8 | 24,4 | 23,2 | 25,8 |  |  |  |  |  |  |  |  |  |  |  |
| 12 | 54,1 | 43,8 | 41,2 | 34,9 | 31,5 | 26,5 | 25,8 | 22,9 | 22,8 | 19,6 | 21,8 | 21,3 |  |  |  |  |  |  |  |  |  |  |  |  |
| 13 | 51,3 | 40,2 | 37,2 | 32,5 | 28,6 | 24,8 | 24,6 | 22,0 | 21,9 | 17,6 | 19,3 |  |  |  |  |  |  |  |  |  |  |  |  |  |
| 14 | 48,4 | 37,6 | 34,7 | 29,7 | 26,4 | 23,3 | 23,0 | 20,8 | 20,5 | 15,3 |  |  |  |  |  |  |  |  |  |  |  |  |  |  |
| 15 | 44,3 | 35,2 | 32,7 | 27,1 | 24,9 | 22,4 | 22,1 | 18,8 | 18,1 |  |  |  |  |  |  |  |  |  |  |  |  |  |  |  |
| 16 | 41,1 | 32,5 | 29,6 | 24,3 | 24,3 | 21,4 | 20,6 | 17,1 |  |  |  |  |  |  |  |  |  |  |  |  |  |  |  |  |
| 17 | 38,9 | 30,3 | 28,0 | 22,5 | 23,4 | 20,3 | 19,1 |  |  |  |  |  |  |  |  |  |  |  |  |  |  |  |  |  |
| 18 | 36,9 | 28,9 | 27,0 | 21,7 | 21,5 | 18,9 |  |  |  |  |  |  |  |  |  |  |  |  |  |  |  |  |  |  |
| 19 | 35,4 | 27,7 | 26,2 | 20,2 | 19,4 |  |  |  |  |  |  |  |  |  |  |  |  |  |  |  |  |  |  |  |
| 20 | 34,1 | 26,8 | 24,2 | 17,9 |  |  |  |  |  |  |  |  |  |  |  |  |  |  |  |  |  |  |  |  |
| 21 | 32,2 | 24,9 | 22,2 |  |  |  |  |  |  |  |  |  |  |  |  |  |  |  |  |  |  |  |  |  |
| 22 | 29,3 | 22,9 |  |  |  |  |  |  |  |  |  |  |  |  |  |  |  |  |  |  |  |  |  |  |
| 23 | 25,5 |  |  |  |  |  |  |  |  |  |  |  |  |  |  |  |  |  |  |  |  |  |  |  |

Статистика эмпирического исследования

| | 1991 | 1992 | 1993 | 1994 | 1995 | 1996 | 1997 | 1998 | 1999 | 2000 | 2001 | 2002 | 2003 | 2004 | 2005 | 2006 | 2007 | 2008 | 2009 | 2010 | 2011 | 2012 | 2013 | 2014 |
|---|---|---|---|---|---|---|---|---|---|---|---|---|---|---|---|---|---|---|---|---|---|---|---|---|
| K1 | 314 | 1438 | 1333 | 822 | 845 | 804 | 866 | 1041 | 1551 | 1819 | 1966 | 1847 | 1836 | 1806 | 2443 | 3379 | 2617 | 2318 | 1916 | 2046 | 2093 | 1933 | 1615 | 1316 |
| K2 | 14,0 | 12,4 | 11,5 | 10,5 | 9,1 | 7,8 | 6,8 | 6,1 | 5,3 | 5,0 | 4,7 | 4,1 | 4,5 | 4,3 | 4,5 | 4,3 | 3,8 | 3,7 | 3,7 | 3,2 | 2,9 | 2,3 | 1,6 | - |
| K3 | 6,6 |  |  |  |  |  |  |  |  |  |  |  |  |  |  |  |  |  |  |  |  |  |  |  |

Таблица 5.10 – Выживаемость компаний Кемеровской области за период 1991–2014 гг., %

| Т+ | 1991 | 1992 | 1993 | 1994 | 1995 | 1996 | 1997 | 1998 | 1999 | 2000 | 2001 | 2002 | 2003 | 2004 | 2005 | 2006 | 2007 | 2008 | 2009 | 2010 | 2011 | 2012 | 2013 | 2014 |
|----|------|------|------|------|------|------|------|------|------|------|------|------|------|------|------|------|------|------|------|------|------|------|------|------|
| 0 |  |  |  |  |  |  |  |  | 95,8 | 93,7 | 91,7 | 84,5 | 83,7 | 86,6 | 90,4 | 92,0 | 91,1 | 89,4 | 93,1 | 91,5 | 94,8 | 91,7 | 88,8 | 86,9 |
| 1 |  |  |  |  |  |  |  | 89,7 | 84,7 | 79,4 | 69,4 | 64,2 | 70,0 | 73,4 | 81,5 | 81,5 | 78,7 | 79,9 | 79,3 | 82,5 | 84,3 | 75,2 | 68,6 |  |
| 2 |  |  |  |  |  |  | 85,2 | 78,1 | 71,3 | 58,5 | 54,1 | 52,9 | 60,9 | 65,4 | 71,3 | 70,7 | 70,7 | 68,7 | 70,8 | 71,9 | 65,1 | 56,8 |  |  |
| 3 |  |  |  |  |  | 86,1 | 69,6 | 65,1 | 53,5 | 44,0 | 44,4 | 45,3 | 55,3 | 56,9 | 63,0 | 63,7 | 63,1 | 62,8 | 63,5 | 57,2 | 51,7 |  |  |  |
| 4 |  |  |  |  | 86,9 | 76,0 | 58,4 | 51,0 | 42,8 | 37,3 | 38,6 | 40,4 | 50,1 | 50,3 | 57,9 | 57,7 | 58,6 | 57,3 | 52,7 | 46,1 |  |  |  |  |
| 5 |  |  |  | 89,6 | 75,3 | 65,2 | 44,7 | 41,6 | 36,6 | 31,9 | 34,3 | 35,9 | 45,0 | 45,6 | 53,0 | 54,3 | 54,9 | 48,6 | 43,5 |  |  |  |  |  |
| 6 |  |  | 91,9 | 79,7 | 64,4 | 52,2 | 35,7 | 35,9 | 32,7 | 28,5 | 30,0 | 32,7 | 41,7 | 42,2 | 50,3 | 50,5 | 48,0 | 40,8 |  |  |  |  |  |  |
| 7 |  | 93,2 | 84,3 | 68,8 | 50,7 | 43,4 | 31,2 | 32,1 | 30,8 | 26,0 | 26,5 | 30,3 | 38,9 | 40,1 | 47,3 | 44,8 | 41,0 |  |  |  |  |  |  |  |
| 8 | 94,3 | 85,0 | 72,1 | 52,0 | 40,6 | 37,9 | 28,2 | 29,4 | 28,3 | 23,8 | 24,2 | 28,6 | 37,0 | 37,9 | 42,3 | 38,7 |  |  |  |  |  |  |  |  |
| 9 | 87,5 | 74,9 | 56,7 | 42,6 | 34,7 | 35,0 | 26,3 | 27,6 | 26,1 | 22,3 | 22,6 | 27,3 | 35,0 | 34,1 | 36,7 |  |  |  |  |  |  |  |  |  |
| 10 | 78,6 | 56,0 | 45,3 | 36,7 | 32,3 | 32,3 | 24,6 | 26,2 | 24,5 | 20,5 | 21,2 | 25,9 | 30,8 | 29,8 |  |  |  |  |  |  |  |  |  |  |
| 11 | 68,4 | 46,9 | 39,8 | 32,3 | 30,1 | 30,4 | 22,8 | 24,5 | 22,2 | 19,4 | 19,9 | 23,7 | 28,6 |  |  |  |  |  |  |  |  |  |  |  |
| 12 | 63,5 | 41,4 | 35,8 | 29,8 | 27,5 | 28,1 | 21,6 | 23,6 | 20,9 | 18,4 | 17,8 | 20,7 |  |  |  |  |  |  |  |  |  |  |  |  |
| 13 | 60,9 | 38,2 | 33,7 | 27,8 | 24,9 | 26,4 | 19,8 | 22,2 | 19,6 | 16,6 | 15,7 |  |  |  |  |  |  |  |  |  |  |  |  |  |
| 14 | 58,5 | 35,4 | 31,7 | 26,2 | 23,8 | 25,1 | 19,2 | 21,2 | 18,1 | 14,6 |  |  |  |  |  |  |  |  |  |  |  |  |  |  |
| 15 | 57,4 | 33,5 | 30,1 | 24,6 | 21,9 | 23,9 | 18,5 | 19,4 | 16,3 |  |  |  |  |  |  |  |  |  |  |  |  |  |  |  |
| 16 | 56,0 | 30,8 | 28,6 | 23,1 | 21,0 | 22,9 | 17,5 | 17,8 |  |  |  |  |  |  |  |  |  |  |  |  |  |  |  |  |
| 17 | 54,2 | 29,5 | 27,2 | 21,9 | 19,8 | 21,3 | 15,7 |  |  |  |  |  |  |  |  |  |  |  |  |  |  |  |  |  |
| 18 | 53,3 | 27,8 | 25,6 | 21,0 | 18,5 | 19,8 |  |  |  |  |  |  |  |  |  |  |  |  |  |  |  |  |  |  |
| 19 | 51,5 | 27,0 | 24,0 | 19,7 | 15,8 |  |  |  |  |  |  |  |  |  |  |  |  |  |  |  |  |  |  |  |
| 20 | 51,0 | 26,5 | 22,4 | 18,5 |  |  |  |  |  |  |  |  |  |  |  |  |  |  |  |  |  |  |  |  |
| 21 | 48,3 | 23,8 | 20,3 |  |  |  |  |  |  |  |  |  |  |  |  |  |  |  |  |  |  |  |  |  |
| 22 | 39,1 | 20,8 |  |  |  |  |  |  |  |  |  |  |  |  |  |  |  |  |  |  |  |  |  |  |
| 23 | 30,9 |  |  |  |  |  |  |  |  |  |  |  |  |  |  |  |  |  |  |  |  |  |  |  |

Статистика эмпирического исследования

| | 1991 | 1992 | 1993 | 1994 | 1995 | 1996 | 1997 | 1998 | 1999 | 2000 | 2001 | 2002 | 2003 | 2004 | 2005 | 2006 | 2007 | 2008 | 2009 | 2010 | 2011 | 2012 | 2013 | 2014 |
|----|------|------|------|------|------|------|------|------|------|------|------|------|------|------|------|------|------|------|------|------|------|------|------|------|
| К1 | 598 | 1185 | 1283 | 1180 | 998 | 1207 | 1169 | 1175 | 1451 | 1654 | 1791 | 1960 | 1713 | 1585 | 1912 | 2182 | 1963 | 1867 | 1713 | 1947 | 2120 | 1949 | 1656 | 1397 |
| К2 | 15,6 | 12,5 | 11,3 | 9,9 | 9,0 | 7,9 | 6,4 | 5,9 | 5,3 | 4,7 | 4,4 | 4,1 | 4,3 | 4,3 | 4,6 | 4,4 | 4,0 | 3,7 | 3,5 | 3,2 | 2,8 | 2,2 | 1,6 | - |
| К3 | 6,7 |  |  |  |  |  |  |  |  |  |  |  |  |  |  |  |  |  |  |  |  |  |  |  |

Таблица 5.11 – Выживаемость компаний Красноярского края за период 1991–2014 гг., %

| T+ | 1991 | 1992 | 1993 | 1994 | 1995 | 1996 | 1997 | 1998 | 1999 | 2000 | 2001 | 2002 | 2003 | 2004 | 2005 | 2006 | 2007 | 2008 | 2009 | 2010 | 2011 | 2012 | 2013 | 2014 |
|---|---|---|---|---|---|---|---|---|---|---|---|---|---|---|---|---|---|---|---|---|---|---|---|---|
| 0 | | | | | | | | | 94,5 | 92,0 | 91,8 | 88,2 | 90,6 | 92,1 | 92,9 | 92,3 | 92,5 | 92,6 | 93,9 | 90,8 | 92,9 | 93,8 | 89,0 | 86,4 |
| 1 | | | | | | | | 88,6 | 82,6 | 81,8 | 74,6 | 75,8 | 78,5 | 79,9 | 82,6 | 82,3 | 82,0 | 83,0 | 79,7 | 80,2 | 81,7 | 77,3 | 70,3 | |
| 2 | | | | | | | 92,2 | 77,3 | 73,0 | 66,0 | 64,4 | 65,0 | 64,9 | 70,4 | 73,5 | 75,1 | 73,0 | 71,4 | 70,7 | 69,8 | 65,5 | 59,0 | | |
| 3 | | | | | | 90,4 | 80,9 | 67,5 | 62,3 | 56,9 | 55,9 | 57,5 | 58,8 | 63,8 | 66,6 | 68,5 | 64,5 | 65,0 | 63,3 | 59,0 | 52,1 | | | |
| 4 | | | | | 92,7 | 81,0 | 71,1 | 57,9 | 55,9 | 49,1 | 48,9 | 52,6 | 53,3 | 58,2 | 61,6 | 62,1 | 59,7 | 60,1 | 53,4 | 48,2 | | | | |
| 5 | | | | 91,4 | 84,9 | 73,2 | 61,3 | 53,5 | 50,7 | 42,7 | 44,8 | 47,9 | 49,1 | 54,3 | 57,3 | 57,7 | 55,1 | 51,5 | 43,6 | | | | | |
| 6 | | | 94,3 | 83,9 | 76,2 | 63,6 | 55,2 | 49,0 | 46,0 | 39,7 | 41,1 | 43,1 | 46,3 | 50,4 | 54,8 | 53,9 | 48,8 | 43,9 | | | | | | |
| 7 | | 94,5 | 86,2 | 75,3 | 65,7 | 58,4 | 52,3 | 45,3 | 42,8 | 37,6 | 37,8 | 39,7 | 43,4 | 47,5 | 51,6 | 48,4 | 40,7 | | | | | | | |
| 8 | 92,7 | 87,5 | 77,8 | 65,0 | 59,7 | 54,1 | 47,2 | 41,8 | 40,3 | 34,8 | 35,6 | 36,3 | 40,4 | 44,9 | 46,8 | 41,1 | | | | | | | | |
| 9 | 85,3 | 78,2 | 67,4 | 58,3 | 54,5 | 49,7 | 44,8 | 39,0 | 38,2 | 32,7 | 33,7 | 34,8 | 38,4 | 40,6 | 41,0 | | | | | | | | | |
| 10 | 79,7 | 67,7 | 60,6 | 53,6 | 48,9 | 46,5 | 40,9 | 37,7 | 36,1 | 30,9 | 31,5 | 33,1 | 35,4 | 36,1 | | | | | | | | | | |
| 11 | 71,4 | 58,4 | 54,7 | 48,2 | 45,9 | 43,2 | 38,9 | 36,1 | 34,6 | 29,3 | 29,9 | 30,6 | 30,9 | | | | | | | | | | | |
| 12 | 64,0 | 52,9 | 49,8 | 45,7 | 43,5 | 40,6 | 36,5 | 34,0 | 33,7 | 28,2 | 27,3 | 26,7 | | | | | | | | | | | | |
| 13 | 58,5 | 48,8 | 47,1 | 43,0 | 41,7 | 38,5 | 34,2 | 32,6 | 32,4 | 26,5 | 24,9 | | | | | | | | | | | | | |
| 14 | 54,2 | 45,8 | 44,0 | 38,9 | 39,5 | 35,4 | 32,8 | 31,9 | 29,6 | 23,2 | | | | | | | | | | | | | | |
| 15 | 52,1 | 42,0 | 40,9 | 36,4 | 37,6 | 34,6 | 31,3 | 30,0 | 25,7 | | | | | | | | | | | | | | | |
| 16 | 49,8 | 40,1 | 39,7 | 34,2 | 36,9 | 33,5 | 28,5 | 27,3 | | | | | | | | | | | | | | | | |
| 17 | 47,9 | 38,7 | 37,2 | 33,1 | 35,7 | 30,8 | 26,6 | | | | | | | | | | | | | | | | | |
| 18 | 45,6 | 37,0 | 36,0 | 32,1 | 33,1 | 28,7 | | | | | | | | | | | | | | | | | | |
| 19 | 44,0 | 35,5 | 34,2 | 30,5 | 29,2 | | | | | | | | | | | | | | | | | | | |
| 20 | 42,1 | 34,3 | 32,0 | 27,5 | | | | | | | | | | | | | | | | | | | | |
| 21 | 40,3 | 32,0 | 29,3 | | | | | | | | | | | | | | | | | | | | | |
| 22 | 37,4 | 29,5 | | | | | | | | | | | | | | | | | | | | | | |
| 23 | 32,7 | | | | | | | | | | | | | | | | | | | | | | | |

Статистика эмпирического исследования

| | 1991 | 1992 | 1993 | 1994 | 1995 | 1996 | 1997 | 1998 | 1999 | 2000 | 2001 | 2002 | 2003 | 2004 | 2005 | 2006 | 2007 | 2008 | 2009 | 2010 | 2011 | 2012 | 2013 | 2014 |
|---|---|---|---|---|---|---|---|---|---|---|---|---|---|---|---|---|---|---|---|---|---|---|---|---|
| K1 | 605 | 1540 | 1554 | 975 | 865 | 762 | 954 | 1068 | 1527 | 1507 | 1712 | 1751 | 1693 | 1664 | 2171 | 2962 | 2283 | 2189 | 2106 | 2362 | 2397 | 1989 | 1642 | 1416 |
| K2 | 14,6 | 13,0 | 12,1 | 10,9 | 10,1 | 8,8 | 7,8 | 6,3 | 5,9 | 5,2 | 4,9 | 4,9 | 4,8 | 4,8 | 4,7 | 4,6 | 4,2 | 3,9 | 3,5 | 3,1 | 2,8 | 2,3 | 1,6 | - |
| K3 | 7,3 | | | | | | | | | | | | | | | | | | | | | | | |

Таблица 5.12 – Выживаемость компаний Омской области за период 1991–2014 гг., %

| Т+ | 1991 | 1992 | 1993 | 1994 | 1995 | 1996 | 1997 | 1998 | 1999 | 2000 | 2001 | 2002 | 2003 | 2004 | 2005 | 2006 | 2007 | 2008 | 2009 | 2010 | 2011 | 2012 | 2013 | 2014 |
|---|---|---|---|---|---|---|---|---|---|---|---|---|---|---|---|---|---|---|---|---|---|---|---|---|
| 0 | | | | | | | | | 91,0 | 88,3 | 87,0 | 83,3 | 81,6 | 85,7 | 86,8 | 91,4 | 89,8 | 88,4 | 92,6 | 90,2 | 95,6 | 94,1 | 90,0 | 83,8 |
| 1 | | | | | | | | 83,3 | 75,4 | 68,7 | 66,1 | 63,3 | 65,6 | 70,9 | 75,8 | 81,1 | 76,4 | 76,4 | 82,0 | 80,4 | 85,3 | 76,6 | 69,9 | |
| 2 | | | | | | | 83,6 | 68,6 | 60,9 | 52,6 | 51,4 | 52,3 | 53,7 | 62,9 | 65,4 | 72,2 | 68,3 | 67,9 | 74,4 | 70,0 | 67,4 | 59,0 | | |
| 3 | | | | | | 81,4 | 69,9 | 56,5 | 48,1 | 42,2 | 43,8 | 44,6 | 48,0 | 55,4 | 57,3 | 65,1 | 62,1 | 61,9 | 67,2 | 57,6 | 52,6 | | | |
| 4 | | | | | 83,4 | 68,4 | 58,5 | 44,2 | 40,5 | 35,8 | 38,9 | 38,8 | 43,9 | 49,2 | 51,8 | 59,9 | 57,6 | 55,7 | 57,6 | 45,9 | | | | |
| 5 | | | | 89,0 | 70,4 | 60,1 | 48,3 | 36,5 | 35,5 | 30,5 | 35,0 | 35,1 | 39,7 | 45,7 | 47,7 | 55,7 | 52,9 | 48,6 | 49,3 | | | | | |
| 6 | | | 90,5 | 76,3 | 58,6 | 49,8 | 40,7 | 32,8 | 31,5 | 27,9 | 33,0 | 31,4 | 36,4 | 42,4 | 45,2 | 51,7 | 46,6 | 40,1 | | | | | | |
| 7 | | 90,6 | 81,2 | 65,1 | 47,8 | 43,7 | 35,2 | 29,0 | 29,1 | 24,6 | 30,2 | 29,6 | 34,5 | 40,9 | 42,2 | 46,8 | 40,3 | | | | | | | |
| 8 | 84,4 | 83,1 | 72,8 | 53,1 | 41,0 | 40,5 | 32,2 | 26,5 | 27,3 | 22,3 | 28,0 | 28,1 | 32,9 | 38,1 | 37,4 | 40,2 | | | | | | | | |
| 9 | 75,9 | 76,2 | 61,6 | 45,2 | 37,1 | 36,7 | 30,0 | 24,9 | 25,3 | 20,9 | 26,4 | 27,2 | 31,1 | 34,0 | 33,1 | | | | | | | | | |
| 10 | 67,4 | 64,7 | 52,8 | 40,8 | 33,2 | 34,8 | 27,9 | 23,4 | 23,8 | 19,4 | 25,3 | 25,5 | 28,5 | 30,1 | | | | | | | | | | |
| 11 | 56,8 | 57,1 | 47,2 | 36,9 | 31,0 | 33,7 | 26,4 | 22,8 | 22,6 | 18,7 | 23,8 | 23,2 | 25,3 | | | | | | | | | | | |
| 12 | 50,0 | 51,0 | 41,5 | 35,1 | 28,3 | 32,6 | 24,5 | 22,1 | 21,7 | 17,9 | 21,1 | 20,9 | | | | | | | | | | | | |
| 13 | 44,7 | 47,0 | 38,7 | 33,2 | 26,4 | 31,5 | 23,4 | 21,4 | 21,0 | 16,5 | 19,5 | | | | | | | | | | | | | |
| 14 | 39,7 | 44,1 | 37,0 | 31,3 | 24,1 | 30,0 | 22,8 | 20,8 | 19,8 | 14,6 | | | | | | | | | | | | | | |
| 15 | 37,9 | 41,8 | 35,0 | 29,4 | 22,6 | 28,9 | 21,4 | 19,4 | 17,5 | | | | | | | | | | | | | | | |
| 16 | 35,9 | 38,4 | 32,9 | 27,8 | 22,1 | 27,7 | 20,0 | 17,6 | | | | | | | | | | | | | | | | |
| 17 | 33,5 | 36,7 | 31,1 | 26,4 | 20,9 | 27,0 | 17,6 | | | | | | | | | | | | | | | | | |
| 18 | 32,4 | 35,0 | 29,6 | 24,8 | 20,3 | 25,1 | | | | | | | | | | | | | | | | | | |
| 19 | 30,3 | 33,0 | 28,5 | 22,4 | 18,2 | | | | | | | | | | | | | | | | | | | |
| 20 | 29,1 | 31,5 | 26,1 | 20,1 | | | | | | | | | | | | | | | | | | | | |
| 21 | 27,9 | 28,3 | 23,2 | | | | | | | | | | | | | | | | | | | | | |
| 22 | 24,1 | 24,6 | | | | | | | | | | | | | | | | | | | | | | |
| 23 | 21,5 | | | | | | | | | | | | | | | | | | | | | | | |

Статистика эмпирического исследования

| | 1991 | 1992 | 1993 | 1994 | 1995 | 1996 | 1997 | 1998 | 1999 | 2000 | 2001 | 2002 | 2003 | 2004 | 2005 | 2006 | 2007 | 2008 | 2009 | 2010 | 2011 | 2012 | 2013 | 2014 |
|---|---|---|---|---|---|---|---|---|---|---|---|---|---|---|---|---|---|---|---|---|---|---|---|---|
| К1 | 340 | 1246 | 1251 | 693 | 561 | 629 | 846 | 1032 | 1587 | 1714 | 1843 | 1634 | 1457 | 1487 | 1825 | 2379 | 2127 | 1892 | 1551 | 1811 | 1889 | 1839 | 1540 | 1425 |
| К2 | 13,4 | 13,2 | 11,7 | 10,2 | 8,6 | 7,3 | 6,6 | 5,2 | 4,8 | 4,3 | 4,2 | 3,9 | 3,9 | 4,2 | 4,2 | 4,4 | 3,9 | 3,6 | 3,5 | 3,1 | 2,9 | 2,3 | 1,7 | - |
| К3 | 6,4 | | | | | | | | | | | | | | | | | | | | | | | |

Таблица 5.13 – Выживаемость компаний Республики Бурятия за период 1991–2014 гг., %

| T+ | 1991 | 1992 | 1993 | 1994 | 1995 | 1996 | 1997 | 1998 | 1999 | 2000 | 2001 | 2002 | 2003 | 2004 | 2005 | 2006 | 2007 | 2008 | 2009 | 2010 | 2011 | 2012 | 2013 | 2014 |
|---|---|---|---|---|---|---|---|---|---|---|---|---|---|---|---|---|---|---|---|---|---|---|---|---|
| 0 |  |  |  |  |  |  |  |  | 92,1 | 93,0 | 90,4 | 88,6 | 87,6 | 93,7 | 93,6 | 95,7 | 97,0 | 96,9 | 97,3 | 96,9 | 98,1 | 98,3 | 91,0 | 82,1 |
| 1 |  |  |  |  |  |  |  | 84,1 | 76,4 | 79,4 | 72,5 | 72,3 | 78,3 | 85,8 | 85,0 | 90,2 | 90,9 | 93,0 | 92,5 | 93,9 | 96,3 | 82,6 | 68,5 |  |
| 2 |  |  |  |  |  |  | 79,3 | 73,4 | 64,7 | 60,3 | 55,0 | 60,0 | 70,5 | 78,9 | 75,8 | 85,5 | 85,5 | 90,8 | 89,5 | 91,1 | 82,7 | 65,1 |  |  |
| 3 |  |  |  |  |  | 81,9 | 65,1 | 64,4 | 53,0 | 49,6 | 47,7 | 48,6 | 64,1 | 69,3 | 71,7 | 81,7 | 82,7 | 88,6 | 85,4 | 79,9 | 64,5 |  |  |  |
| 4 |  |  |  |  | 89,6 | 71,9 | 55,2 | 51,1 | 44,4 | 44,4 | 40,3 | 43,7 | 59,3 | 63,9 | 68,7 | 78,7 | 79,1 | 85,8 | 75,4 | 64,2 |  |  |  |  |
| 5 |  |  |  | 92,3 | 78,2 | 62,6 | 40,5 | 38,6 | 40,4 | 37,1 | 33,7 | 40,7 | 57,1 | 60,5 | 66,8 | 75,3 | 77,1 | 75,2 | 61,3 |  |  |  |  |  |
| 6 |  |  | 90,0 | 78,0 | 68,8 | 52,2 | 33,6 | 31,3 | 36,0 | 33,2 | 30,2 | 38,5 | 53,8 | 58,4 | 64,9 | 73,1 | 68,2 | 62,6 |  |  |  |  |  |  |
| 7 |  | 91,2 | 80,1 | 64,5 | 55,0 | 43,7 | 29,7 | 26,6 | 32,0 | 30,3 | 28,5 | 36,3 | 51,3 | 56,6 | 63,2 | 67,0 | 56,4 |  |  |  |  |  |  |  |
| 8 | 91,5 | 78,7 | 71,0 | 54,6 | 42,6 | 40,0 | 26,7 | 24,9 | 30,2 | 28,7 | 27,3 | 34,1 | 49,5 | 54,2 | 57,2 | 56,9 |  |  |  |  |  |  |  |  |
| 9 | 85,1 | 69,9 | 58,6 | 48,2 | 35,6 | 36,7 | 24,6 | 23,2 | 28,4 | 27,4 | 25,1 | 33,1 | 48,7 | 48,5 | 48,4 |  |  |  |  |  |  |  |  |  |
| 10 | 76,6 | 58,8 | 50,0 | 42,8 | 31,5 | 35,2 | 22,8 | 20,6 | 26,1 | 25,8 | 24,1 | 32,8 | 42,4 | 40,1 |  |  |  |  |  |  |  |  |  |  |
| 11 | 66,0 | 50,6 | 43,6 | 37,1 | 28,9 | 34,1 | 22,0 | 19,3 | 24,9 | 25,3 | 23,6 | 29,4 | 36,4 |  |  |  |  |  |  |  |  |  |  |  |
| 12 | 55,3 | 47,5 | 38,5 | 34,2 | 26,8 | 33,0 | 20,7 | 19,3 | 23,6 | 25,1 | 20,6 | 26,7 |  |  |  |  |  |  |  |  |  |  |  |  |
| 13 | 51,1 | 42,8 | 35,7 | 32,6 | 26,5 | 31,5 | 19,0 | 18,0 | 22,8 | 23,2 | 17,4 |  |  |  |  |  |  |  |  |  |  |  |  |  |
| 14 | 42,6 | 40,6 | 34,5 | 29,1 | 24,2 | 28,9 | 18,5 | 17,2 | 21,3 | 19,3 |  |  |  |  |  |  |  |  |  |  |  |  |  |  |
| 15 | 40,4 | 35,4 | 33,5 | 27,2 | 22,5 | 27,8 | 18,1 | 15,9 | 18,0 |  |  |  |  |  |  |  |  |  |  |  |  |  |  |  |
| 16 | 40,4 | 33,1 | 32,3 | 23,6 | 21,8 | 26,7 | 14,7 | 15,5 |  |  |  |  |  |  |  |  |  |  |  |  |  |  |  |  |
| 17 | 36,2 | 31,2 | 30,8 | 21,7 | 21,5 | 25,9 | 12,9 |  |  |  |  |  |  |  |  |  |  |  |  |  |  |  |  |  |
| 18 | 36,2 | 29,8 | 30,1 | 20,8 | 20,8 | 21,9 |  |  |  |  |  |  |  |  |  |  |  |  |  |  |  |  |  |  |
| 19 | 34,0 | 28,5 | 29,4 | 19,2 | 17,8 |  |  |  |  |  |  |  |  |  |  |  |  |  |  |  |  |  |  |  |
| 20 | 34,0 | 27,6 | 27,0 | 16,6 |  |  |  |  |  |  |  |  |  |  |  |  |  |  |  |  |  |  |  |  |
| 21 | 34,0 | 26,0 | 23,0 |  |  |  |  |  |  |  |  |  |  |  |  |  |  |  |  |  |  |  |  |  |
| 22 | 29,8 | 22,4 |  |  |  |  |  |  |  |  |  |  |  |  |  |  |  |  |  |  |  |  |  |  |
| 23 | 25,5 |  |  |  |  |  |  |  |  |  |  |  |  |  |  |  |  |  |  |  |  |  |  |  |

**Статистика эмпирического исследования**

| | 1991 | 1992 | 1993 | 1994 | 1995 | 1996 | 1997 | 1998 | 1999 | 2000 | 2001 | 2002 | 2003 | 2004 | 2005 | 2006 | 2007 | 2008 | 2009 | 2010 | 2011 | 2012 | 2013 | 2014 |
|---|---|---|---|---|---|---|---|---|---|---|---|---|---|---|---|---|---|---|---|---|---|---|---|---|
| K1 | 47 | 362 | 582 | 313 | 298 | 270 | 232 | 233 | 394 | 383 | 407 | 405 | 396 | 332 | 467 | 1210 | 594 | 612 | 561 | 586 | 681 | 759 | 963 | 808 |
| K2 | 14,0 | 12,6 | 11,4 | 10,5 | 9,0 | 7,9 | 6,4 | 5,5 | 5,2 | 4,9 | 4,5 | 4,2 | 5,1 | 5,5 | 5,1 | 5,4 | 5,3 | 5,1 | 4,5 | 3,9 | 3,4 | 2,5 | 1,7 | – |
| K3 | 6,8 |  |  |  |  |  |  |  |  |  |  |  |  |  |  |  |  |  |  |  |  |  |  |  |

Таблица 6.01 – Выживаемость компаний Уральского федерального округа за период 1991–2014 гг., % (скорректировано)

| T+ | 1991 | 1992 | 1993 | 1994 | 1995 | 1996 | 1997 | 1998 | 1999 | 2000 | 2001 | 2002 | 2003 | 2004 | 2005 | 2006 | 2007 | 2008 | 2009 | 2010 | 2011 | 2012 | 2013 | 2014 |
|---|---|---|---|---|---|---|---|---|---|---|---|---|---|---|---|---|---|---|---|---|---|---|---|---|
| 0 |  |  |  |  |  |  |  |  | 94,9 | 89,3 | 92,7 | 88,5 | 89,7 | 90,5 | 90,9 | 91,9 | 91,5 | 92,6 | 94,7 | 92,7 | 95,2 | 93,7 | 88,5 | 85,1 |
| 1 |  |  |  |  |  |  |  | 87,5 | 79,8 | 76,8 | 75,9 | 73,8 | 76,8 | 77,3 | 79,6 | 81,8 | 80,9 | 82,7 | 84,4 | 86,0 | 83,7 | 77,5 | 68,6 |  |
| 2 |  |  |  |  |  |  | 86,5 | 73,5 | 68,8 | 62,7 | 63,2 | 63,1 | 66,6 | 66,9 | 70,7 | 73,5 | 72,0 | 72,6 | 76,8 | 75,6 | 67,6 | 59,4 |  |  |
| 3 |  |  |  |  |  | 88,1 | 72,7 | 63,4 | 57,0 | 53,4 | 55,0 | 54,3 | 59,2 | 59,6 | 63,6 | 66,8 | 63,5 | 66,8 | 68,8 | 62,0 | 53,4 |  |  |  |
| 4 |  |  |  |  | 88,7 | 75,5 | 63,0 | 53,7 | 50,0 | 46,8 | 47,8 | 48,0 | 53,5 | 53,9 | 58,3 | 61,3 | 59,3 | 61,3 | 59,3 | 50,0 |  |  |  |  |
| 5 |  |  |  | 89,8 | 76,9 | 66,0 | 53,8 | 47,3 | 44,3 | 41,7 | 42,9 | 43,2 | 48,7 | 49,3 | 54,3 | 57,1 | 54,9 | 53,5 | 49,4 |  |  |  |  |  |
| 6 |  |  | 91,0 | 79,8 | 67,5 | 56,6 | 48,2 | 42,2 | 40,4 | 37,4 | 38,7 | 39,3 | 45,4 | 46,2 | 51,1 | 53,2 | 48,7 | 45,1 |  |  |  |  |  |  |
| 7 |  | 91,8 | 81,2 | 70,5 | 57,1 | 50,5 | 43,8 | 38,4 | 37,2 | 34,2 | 35,6 | 36,5 | 42,4 | 44,0 | 48,0 | 47,9 | 41,5 |  |  |  |  |  |  |  |
| 8 | 89,8 | 83,2 | 72,6 | 60,6 | 51,4 | 46,6 | 40,1 | 35,6 | 34,3 | 31,4 | 33,2 | 34,3 | 40,5 | 41,9 | 43,8 | 41,2 |  |  |  |  |  |  |  |  |
| 9 | 80,4 | 75,0 | 63,6 | 54,3 | 47,1 | 42,8 | 37,1 | 33,0 | 32,0 | 29,7 | 31,3 | 32,8 | 38,7 | 38,6 | 38,5 |  |  |  |  |  |  |  |  |  |
| 10 | 73,1 | 65,1 | 57,4 | 50,2 | 43,9 | 39,8 | 34,9 | 30,9 | 30,6 | 27,6 | 30,0 | 31,2 | 35,6 | 33,4 |  |  |  |  |  |  |  |  |  |  |
| 11 | 63,7 | 59,2 | 53,2 | 46,3 | 41,1 | 37,5 | 32,9 | 29,4 | 29,1 | 26,4 | 28,4 | 28,6 | 31,3 |  |  |  |  |  |  |  |  |  |  |  |
| 12 | 58,0 | 54,4 | 49,0 | 43,2 | 38,0 | 35,2 | 31,0 | 27,8 | 28,1 | 25,3 | 26,1 | 25,3 |  |  |  |  |  |  |  |  |  |  |  |  |
| 13 | 54,5 | 50,2 | 45,9 | 39,9 | 36,0 | 33,5 | 29,3 | 26,4 | 27,0 | 23,5 | 23,1 |  |  |  |  |  |  |  |  |  |  |  |  |  |
| 14 | 50,4 | 46,7 | 43,3 | 37,9 | 34,4 | 32,0 | 28,2 | 25,3 | 25,2 | 20,6 |  |  |  |  |  |  |  |  |  |  |  |  |  |  |
| 15 | 48,0 | 43,8 | 41,2 | 35,7 | 32,7 | 30,6 | 27,2 | 23,7 | 22,7 |  |  |  |  |  |  |  |  |  |  |  |  |  |  |  |
| 16 | 45,5 | 41,3 | 39,5 | 33,5 | 31,2 | 29,7 | 25,5 | 21,1 |  |  |  |  |  |  |  |  |  |  |  |  |  |  |  |  |
| 17 | 43,3 | 39,5 | 37,5 | 32,3 | 30,2 | 27,5 | 23,1 |  |  |  |  |  |  |  |  |  |  |  |  |  |  |  |  |  |
| 18 | 41,0 | 37,5 | 36,2 | 31,0 | 28,2 | 25,0 |  |  |  |  |  |  |  |  |  |  |  |  |  |  |  |  |  |  |
| 19 | 39,3 | 36,0 | 34,9 | 29,0 | 26,0 |  |  |  |  |  |  |  |  |  |  |  |  |  |  |  |  |  |  |  |
| 20 | 37,8 | 34,5 | 32,7 | 25,8 |  |  |  |  |  |  |  |  |  |  |  |  |  |  |  |  |  |  |  |  |
| 21 | 36,7 | 32,3 | 29,6 |  |  |  |  |  |  |  |  |  |  |  |  |  |  |  |  |  |  |  |  |  |
| 22 | 34,1 | 29,4 |  |  |  |  |  |  |  |  |  |  |  |  |  |  |  |  |  |  |  |  |  |  |
| 23 | 30,8 |  |  |  |  |  |  |  |  |  |  |  |  |  |  |  |  |  |  |  |  |  |  |  |

Статистика эмпирического исследования

| | 1991 | 1992 | 1993 | 1994 | 1995 | 1996 | 1997 | 1998 | 1999 | 2000 | 2001 | 2002 | 2003 | 2004 | 2005 | 2006 | 2007 | 2008 | 2009 | 2010 | 2011 | 2012 | 2013 | 2014 |
|---|---|---|---|---|---|---|---|---|---|---|---|---|---|---|---|---|---|---|---|---|---|---|---|---|
| K1 | 2101 | 7023 | 5894 | 3921 | 4005 | 3893 | 4602 | 5263 | 6715 | 6986 | 7068 | 7139 | 6897 | 6911 | 8353 | 10741 | 8815 | 8040 | 6867 | 7891 | 7918 | 6428 | 5844 | 4625 |
| K2 | 13,8 | 12,9 | 11,8 | 10,7 | 9,2 | 8,2 | 7,0 | 6,1 | 5,4 | 5,0 | 4,9 | 4,6 | 4,7 | 4,5 | 4,5 | 4,5 | 4,1 | 3,9 | 3,7 | 3,3 | 2,9 | 2,3 | 1,6 | - |
| K3 | 7,5 |  |  |  |  |  |  |  |  |  |  |  |  |  |  |  |  |  |  |  |  |  |  |  |

Таблица 6.02 – Выживаемость компаний Курганской области за период 1991–2014 гг., %

| T+ | 1991 | 1992 | 1993 | 1994 | 1995 | 1996 | 1997 | 1998 | 1999 | 2000 | 2001 | 2002 | 2003 | 2004 | 2005 | 2006 | 2007 | 2008 | 2009 | 2010 | 2011 | 2012 | 2013 | 2014 |
|---|---|---|---|---|---|---|---|---|---|---|---|---|---|---|---|---|---|---|---|---|---|---|---|---|
| 0 | | | | | | | | | 95,1 | 90,7 | 95,7 | 92,7 | 94,2 | 91,6 | 92,7 | 94,6 | 93,6 | 95,8 | 94,8 | 96,8 | 95,7 | 94,4 | 89,3 | 83,4 |
| 1 | | | | | | | | 91,3 | 84,5 | 81,1 | 83,1 | 80,9 | 85,0 | 80,8 | 86,8 | 87,7 | 86,1 | 87,1 | 88,5 | 92,7 | 88,6 | 79,5 | 70,7 | |
| 2 | | | | | | | 88,4 | 79,8 | 76,1 | 68,0 | 71,4 | 72,2 | 77,7 | 72,7 | 76,6 | 81,9 | 80,2 | 81,4 | 82,3 | 85,8 | 74,8 | 66,0 | | |
| 3 | | | | | | 92,0 | 74,7 | 70,1 | 63,1 | 59,7 | 63,1 | 62,9 | 71,1 | 65,7 | 72,5 | 78,1 | 74,2 | 79,0 | 76,6 | 73,7 | 62,4 | | | |
| 4 | | | | | 92,1 | 78,8 | 67,2 | 61,4 | 56,3 | 53,7 | 55,1 | 55,4 | 66,8 | 61,4 | 68,2 | 73,8 | 70,9 | 75,7 | 66,9 | 58,5 | | | | |
| 5 | | | | 93,6 | 84,2 | 72,2 | 56,6 | 53,0 | 52,6 | 46,3 | 50,5 | 51,2 | 62,7 | 57,0 | 64,6 | 69,8 | 67,0 | 65,7 | 57,1 | | | | | |
| 6 | | | 94,8 | 80,4 | 76,3 | 63,7 | 50,3 | 48,9 | 47,9 | 41,3 | 45,3 | 47,7 | 59,1 | 54,9 | 62,2 | 67,1 | 61,5 | 54,9 | | | | | | |
| 7 | | 94,9 | 87,8 | 69,9 | 66,3 | 58,0 | 45,9 | 45,5 | 43,7 | 38,0 | 43,2 | 43,8 | 55,8 | 53,2 | 58,4 | 60,6 | 54,0 | | | | | | | |
| 8 | 92,5 | 88,6 | 79,9 | 61,5 | 59,2 | 54,2 | 42,8 | 41,7 | 40,6 | 35,4 | 40,3 | 42,3 | 53,8 | 51,6 | 52,4 | 53,0 | | | | | | | | |
| 9 | 82,4 | 79,0 | 71,2 | 53,8 | 51,7 | 52,4 | 38,8 | 40,2 | 38,3 | 33,9 | 38,4 | 39,0 | 51,5 | 45,9 | 47,4 | | | | | | | | | |
| 10 | 77,4 | 68,1 | 63,2 | 50,3 | 47,1 | 49,5 | 36,6 | 36,4 | 36,9 | 32,0 | 37,3 | 37,6 | 47,7 | 40,5 | | | | | | | | | | |
| 11 | 72,3 | 60,1 | 59,0 | 45,2 | 43,8 | 45,8 | 34,4 | 34,9 | 35,4 | 31,5 | 35,8 | 34,2 | 43,9 | | | | | | | | | | | |
| 12 | 67,9 | 54,7 | 52,5 | 42,0 | 41,7 | 43,9 | 30,6 | 34,0 | 33,8 | 30,2 | 32,5 | 30,3 | | | | | | | | | | | | |
| 13 | 64,2 | 48,6 | 49,9 | 39,1 | 38,3 | 43,4 | 29,7 | 32,1 | 32,2 | 27,6 | 28,6 | | | | | | | | | | | | | |
| 14 | 59,1 | 44,3 | 46,9 | 36,9 | 35,4 | 41,5 | 29,1 | 30,2 | 31,2 | 24,0 | | | | | | | | | | | | | | |
| 15 | 54,1 | 40,4 | 44,5 | 34,6 | 34,6 | 40,6 | 28,4 | 27,7 | 27,7 | | | | | | | | | | | | | | | |
| 16 | 49,7 | 36,9 | 43,3 | 32,7 | 34,6 | 38,2 | 26,3 | 25,2 | | | | | | | | | | | | | | | | |
| 17 | 45,3 | 34,4 | 40,7 | 29,5 | 33,3 | 35,4 | 23,8 | | | | | | | | | | | | | | | | | |
| 18 | 41,5 | 31,6 | 38,0 | 28,5 | 32,1 | 34,0 | | | | | | | | | | | | | | | | | | |
| 19 | 38,4 | 28,9 | 36,6 | 27,2 | 28,8 | | | | | | | | | | | | | | | | | | | |
| 20 | 35,2 | 27,9 | 34,0 | 25,3 | | | | | | | | | | | | | | | | | | | | |
| 21 | 34,0 | 25,9 | 30,5 | | | | | | | | | | | | | | | | | | | | | |
| 22 | 30,8 | 23,7 | | | | | | | | | | | | | | | | | | | | | | |
| 23 | 28,9 | | | | | | | | | | | | | | | | | | | | | | | |

**Статистика эмпирического исследования**

| | 1991 | 1992 | 1993 | 1994 | 1995 | 1996 | 1997 | 1998 | 1999 | 2000 | 2001 | 2002 | 2003 | 2004 | 2005 | 2006 | 2007 | 2008 | 2009 | 2010 | 2011 | 2012 | 2013 | 2014 |
|---|---|---|---|---|---|---|---|---|---|---|---|---|---|---|---|---|---|---|---|---|---|---|---|---|
| K1 | 159 | 883 | 573 | 312 | 240 | 212 | 320 | 321 | 426 | 387 | 461 | 482 | 394 | 370 | 418 | 741 | 546 | 543 | 462 | 494 | 580 | 605 | 682 | 595 |
| K2 | 14,8 | 13,4 | 12,5 | 10,6 | 9,8 | 8,5 | 7,2 | 6,7 | 5,9 | 5,4 | 5,5 | 5,3 | 5,3 | 4,9 | 4,9 | 5,0 | 4,4 | 4,4 | 3,9 | 3,8 | 2,9 | 2,2 | 1,6 | - |
| K3 | 7,9 | | | | | | | | | | | | | | | | | | | | | | | |

Таблица 6.03 – Выживаемость компаний Свердловской области за период 1991–2014 гг., %

| T+ | 1991 | 1992 | 1993 | 1994 | 1995 | 1996 | 1997 | 1998 | 1999 | 2000 | 2001 | 2002 | 2003 | 2004 | 2005 | 2006 | 2007 | 2008 | 2009 | 2010 | 2011 | 2012 | 2013 | 2014 |
|---|---|---|---|---|---|---|---|---|---|---|---|---|---|---|---|---|---|---|---|---|---|---|---|---|
| 0 | | | | | | | | | 95,4 | 84,4 | 91,6 | 88,4 | 89,1 | 89,5 | 90,1 | 90,1 | 89,4 | 91,3 | 94,8 | 92,8 | 95,0 | 92,7 | 86,5 | 84,2 |
| 1 | | | | | | | | 85,1 | 75,2 | 68,8 | 73,6 | 70,8 | 73,3 | 73,5 | 75,2 | 77,2 | 77,3 | 80,5 | 82,6 | 85,7 | 80,5 | 75,2 | 66,9 | |
| 2 | | | | | | | 86,5 | 66,7 | 61,7 | 54,2 | 60,7 | 58,6 | 61,3 | 60,9 | 64,9 | 67,2 | 67,3 | 69,9 | 74,4 | 72,1 | 64,3 | 58,1 | | |
| 3 | | | | | | 87,1 | 70,2 | 57,0 | 49,7 | 46,2 | 52,8 | 48,9 | 52,8 | 53,3 | 56,8 | 60,5 | 59,5 | 63,8 | 64,8 | 57,6 | 49,1 | | | |
| 4 | | | | | 88,0 | 72,5 | 60,0 | 47,6 | 43,0 | 39,8 | 45,9 | 43,0 | 47,2 | 47,7 | 51,4 | 55,0 | 55,9 | 57,5 | 54,4 | 46,7 | | | | |
| 5 | | | | 89,7 | 74,7 | 62,4 | 51,4 | 41,6 | 37,8 | 35,3 | 40,2 | 38,6 | 42,8 | 43,1 | 47,1 | 51,1 | 51,2 | 50,4 | 46,0 | | | | | |
| 6 | | | 91,1 | 80,5 | 65,1 | 52,7 | 46,3 | 37,1 | 34,1 | 31,6 | 36,1 | 34,6 | 39,4 | 40,0 | 44,4 | 47,1 | 45,2 | 42,9 | | | | | | |
| 7 | | 91,7 | 79,5 | 70,0 | 54,8 | 47,1 | 42,1 | 34,1 | 30,9 | 28,3 | 33,1 | 32,1 | 36,5 | 38,2 | 41,2 | 42,2 | 38,8 | | | | | | | |
| 8 | 90,0 | 81,9 | 71,0 | 60,3 | 50,4 | 43,8 | 39,2 | 31,0 | 28,5 | 25,9 | 30,5 | 29,8 | 34,9 | 36,6 | 37,5 | 36,2 | | | | | | | | |
| 9 | 80,3 | 72,8 | 62,0 | 54,6 | 47,4 | 39,8 | 35,6 | 28,9 | 26,2 | 24,0 | 29,0 | 28,9 | 33,2 | 33,5 | 33,8 | | | | | | | | | |
| 10 | 72,5 | 62,3 | 55,7 | 50,3 | 44,2 | 36,7 | 33,6 | 27,1 | 25,0 | 22,4 | 27,6 | 27,2 | 30,5 | 29,2 | | | | | | | | | | |
| 11 | 63,3 | 56,4 | 51,9 | 46,4 | 41,3 | 33,7 | 31,2 | 25,8 | 24,0 | 21,6 | 25,7 | 24,9 | 26,9 | | | | | | | | | | | |
| 12 | 57,8 | 51,4 | 47,6 | 43,1 | 38,6 | 31,3 | 29,6 | 24,4 | 23,2 | 20,7 | 23,3 | 22,2 | | | | | | | | | | | | |
| 13 | 52,9 | 47,3 | 44,0 | 39,7 | 36,5 | 29,4 | 28,5 | 23,6 | 22,2 | 19,3 | 20,4 | | | | | | | | | | | | | |
| 14 | 48,5 | 43,3 | 41,4 | 38,2 | 34,5 | 28,2 | 27,4 | 23,1 | 20,6 | 17,1 | | | | | | | | | | | | | | |
| 15 | 46,1 | 41,1 | 39,3 | 35,5 | 33,2 | 27,5 | 26,5 | 21,5 | 18,8 | | | | | | | | | | | | | | | |
| 16 | 43,8 | 39,3 | 37,8 | 33,9 | 31,8 | 26,7 | 24,8 | 19,4 | | | | | | | | | | | | | | | | |
| 17 | 42,5 | 37,4 | 36,6 | 32,9 | 31,0 | 24,4 | 22,4 | | | | | | | | | | | | | | | | | |
| 18 | 39,8 | 35,8 | 35,8 | 31,4 | 28,1 | 21,6 | | | | | | | | | | | | | | | | | | |
| 19 | 38,4 | 34,6 | 34,7 | 29,2 | 26,3 | | | | | | | | | | | | | | | | | | | |
| 20 | 37,0 | 33,0 | 32,9 | 26,1 | | | | | | | | | | | | | | | | | | | | |
| 21 | 36,2 | 31,2 | 30,6 | | | | | | | | | | | | | | | | | | | | | |
| 22 | 34,1 | 28,9 | | | | | | | | | | | | | | | | | | | | | | |
| 23 | 30,8 | | | | | | | | | | | | | | | | | | | | | | | |

Статистика эмпирического исследования

| | 1991 | 1992 | 1993 | 1994 | 1995 | 1996 | 1997 | 1998 | 1999 | 2000 | 2001 | 2002 | 2003 | 2004 | 2005 | 2006 | 2007 | 2008 | 2009 | 2010 | 2011 | 2012 | 2013 | 2014 |
|---|---|---|---|---|---|---|---|---|---|---|---|---|---|---|---|---|---|---|---|---|---|---|---|---|
| K1 | 633 | 2263 | 1725 | 1190 | 1237 | 1260 | 1347 | 1770 | 2298 | 2433 | 2189 | 2265 | 2400 | 2495 | 2889 | 3591 | 2969 | 2704 | 2496 | 2893 | 2871 | 2148 | 1784 | 1285 |
| K2 | 13,6 | 12,6 | 11,4 | 10,7 | 9,1 | 8,1 | 6,8 | 5,5 | 4,9 | 4,4 | 4,8 | 4,3 | 4,4 | 4,2 | 4,1 | 4,1 | 3,8 | 3,7 | 3,6 | 3,3 | 2,8 | 2,2 | 1,6 | - |
| K3 | 7,0 | | | | | | | | | | | | | | | | | | | | | | | |

Евгений Кузьмин. Эмпирическая оценка выживаемости компаний в России

Таблица 6.04 – Выживаемость компаний Тюменской области за период 1991–2014 гг., %

| T+ | 1991 | 1992 | 1993 | 1994 | 1995 | 1996 | 1997 | 1998 | 1999 | 2000 | 2001 | 2002 | 2003 | 2004 | 2005 | 2006 | 2007 | 2008 | 2009 | 2010 | 2011 | 2012 | 2013 | 2014 |
|---|---|---|---|---|---|---|---|---|---|---|---|---|---|---|---|---|---|---|---|---|---|---|---|---|
| 0 |  |  |  |  |  |  |  |  | 96,1 | 94,2 | 94,4 | 88,3 | 89,8 | 93,1 | 93,2 | 93,7 | 93,7 | 93,0 | 94,8 | 94,0 | 94,9 | 93,6 | 89,4 | 87,0 |
| 1 |  |  |  |  |  |  |  | 90,1 | 86,8 | 85,0 | 77,3 | 73,7 | 79,6 | 82,8 | 84,0 | 86,7 | 84,2 | 83,7 | 87,3 | 87,2 | 86,4 | 79,0 | 69,6 |  |
| 2 |  |  |  |  |  |  | 89,3 | 81,1 | 79,1 | 69,7 | 64,4 | 64,3 | 71,2 | 74,8 | 76,4 | 79,7 | 76,6 | 73,7 | 79,3 | 79,5 | 71,6 | 59,8 |  |  |
| 3 |  |  |  |  |  | 89,6 | 79,2 | 71,8 | 67,1 | 59,4 | 57,5 | 56,5 | 64,4 | 67,7 | 70,3 | 73,5 | 65,6 | 67,2 | 71,7 | 65,8 | 57,4 |  |  |  |
| 4 |  |  |  |  | 90,2 | 80,5 | 70,2 | 61,5 | 59,3 | 53,1 | 50,2 | 51,0 | 58,8 | 63,3 | 65,9 | 68,2 | 60,8 | 62,5 | 63,2 | 54,1 |  |  |  |  |
| 5 |  |  |  | 89,4 | 79,0 | 72,0 | 60,2 | 54,4 | 53,4 | 48,6 | 46,0 | 46,4 | 53,6 | 58,9 | 61,5 | 64,0 | 56,2 | 54,4 | 50,2 |  |  |  |  |  |
| 6 |  |  | 89,6 | 79,7 | 70,5 | 62,4 | 53,6 | 48,8 | 49,8 | 44,7 | 42,0 | 42,8 | 50,2 | 55,0 | 58,0 | 60,1 | 50,2 | 46,0 |  |  |  |  |  |  |
| 7 |  | 89,3 | 80,0 | 71,3 | 58,7 | 55,9 | 48,1 | 44,5 | 46,9 | 41,3 | 39,0 | 39,6 | 47,2 | 52,3 | 55,3 | 54,0 | 42,0 |  |  |  |  |  |  |  |
| 8 | 88,8 | 80,7 | 71,5 | 61,6 | 51,7 | 51,8 | 44,4 | 41,7 | 43,5 | 38,5 | 37,0 | 36,9 | 45,2 | 50,0 | 50,4 | 45,8 |  |  |  |  |  |  |  |  |
| 9 | 79,2 | 73,0 | 61,7 | 56,3 | 47,5 | 48,3 | 42,3 | 38,2 | 40,7 | 36,3 | 34,8 | 35,2 | 43,0 | 46,2 | 44,0 |  |  |  |  |  |  |  |  |  |
| 10 | 71,6 | 62,7 | 55,9 | 52,9 | 44,3 | 45,0 | 39,6 | 36,6 | 39,3 | 33,6 | 33,3 | 33,4 | 39,4 | 39,3 |  |  |  |  |  |  |  |  |  |  |
| 11 | 60,9 | 56,5 | 51,4 | 49,6 | 42,1 | 42,8 | 38,0 | 35,1 | 37,2 | 31,9 | 31,8 | 31,1 | 34,1 |  |  |  |  |  |  |  |  |  |  |  |
| 12 | 55,5 | 52,5 | 48,1 | 46,7 | 38,4 | 40,7 | 35,9 | 32,7 | 36,0 | 30,5 | 29,6 | 27,3 |  |  |  |  |  |  |  |  |  |  |  |  |
| 13 | 52,1 | 49,5 | 45,3 | 43,0 | 36,2 | 38,8 | 33,4 | 31,1 | 34,5 | 28,4 | 26,5 |  |  |  |  |  |  |  |  |  |  |  |  |  |
| 14 | 48,9 | 46,8 | 43,1 | 41,0 | 35,0 | 36,7 | 32,1 | 29,8 | 32,2 | 24,3 |  |  |  |  |  |  |  |  |  |  |  |  |  |  |
| 15 | 46,7 | 43,4 | 40,9 | 39,1 | 32,7 | 34,7 | 30,8 | 27,7 | 29,1 |  |  |  |  |  |  |  |  |  |  |  |  |  |  |  |
| 16 | 44,0 | 40,8 | 39,1 | 35,3 | 30,8 | 33,8 | 29,0 | 24,3 |  |  |  |  |  |  |  |  |  |  |  |  |  |  |  |  |
| 17 | 41,6 | 39,0 | 36,4 | 33,8 | 29,7 | 31,5 | 26,4 |  |  |  |  |  |  |  |  |  |  |  |  |  |  |  |  |  |
| 18 | 39,9 | 36,9 | 34,3 | 32,7 | 28,1 | 29,3 |  |  |  |  |  |  |  |  |  |  |  |  |  |  |  |  |  |  |
| 19 | 38,2 | 35,5 | 33,2 | 30,5 | 25,9 |  |  |  |  |  |  |  |  |  |  |  |  |  |  |  |  |  |  |  |
| 20 | 36,8 | 34,0 | 30,4 | 27,8 |  |  |  |  |  |  |  |  |  |  |  |  |  |  |  |  |  |  |  |  |
| 21 | 35,7 | 31,9 | 27,6 |  |  |  |  |  |  |  |  |  |  |  |  |  |  |  |  |  |  |  |  |  |
| 22 | 33,2 | 28,9 |  |  |  |  |  |  |  |  |  |  |  |  |  |  |  |  |  |  |  |  |  |  |
| 23 | 30,3 |  |  |  |  |  |  |  |  |  |  |  |  |  |  |  |  |  |  |  |  |  |  |  |

Статистика эмпирического исследования

| | 1991 | 1992 | 1993 | 1994 | 1995 | 1996 | 1997 | 1998 | 1999 | 2000 | 2001 | 2002 | 2003 | 2004 | 2005 | 2006 | 2007 | 2008 | 2009 | 2010 | 2011 | 2012 | 2013 | 2014 |
|---|---|---|---|---|---|---|---|---|---|---|---|---|---|---|---|---|---|---|---|---|---|---|---|---|
| К1 | 722 | 1579 | 1643 | 1194 | 1407 | 1304 | 1436 | 1565 | 1825 | 1902 | 2255 | 2255 | 2021 | 1949 | 2473 | 3119 | 2555 | 2301 | 1866 | 2112 | 2054 | 1835 | 1526 | 1184 |
| К2 | 13,6 | 12,8 | 11,8 | 10,8 | 9,4 | 8,6 | 7,5 | 6,8 | 6,2 | 5,7 | 5,0 | 4,7 | 5,1 | 5,1 | 4,9 | 4,9 | 4,3 | 3,9 | 3,9 | 3,4 | 2,9 | 2,3 | 1,7 | – |
| К3 | 7,8 |  |  |  |  |  |  |  |  |  |  |  |  |  |  |  |  |  |  |  |  |  |  |  |

65

Таблица 6.05 – Выживаемость компаний Челябинской области за период 1991–2014 гг., %

| Т+ | 1991 | 1992 | 1993 | 1994 | 1995 | 1996 | 1997 | 1998 | 1999 | 2000 | 2001 | 2002 | 2003 | 2004 | 2005 | 2006 | 2007 | 2008 | 2009 | 2010 | 2011 | 2012 | 2013 | 2014 |
|---|---|---|---|---|---|---|---|---|---|---|---|---|---|---|---|---|---|---|---|---|---|---|---|---|
| 0 | | | | | | | | | 93,5 | 90,3 | 91,4 | 87,9 | 89,5 | 89,2 | 89,6 | 91,4 | 91,3 | 93,1 | 94,6 | 91,1 | 95,7 | 94,8 | 89,4 | 85,1 |
| 1 | | | | | | | | 86,9 | 77,9 | 77,7 | 75,3 | 75,4 | 76,7 | 76,0 | 79,0 | 80,9 | 80,6 | 83,1 | 83,5 | 84,3 | 84,1 | 78,0 | 68,8 | |
| 2 | | | | | | | 83,4 | 72,2 | 66,3 | 65,2 | 62,7 | 64,4 | 66,2 | 65,7 | 70,9 | 72,7 | 71,4 | 72,9 | 76,6 | 74,3 | 66,4 | 58,6 | | |
| 3 | | | | | | 86,8 | 68,2 | 61,0 | 54,9 | 55,0 | 52,8 | 55,8 | 59,1 | 58,4 | 63,4 | 64,7 | 64,0 | 67,4 | 69,7 | 61,7 | 52,8 | | | |
| 4 | | | | | 87,0 | 72,4 | 58,0 | 51,3 | 48,2 | 47,7 | 45,6 | 48,5 | 52,9 | 51,1 | 57,4 | 59,0 | 59,4 | 61,3 | 60,4 | 49,0 | | | | |
| 5 | | | | 89,2 | 75,0 | 62,0 | 49,4 | 45,3 | 41,8 | 41,9 | 40,8 | 42,6 | 48,0 | 46,4 | 53,8 | 54,5 | 55,5 | 53,8 | 51,3 | | | | | |
| 6 | | | 91,0 | 78,9 | 64,4 | 53,0 | 44,4 | 40,0 | 37,7 | 36,9 | 36,5 | 38,8 | 44,9 | 43,8 | 50,3 | 50,4 | 48,7 | 44,8 | | | | | | |
| 7 | | 92,5 | 81,6 | 70,5 | 55,6 | 46,6 | 40,5 | 35,7 | 34,4 | 33,8 | 33,0 | 36,3 | 41,8 | 41,5 | 47,2 | 45,4 | 41,5 | | | | | | | |
| 8 | 90,1 | 84,0 | 72,8 | 59,6 | 50,5 | 42,3 | 36,1 | 33,5 | 31,4 | 30,7 | 30,5 | 34,6 | 39,8 | 39,1 | 43,3 | 39,6 | | | | | | | | |
| 9 | 81,4 | 76,8 | 64,5 | 52,0 | 45,3 | 38,1 | 33,0 | 31,2 | 29,5 | 29,4 | 28,6 | 33,1 | 38,6 | 36,2 | 37,2 | | | | | | | | | |
| 10 | 74,2 | 68,2 | 58,6 | 47,5 | 42,5 | 35,4 | 31,2 | 28,4 | 28,0 | 27,2 | 27,3 | 31,5 | 35,5 | 31,6 | | | | | | | | | | |
| 11 | 65,2 | 63,4 | 54,2 | 43,4 | 39,1 | 33,9 | 29,1 | 26,8 | 26,5 | 26,1 | 25,9 | 28,8 | 31,4 | | | | | | | | | | | |
| 12 | 58,5 | 58,6 | 49,9 | 40,1 | 36,1 | 31,7 | 27,6 | 25,4 | 25,6 | 25,0 | 24,0 | 25,4 | | | | | | | | | | | | |
| 13 | 56,3 | 54,1 | 47,0 | 37,3 | 34,6 | 30,0 | 26,0 | 23,8 | 24,6 | 23,1 | 21,2 | | | | | | | | | | | | | |
| 14 | 51,9 | 50,8 | 44,2 | 34,8 | 33,3 | 28,8 | 25,1 | 22,3 | 22,9 | 20,7 | | | | | | | | | | | | | | |
| 15 | 49,8 | 48,0 | 42,1 | 32,8 | 31,7 | 27,3 | 24,1 | 21,5 | 20,6 | | | | | | | | | | | | | | | |
| 16 | 47,8 | 45,4 | 40,3 | 31,6 | 30,4 | 26,6 | 22,6 | 18,9 | | | | | | | | | | | | | | | | |
| 17 | 45,7 | 43,7 | 38,4 | 31,0 | 29,5 | 24,7 | 20,5 | | | | | | | | | | | | | | | | | |
| 18 | 43,7 | 41,8 | 37,6 | 29,7 | 27,7 | 22,1 | | | | | | | | | | | | | | | | | | |
| 19 | 42,0 | 40,6 | 36,0 | 27,7 | 25,2 | | | | | | | | | | | | | | | | | | | |
| 20 | 40,6 | 39,1 | 34,1 | 23,7 | | | | | | | | | | | | | | | | | | | | |
| 21 | 39,4 | 36,2 | 30,1 | | | | | | | | | | | | | | | | | | | | | |
| 22 | 36,2 | 32,6 | | | | | | | | | | | | | | | | | | | | | | |
| 23 | 31,9 | | | | | | | | | | | | | | | | | | | | | | | |

Статистика эмпирического исследования

| | 1991 | 1992 | 1993 | 1994 | 1995 | 1996 | 1997 | 1998 | 1999 | 2000 | 2001 | 2002 | 2003 | 2004 | 2005 | 2006 | 2007 | 2008 | 2009 | 2010 | 2011 | 2012 | 2013 | 2014 |
|---|---|---|---|---|---|---|---|---|---|---|---|---|---|---|---|---|---|---|---|---|---|---|---|---|
| К1 | 586 | 2296 | 1953 | 1224 | 1120 | 1117 | 1497 | 1607 | 2164 | 2264 | 2158 | 2134 | 2080 | 2093 | 2566 | 3283 | 2737 | 2478 | 2031 | 2383 | 2413 | 1840 | 1852 | 1561 |
| К2 | 14,1 | 13,3 | 11,9 | 10,6 | 9,1 | 8,0 | 6,7 | 6,0 | 5,2 | 5,0 | 4,8 | 4,7 | 4,6 | 4,4 | 4,5 | 4,3 | 4,1 | 3,9 | 3,6 | 3,3 | 2,9 | 2,3 | 1,7 | – |
| К3 | 7,4 | | | | | | | | | | | | | | | | | | | | | | | |

Таблица 7.01 – Выживаемость компаний Центрального федерального округа за период 1991–2014 гг., % (скорректировано)

| T+ | 1991 | 1992 | 1993 | 1994 | 1995 | 1996 | 1997 | 1998 | 1999 | 2000 | 2001 | 2002 | 2003 | 2004 | 2005 | 2006 | 2007 | 2008 | 2009 | 2010 | 2011 | 2012 | 2013 | 2014 |
|----|------|------|------|------|------|------|------|------|------|------|------|------|------|------|------|------|------|------|------|------|------|------|------|------|
| 0 | | | | | | | | | 95,1 | 94,0 | 93,6 | 90,9 | 92,2 | 93,3 | 94,5 | 91,6 | 92,8 | 93,2 | 93,6 | 93,3 | 94,6 | 94,2 | 89,8 | 85,4 |
| 1 | | | | | | | | 90,1 | 85,7 | 82,4 | 80,0 | 78,5 | 83,2 | 84,3 | 82,7 | 82,8 | 82,3 | 83,7 | 83,1 | 84,6 | 84,2 | 77,4 | 70,9 | |
| 2 | | | | | | | 88,0 | 81,0 | 74,7 | 68,7 | 68,0 | 67,9 | 73,6 | 76,6 | 73,1 | 74,9 | 74,0 | 74,7 | 75,1 | 74,5 | 68,1 | 59,7 | | |
| 3 | | | | | | 89,8 | 78,8 | 71,1 | 63,3 | 58,2 | 59,1 | 58,9 | 67,0 | 67,7 | 65,2 | 68,7 | 66,9 | 68,9 | 68,3 | 62,4 | 54,0 | | | |
| 4 | | | | | 90,3 | 81,5 | 69,1 | 61,1 | 55,3 | 51,2 | 51,9 | 52,7 | 61,0 | 61,1 | 59,9 | 63,7 | 62,4 | 63,8 | 59,2 | 51,4 | | | | |
| 5 | | | | 91,4 | 81,6 | 71,8 | 58,9 | 53,5 | 49,5 | 46,0 | 47,0 | 47,8 | 55,4 | 56,6 | 55,4 | 59,8 | 58,2 | 55,9 | 49,7 | | | | | |
| 6 | | | 93,0 | 83,7 | 72,7 | 62,2 | 52,4 | 48,6 | 45,1 | 41,6 | 42,6 | 43,6 | 51,8 | 52,7 | 52,7 | 56,3 | 51,5 | 47,6 | | | | | | |
| 7 | | 94,2 | 86,4 | 75,5 | 62,6 | 55,5 | 47,8 | 44,7 | 41,3 | 37,6 | 38,9 | 40,6 | 48,5 | 50,3 | 50,1 | 50,8 | 44,3 | | | | | | | |
| 8 | 92,9 | 88,6 | 78,5 | 65,4 | 56,2 | 50,8 | 43,7 | 41,4 | 37,9 | 34,6 | 36,1 | 37,8 | 46,2 | 47,8 | 45,1 | 44,3 | | | | | | | | |
| 9 | 87,0 | 81,5 | 68,8 | 58,8 | 51,1 | 46,9 | 40,4 | 38,4 | 35,1 | 32,2 | 33,8 | 36,0 | 44,3 | 43,2 | 39,5 | | | | | | | | | |
| 10 | 80,3 | 71,8 | 62,3 | 53,8 | 47,2 | 43,5 | 37,4 | 36,0 | 33,1 | 30,2 | 32,2 | 34,2 | 40,4 | 37,9 | | | | | | | | | | |
| 11 | 71,3 | 64,8 | 57,3 | 49,5 | 44,1 | 40,7 | 34,9 | 34,0 | 31,1 | 28,9 | 30,5 | 31,1 | 35,8 | | | | | | | | | | | |
| 12 | 65,7 | 59,4 | 52,8 | 46,4 | 41,3 | 38,4 | 32,8 | 32,2 | 29,9 | 27,4 | 27,9 | 27,5 | | | | | | | | | | | | |
| 13 | 62,0 | 54,1 | 49,5 | 43,4 | 38,7 | 36,2 | 30,9 | 30,9 | 28,6 | 25,2 | 24,6 | | | | | | | | | | | | | |
| 14 | 58,4 | 50,4 | 46,7 | 41,1 | 36,6 | 34,4 | 29,9 | 29,7 | 26,6 | 22,4 | | | | | | | | | | | | | | |
| 15 | 55,4 | 47,3 | 44,2 | 38,8 | 34,6 | 32,9 | 28,7 | 27,6 | 24,0 | | | | | | | | | | | | | | | |
| 16 | 53,0 | 44,9 | 42,3 | 37,1 | 33,3 | 31,7 | 26,6 | 24,6 | | | | | | | | | | | | | | | | |
| 17 | 50,5 | 43,0 | 40,2 | 35,5 | 32,1 | 28,9 | 23,7 | | | | | | | | | | | | | | | | | |
| 18 | 48,5 | 41,0 | 38,7 | 34,3 | 29,8 | 26,0 | | | | | | | | | | | | | | | | | | |
| 19 | 46,5 | 39,5 | 37,3 | 32,0 | 26,8 | | | | | | | | | | | | | | | | | | | |
| 20 | 44,7 | 38,1 | 34,8 | 29,3 | | | | | | | | | | | | | | | | | | | | |
| 21 | 43,0 | 35,4 | 31,8 | | | | | | | | | | | | | | | | | | | | | |
| 22 | 39,4 | 32,3 | | | | | | | | | | | | | | | | | | | | | | |
| 23 | 34,9 | | | | | | | | | | | | | | | | | | | | | | | |
| **Статистика эмпирического исследования** | | | | | | | | | | | | | | | | | | | | | | | | |
| K1 | 5916 | 21689 | 15779 | 9884 | 8308 | 8714 | 10745 | 11798 | 15892 | 17294 | 18030 | 18502 | 17609 | 17706 | 21792 | 29549 | 24057 | 23575 | 19848 | 22083 | 24224 | 23079 | 21729 | 20643 |
| K2 | 14,8 | 13,5 | 12,2 | 10,9 | 9,8 | 8,8 | 7,5 | 6,7 | 5,9 | 5,4 | 5,3 | 5,0 | 5,2 | 5,1 | 4,7 | 4,5 | 4,2 | 3,9 | 3,6 | 3,2 | 2,8 | 2,3 | 1,6 | - |
| K3 | 7,4 | | | | | | | | | | | | | | | | | | | | | | | |

Таблица 7.02 – Выживаемость компаний Белгородской области за период 1991–2014 гг., %

| T+ | 1991 | 1992 | 1993 | 1994 | 1995 | 1996 | 1997 | 1998 | 1999 | 2000 | 2001 | 2002 | 2003 | 2004 | 2005 | 2006 | 2007 | 2008 | 2009 | 2010 | 2011 | 2012 | 2013 | 2014 |
|---|---|---|---|---|---|---|---|---|---|---|---|---|---|---|---|---|---|---|---|---|---|---|---|---|
| 0 | | | | | | | | | 96,2 | 92,9 | 94,7 | 91,2 | 90,9 | 91,3 | 92,4 | 92,7 | 87,5 | 85,0 | 92,8 | 90,4 | 94,0 | 92,9 | 90,5 | 88,2 |
| 1 | | | | | | | | 91,1 | 86,0 | 78,5 | 81,8 | 77,1 | 79,6 | 79,2 | 83,2 | 80,3 | 73,6 | 75,1 | 81,2 | 79,1 | 82,3 | 75,7 | 73,7 | |
| 2 | | | | | | | 87,5 | 80,5 | 74,7 | 65,5 | 67,7 | 66,5 | 69,8 | 71,6 | 74,2 | 69,1 | 63,9 | 64,9 | 72,1 | 68,7 | 65,3 | 60,3 | | |
| 3 | | | | | | 89,4 | 77,4 | 68,4 | 63,1 | 56,2 | 57,6 | 56,9 | 61,5 | 64,4 | 65,7 | 61,1 | 55,9 | 59,3 | 66,0 | 57,1 | 51,8 | | | |
| 4 | | | | | 92,1 | 79,2 | 68,5 | 58,3 | 53,5 | 48,9 | 49,9 | 50,0 | 54,6 | 58,3 | 60,4 | 55,8 | 51,0 | 54,8 | 58,7 | 46,1 | | | | |
| 5 | | | | 92,5 | 84,3 | 68,8 | 57,6 | 50,8 | 46,8 | 43,7 | 45,2 | 45,5 | 47,9 | 55,1 | 55,4 | 51,0 | 47,4 | 48,7 | 51,1 | | | | | |
| 6 | | | 93,5 | 84,9 | 70,6 | 58,2 | 52,9 | 46,3 | 42,1 | 38,8 | 40,3 | 42,2 | 44,3 | 51,2 | 52,6 | 47,7 | 43,0 | 41,6 | | | | | | |
| 7 | | 95,6 | 85,8 | 73,4 | 58,6 | 49,6 | 49,3 | 43,4 | 37,8 | 34,5 | 36,3 | 39,0 | 41,4 | 48,9 | 49,9 | 43,0 | 36,8 | | | | | | | |
| 8 | 93,9 | 88,4 | 74,9 | 61,9 | 53,3 | 43,4 | 44,0 | 39,2 | 34,7 | 30,5 | 33,4 | 36,7 | 39,5 | 47,3 | 45,2 | 37,8 | | | | | | | | |
| 9 | 89,1 | 77,1 | 64,0 | 55,6 | 48,6 | 40,3 | 42,0 | 36,3 | 32,4 | 28,4 | 31,1 | 35,1 | 37,7 | 42,9 | 40,8 | | | | | | | | | |
| 10 | 78,8 | 65,5 | 56,6 | 50,3 | 44,9 | 36,1 | 39,2 | 33,3 | 30,2 | 26,4 | 29,3 | 33,5 | 34,8 | 38,3 | | | | | | | | | | |
| 11 | 67,6 | 58,9 | 51,6 | 47,2 | 41,1 | 34,3 | 36,4 | 31,3 | 28,5 | 24,5 | 27,9 | 30,9 | 32,2 | | | | | | | | | | | |
| 12 | 60,6 | 54,2 | 47,8 | 44,4 | 37,4 | 31,4 | 34,5 | 29,6 | 27,3 | 23,4 | 26,2 | 26,8 | | | | | | | | | | | | |
| 13 | 57,1 | 49,6 | 44,7 | 40,4 | 35,3 | 30,1 | 32,5 | 28,1 | 26,0 | 21,5 | 24,0 | | | | | | | | | | | | | |
| 14 | 51,0 | 46,9 | 42,0 | 37,7 | 32,9 | 28,8 | 30,9 | 26,1 | 23,7 | 19,6 | | | | | | | | | | | | | | |
| 15 | 47,1 | 43,9 | 39,5 | 36,2 | 31,1 | 27,8 | 29,7 | 24,7 | 21,3 | | | | | | | | | | | | | | | |
| 16 | 44,9 | 40,6 | 38,2 | 35,3 | 29,7 | 27,8 | 28,1 | 22,3 | | | | | | | | | | | | | | | | |
| 17 | 39,7 | 38,8 | 35,6 | 33,9 | 28,5 | 26,5 | 25,9 | | | | | | | | | | | | | | | | | |
| 18 | 38,5 | 37,0 | 34,3 | 33,2 | 26,9 | 25,2 | | | | | | | | | | | | | | | | | | |
| 19 | 36,5 | 35,3 | 33,8 | 31,5 | 23,4 | | | | | | | | | | | | | | | | | | | |
| 20 | 33,7 | 34,7 | 31,4 | 28,2 | | | | | | | | | | | | | | | | | | | | |
| 21 | 32,4 | 31,9 | 29,6 | | | | | | | | | | | | | | | | | | | | | |
| 22 | 29,8 | 29,9 | | | | | | | | | | | | | | | | | | | | | | |
| 23 | 26,9 | | | | | | | | | | | | | | | | | | | | | | | |

### Статистика эмпирического исследования

| | 1991 | 1992 | 1993 | 1994 | 1995 | 1996 | 1997 | 1998 | 1999 | 2000 | 2001 | 2002 | 2003 | 2004 | 2005 | 2006 | 2007 | 2008 | 2009 | 2010 | 2011 | 2012 | 2013 | 2014 |
|---|---|---|---|---|---|---|---|---|---|---|---|---|---|---|---|---|---|---|---|---|---|---|---|---|
| K1 | 312 | 1191 | 845 | 549 | 428 | 385 | 495 | 655 | 862 | 1207 | 1217 | 1312 | 1166 | 1108 | 1313 | 1773 | 1508 | 1399 | 1173 | 1309 | 1586 | 1752 | 1616 | 1445 |
| K2 | 14,4 | 13,1 | 11,8 | 10,7 | 9,8 | 8,0 | 7,4 | 6,5 | 5,9 | 5,2 | 5,1 | 4,9 | 4,7 | 4,7 | 4,6 | 4,2 | 3,6 | 3,4 | 3,4 | 3,1 | 2,8 | 2,2 | 1,6 | - |
| K3 | 6,7 | | | | | | | | | | | | | | | | | | | | | | | |

Таблица 7.03 – Выживаемость компаний г. Москва за период 1991–2014 гг., %

| T+ | 1991 | 1992 | 1993 | 1994 | 1995 | 1996 | 1997 | 1998 | 1999 | 2000 | 2001 | 2002 | 2003 | 2004 | 2005 | 2006 | 2007 | 2008 | 2009 | 2010 | 2011 | 2012 | 2013 | 2014 |
|----|------|------|------|------|------|------|------|------|------|------|------|------|------|------|------|------|------|------|------|------|------|------|------|------|
| 0 | | | | | | | | | 95,2 | 99,4 | 98,1 | 98,7 | 100 | 100 | 100 | 79,9 | 93,0 | 100 | 90,1 | 93,3 | 94,0 | 90,2 | 89,1 | 89,4 |
| 1 | | | | | | | | 86,1 | 91,4 | 94,1 | 93,1 | 96,5 | 99,9 | 100 | 76,6 | 67,5 | 84,6 | 86,2 | 76,3 | 84,1 | 76,8 | 70,5 | 72,4 | |
| 2 | | | | | | | 84,5 | 82,0 | 77,4 | 81,9 | 77,3 | 81,5 | 84,7 | 92,2 | 61,2 | 58,8 | 71,7 | 72,2 | 66,0 | 69,6 | 58,6 | 49,8 | | |
| 3 | | | | | | 86,9 | 80,8 | 69,6 | 64,4 | 67,2 | 62,1 | 64,9 | 75,1 | 72,2 | 48,5 | 50,4 | 61,2 | 63,8 | 57,0 | 57,9 | 44,9 | | | |
| 4 | | | | | 90,2 | 84,3 | 69,4 | 58,7 | 54,4 | 56,2 | 51,4 | 55,3 | 65,7 | 58,8 | 41,2 | 44,3 | 54,8 | 57,1 | 49,3 | 48,1 | | | | |
| 5 | | | | 91,7 | 86,5 | 73,2 | 59,1 | 50,2 | 46,1 | 48,1 | 44,0 | 46,9 | 54,9 | 50,9 | 36,1 | 41,1 | 49,6 | 48,2 | 41,6 | | | | | |
| 6 | | | 93,1 | 88,6 | 77,0 | 63,2 | 52,1 | 43,7 | 40,6 | 41,0 | 37,6 | 39,7 | 48,0 | 45,2 | 33,6 | 37,7 | 43,5 | 41,1 | | | | | | |
| 7 | | 94,6 | 90,3 | 81,7 | 67,2 | 56,6 | 46,3 | 38,7 | 35,5 | 35,3 | 32,3 | 35,5 | 43,2 | 42,3 | 31,2 | 33,6 | 37,2 | | | | | | | |
| 8 | 95,5 | 91,9 | 82,3 | 72,2 | 59,6 | 50,6 | 40,9 | 33,8 | 31,1 | 30,9 | 28,7 | 32,3 | 40,1 | 39,5 | 27,7 | 28,1 | | | | | | | | |
| 9 | 93,7 | 85,0 | 74,0 | 65,8 | 54,2 | 46,0 | 36,5 | 29,9 | 27,1 | 27,8 | 26,5 | 30,0 | 37,6 | 35,7 | 23,7 | | | | | | | | | |
| 10 | 85,9 | 76,3 | 68,1 | 61,6 | 50,6 | 41,5 | 32,7 | 26,9 | 24,5 | 25,3 | 24,8 | 28,3 | 34,4 | 30,3 | | | | | | | | | | |
| 11 | 77,2 | 69,2 | 63,4 | 55,7 | 46,9 | 37,8 | 29,4 | 24,2 | 22,6 | 23,9 | 22,9 | 25,7 | 28,7 | | | | | | | | | | | |
| 12 | 70,6 | 64,4 | 58,2 | 50,8 | 43,1 | 34,4 | 27,0 | 22,3 | 21,7 | 22,3 | 21,1 | 21,7 | | | | | | | | | | | | |
| 13 | 65,2 | 59,5 | 54,3 | 47,1 | 38,8 | 32,1 | 25,0 | 21,0 | 20,7 | 19,8 | 17,7 | | | | | | | | | | | | | |
| 14 | 60,1 | 55,5 | 50,4 | 43,5 | 35,6 | 30,2 | 23,8 | 19,8 | 19,0 | 17,4 | | | | | | | | | | | | | | |
| 15 | 56,2 | 51,8 | 47,1 | 39,9 | 33,2 | 28,3 | 22,6 | 18,5 | 16,6 | | | | | | | | | | | | | | | |
| 16 | 52,6 | 48,5 | 43,7 | 37,7 | 31,7 | 26,4 | 21,0 | 16,2 | | | | | | | | | | | | | | | | |
| 17 | 51,1 | 46,1 | 40,9 | 35,7 | 30,1 | 24,3 | 18,3 | | | | | | | | | | | | | | | | | |
| 18 | 46,2 | 44,3 | 39,3 | 33,9 | 27,5 | 21,7 | | | | | | | | | | | | | | | | | | |
| 19 | 42,6 | 43,0 | 37,3 | 31,9 | 24,6 | | | | | | | | | | | | | | | | | | | |
| 20 | 39,6 | 41,9 | 33,8 | 28,8 | | | | | | | | | | | | | | | | | | | | |
| 21 | 37,5 | 38,8 | 30,3 | | | | | | | | | | | | | | | | | | | | | |
| 22 | 33,6 | 35,2 | | | | | | | | | | | | | | | | | | | | | | |
| 23 | 29,1 | | | | | | | | | | | | | | | | | | | | | | | |

Статистика эмпирического исследования

| | 1991 | 1992 | 1993 | 1994 | 1995 | 1996 | 1997 | 1998 | 1999 | 2000 | 2001 | 2002 | 2003 | 2004 | 2005 | 2006 | 2007 | 2008 | 2009 | 2010 | 2011 | 2012 | 2013 | 2014 |
|----|------|------|------|------|------|------|------|------|------|------|------|------|------|------|------|------|------|------|------|------|------|------|------|------|
| K1 | 333 | 1712 | 1200 | 1150 | 1254 | 1499 | 2046 | 2089 | 2385 | 2751 | 2839 | 2629 | 2449 | 2707 | 4333 | 4403 | 3437 | 3359 | 3252 | 3505 | 3166 | 1950 | 576 | 245 |
| K2 | 15,6 | 13,9 | 13,1 | 11,7 | 10,4 | 9,0 | 7,6 | 6,6 | 6,1 | 6,2 | 5,7 | 5,8 | 6,2 | 5,8 | 4,2 | 3,6 | 4,2 | 4,1 | 3,2 | 3,2 | 2,7 | 2,2 | 1,6 | – |
| K3 | 7,3 | | | | | | | | | | | | | | | | | | | | | | | |

Таблица 7.04 – Выживаемость компаний Брянской области за период 1991–2014 гг., %

| T+ | 1991 | 1992 | 1993 | 1994 | 1995 | 1996 | 1997 | 1998 | 1999 | 2000 | 2001 | 2002 | 2003 | 2004 | 2005 | 2006 | 2007 | 2008 | 2009 | 2010 | 2011 | 2012 | 2013 | 2014 |
|---|---|---|---|---|---|---|---|---|---|---|---|---|---|---|---|---|---|---|---|---|---|---|---|---|
| 0 | | | | | | | | | 95,1 | 93,1 | 91,9 | 91,0 | 90,6 | 92,7 | 93,8 | 96,0 | 90,8 | 91,9 | 94,6 | 93,9 | 94,9 | 94,9 | 88,6 | 86,4 |
| 1 | | | | | | | | 90,9 | 85,1 | 80,0 | 77,7 | 77,8 | 81,7 | 81,9 | 84,4 | 87,4 | 79,7 | 83,3 | 87,3 | 87,2 | 86,4 | 77,0 | 69,2 | |
| 2 | | | | | | | 91,0 | 81,8 | 73,6 | 66,9 | 66,1 | 67,5 | 72,4 | 73,3 | 74,2 | 80,4 | 72,5 | 76,5 | 79,8 | 79,0 | 73,1 | 62,7 | | |
| 3 | | | | | | 94,2 | 82,1 | 70,8 | 62,4 | 59,1 | 58,0 | 56,7 | 66,0 | 66,2 | 67,5 | 74,9 | 67,1 | 71,8 | 73,5 | 68,2 | 59,9 | | | |
| 4 | | | | | 88,9 | 85,2 | 70,5 | 58,9 | 54,6 | 54,1 | 51,6 | 51,0 | 59,8 | 61,3 | 63,2 | 70,0 | 63,0 | 67,7 | 65,5 | 56,9 | | | | |
| 5 | | | | 91,6 | 78,2 | 72,4 | 58,9 | 50,0 | 50,1 | 49,7 | 48,6 | 45,6 | 55,5 | 59,4 | 59,3 | 65,8 | 60,6 | 60,3 | 57,2 | | | | | |
| 6 | | | 93,6 | 86,3 | 68,6 | 61,9 | 54,1 | 45,0 | 47,0 | 45,2 | 43,6 | 41,3 | 52,8 | 56,8 | 56,6 | 62,9 | 54,0 | 53,2 | | | | | | |
| 7 | | 95,1 | 84,6 | 77,9 | 59,3 | 54,9 | 49,0 | 41,3 | 43,8 | 41,2 | 40,1 | 37,8 | 50,1 | 54,8 | 54,1 | 58,3 | 47,3 | | | | | | | |
| 8 | 88,2 | 88,3 | 77,2 | 69,3 | 53,2 | 48,5 | 44,1 | 37,7 | 41,2 | 38,9 | 38,6 | 36,9 | 47,3 | 53,1 | 49,8 | 53,4 | | | | | | | | |
| 9 | 82,2 | 83,8 | 67,4 | 59,4 | 48,2 | 44,2 | 42,2 | 34,2 | 37,6 | 36,7 | 36,1 | 34,5 | 45,4 | 48,4 | 44,4 | | | | | | | | | |
| 10 | 74,6 | 75,8 | 60,0 | 53,1 | 44,6 | 40,7 | 37,6 | 31,6 | 35,7 | 35,3 | 35,1 | 31,9 | 41,0 | 42,0 | | | | | | | | | | |
| 11 | 68,6 | 66,5 | 52,4 | 47,8 | 41,1 | 36,9 | 34,1 | 29,9 | 34,4 | 33,9 | 33,6 | 28,0 | 37,3 | | | | | | | | | | | |
| 12 | 62,7 | 57,4 | 46,8 | 45,1 | 38,2 | 36,0 | 32,3 | 29,0 | 33,2 | 31,9 | 30,6 | 24,3 | | | | | | | | | | | | |
| 13 | 57,4 | 45,2 | 44,2 | 40,9 | 36,4 | 33,4 | 31,1 | 28,1 | 29,7 | 29,7 | 27,1 | | | | | | | | | | | | | |
| 14 | 54,4 | 39,7 | 41,6 | 39,1 | 34,6 | 32,8 | 30,2 | 27,7 | 27,9 | 26,6 | | | | | | | | | | | | | | |
| 15 | 50,9 | 36,8 | 38,8 | 37,6 | 31,8 | 31,4 | 28,3 | 26,2 | 25,3 | | | | | | | | | | | | | | | |
| 16 | 47,3 | 34,3 | 37,4 | 36,1 | 30,4 | 30,8 | 26,7 | 23,4 | | | | | | | | | | | | | | | | |
| 17 | 46,2 | 33,1 | 34,8 | 34,6 | 29,6 | 28,5 | 24,1 | | | | | | | | | | | | | | | | | |
| 18 | 45,0 | 31,4 | 33,5 | 32,8 | 26,8 | 27,0 | | | | | | | | | | | | | | | | | | |
| 19 | 43,8 | 30,8 | 32,3 | 31,3 | 25,7 | | | | | | | | | | | | | | | | | | | |
| 20 | 42,6 | 29,5 | 29,8 | 29,6 | | | | | | | | | | | | | | | | | | | | |
| 21 | 39,6 | 27,7 | 27,9 | | | | | | | | | | | | | | | | | | | | | |
| 22 | 36,7 | 25,7 | | | | | | | | | | | | | | | | | | | | | | |
| 23 | 34,9 | | | | | | | | | | | | | | | | | | | | | | | |

Статистика эмпирического исследования

| | 1991 | 1992 | 1993 | 1994 | 1995 | 1996 | 1997 | 1998 | 1999 | 2000 | 2001 | 2002 | 2003 | 2004 | 2005 | 2006 | 2007 | 2008 | 2009 | 2010 | 2011 | 2012 | 2013 | 2014 |
|---|---|---|---|---|---|---|---|---|---|---|---|---|---|---|---|---|---|---|---|---|---|---|---|---|
| K1 | 169 | 1130 | 838 | 335 | 280 | 344 | 431 | 462 | 617 | 714 | 700 | 653 | 714 | 764 | 858 | 1385 | 987 | 1019 | 773 | 833 | 1063 | 1074 | 1066 | 1011 |
| K2 | 13,9 | 13,3 | 11,9 | 10,8 | 9,4 | 8,5 | 7,6 | 6,3 | 6,0 | 5,4 | 5,1 | 5,1 | 5,0 | 4,9 | 4,7 | 4,6 | 4,0 | 3,8 | 3,7 | 3,3 | 2,9 | 2,2 | 1,6 | - |
| K3 | 7,3 | | | | | | | | | | | | | | | | | | | | | | | |

Таблица 7.05 – Выживаемость компаний Владимирской области за период 1991–2014 гг., %

| Т+ | 1991 | 1992 | 1993 | 1994 | 1995 | 1996 | 1997 | 1998 | 1999 | 2000 | 2001 | 2002 | 2003 | 2004 | 2005 | 2006 | 2007 | 2008 | 2009 | 2010 | 2011 | 2012 | 2013 | 2014 |
|---|---|---|---|---|---|---|---|---|---|---|---|---|---|---|---|---|---|---|---|---|---|---|---|---|
| 0 |  |  |  |  |  |  |  |  | 95,9 | 94,4 | 92,6 | 88,4 | 92,4 | 91,5 | 92,6 | 92,8 | 94,2 | 93,1 | 94,3 | 93,7 | 94,9 | 96,0 | 86,0 | 87,2 |
| 1 |  |  |  |  |  |  |  | 90,9 | 83,7 | 84,1 | 75,2 | 75,8 | 81,7 | 80,8 | 84,7 | 84,5 | 82,8 | 83,0 | 84,9 | 85,7 | 87,2 | 74,9 | 69,1 |  |
| 2 |  |  |  |  |  |  | 89,6 | 79,4 | 73,0 | 69,8 | 62,3 | 66,3 | 70,3 | 74,4 | 77,0 | 77,4 | 74,1 | 76,2 | 78,9 | 78,1 | 68,4 | 60,1 |  |  |
| 3 |  |  |  |  |  | 89,5 | 78,3 | 68,9 | 63,1 | 59,6 | 56,2 | 57,9 | 63,2 | 66,8 | 70,1 | 71,7 | 68,0 | 70,3 | 73,5 | 63,2 | 56,2 |  |  |  |
| 4 |  |  |  |  | 88,8 | 82,6 | 66,9 | 60,9 | 55,6 | 54,4 | 47,9 | 51,4 | 57,6 | 62,2 | 65,9 | 67,9 | 64,4 | 66,5 | 60,1 | 51,9 |  |  |  |  |
| 5 |  |  |  | 90,0 | 81,1 | 74,1 | 58,4 | 53,7 | 50,8 | 48,2 | 43,8 | 47,2 | 53,6 | 58,8 | 60,7 | 63,3 | 60,3 | 57,0 | 50,4 |  |  |  |  |  |
| 6 |  |  | 92,4 | 80,9 | 71,6 | 62,6 | 51,1 | 48,6 | 46,7 | 44,0 | 40,3 | 44,2 | 50,7 | 54,2 | 57,9 | 60,3 | 50,7 | 47,3 |  |  |  |  |  |  |
| 7 |  | 92,9 | 86,0 | 74,6 | 60,9 | 55,4 | 47,2 | 45,7 | 42,2 | 39,7 | 36,8 | 41,7 | 47,7 | 51,7 | 55,0 | 51,9 | 43,8 |  |  |  |  |  |  |  |
| 8 | 93,1 | 86,2 | 78,0 | 65,8 | 56,4 | 50,3 | 44,1 | 43,6 | 38,8 | 37,0 | 33,2 | 39,7 | 46,0 | 49,6 | 46,1 | 43,8 |  |  |  |  |  |  |  |  |
| 9 | 87,1 | 80,0 | 69,1 | 58,5 | 52,9 | 46,8 | 41,4 | 40,7 | 34,9 | 34,6 | 30,6 | 37,9 | 44,3 | 42,9 | 40,5 |  |  |  |  |  |  |  |  |  |
| 10 | 79,5 | 70,0 | 63,6 | 54,4 | 48,1 | 42,9 | 37,4 | 38,7 | 33,2 | 32,8 | 29,3 | 36,2 | 38,8 | 37,7 |  |  |  |  |  |  |  |  |  |  |
| 11 | 72,0 | 63,1 | 59,6 | 51,4 | 44,8 | 40,2 | 34,9 | 35,8 | 31,0 | 31,5 | 28,0 | 32,7 | 35,3 |  |  |  |  |  |  |  |  |  |  |  |
| 12 | 64,7 | 58,0 | 55,4 | 48,6 | 41,8 | 38,9 | 33,5 | 33,9 | 30,5 | 29,8 | 25,1 | 29,8 |  |  |  |  |  |  |  |  |  |  |  |  |
| 13 | 60,1 | 55,1 | 51,3 | 45,5 | 39,6 | 36,9 | 31,0 | 32,1 | 29,3 | 26,3 | 22,8 |  |  |  |  |  |  |  |  |  |  |  |  |  |
| 14 | 55,7 | 51,2 | 47,8 | 43,1 | 37,9 | 34,5 | 30,7 | 31,1 | 26,8 | 23,0 |  |  |  |  |  |  |  |  |  |  |  |  |  |  |
| 15 | 51,6 | 47,9 | 45,9 | 41,8 | 36,7 | 32,3 | 29,4 | 28,2 | 24,3 |  |  |  |  |  |  |  |  |  |  |  |  |  |  |  |
| 16 | 47,8 | 46,1 | 43,6 | 39,5 | 35,1 | 31,4 | 27,3 | 24,7 |  |  |  |  |  |  |  |  |  |  |  |  |  |  |  |  |
| 17 | 45,5 | 43,3 | 41,8 | 38,4 | 34,1 | 27,5 | 23,8 |  |  |  |  |  |  |  |  |  |  |  |  |  |  |  |  |  |
| 18 | 43,4 | 41,1 | 40,6 | 37,3 | 31,8 | 24,0 |  |  |  |  |  |  |  |  |  |  |  |  |  |  |  |  |  |  |
| 19 | 42,4 | 38,9 | 39,6 | 34,6 | 28,6 |  |  |  |  |  |  |  |  |  |  |  |  |  |  |  |  |  |  |  |
| 20 | 39,9 | 37,4 | 37,1 | 32,3 |  |  |  |  |  |  |  |  |  |  |  |  |  |  |  |  |  |  |  |  |
| 21 | 38,2 | 34,0 | 34,2 |  |  |  |  |  |  |  |  |  |  |  |  |  |  |  |  |  |  |  |  |  |
| 22 | 33,8 | 31,5 |  |  |  |  |  |  |  |  |  |  |  |  |  |  |  |  |  |  |  |  |  |  |
| 23 | 31,1 |  |  |  |  |  |  |  |  |  |  |  |  |  |  |  |  |  |  |  |  |  |  |  |
| Статистика эмпирического исследования | | | | | | | | | | | | | | | | | | | | | | | | |
| K1 | 479 | 1127 | 1017 | 638 | 507 | 455 | 538 | 514 | 799 | 768 | 901 | 968 | 927 | 847 | 1037 | 1795 | 1374 | 1435 | 1151 | 1166 | 1286 | 1389 | 1331 | 1183 |
| K2 | 14,6 | 13,4 | 12,1 | 10,7 | 9,7 | 9,1 | 7,5 | 6,8 | 5,9 | 5,7 | 5,0 | 4,7 | 5,0 | 5,1 | 5,1 | 4,9 | 4,3 | 4,1 | 3,8 | 3,4 | 2,9 | 2,3 | 1,5 | – |
| K3 | 7,4 |  |  |  |  |  |  |  |  |  |  |  |  |  |  |  |  |  |  |  |  |  |  |  |

Таблица 7.06– Выживаемость компаний Воронежской областиза период 1991–2014 гг., %

| T+ | 1991 | 1992 | 1993 | 1994 | 1995 | 1996 | 1997 | 1998 | 1999 | 2000 | 2001 | 2002 | 2003 | 2004 | 2005 | 2006 | 2007 | 2008 | 2009 | 2010 | 2011 | 2012 | 2013 | 2014 |
|---|---|---|---|---|---|---|---|---|---|---|---|---|---|---|---|---|---|---|---|---|---|---|---|---|
| 0 | | | | | | | | | 95,2 | 94,0 | 92,6 | 88,2 | 87,0 | 86,7 | 88,4 | 89,5 | 87,8 | 89,2 | 91,1 | 89,2 | 90,4 | 92,3 | 88,6 | 83,9 |
| 1 | | | | | | | | 91,8 | 85,8 | 80,0 | 73,5 | 70,3 | 70,7 | 70,6 | 75,8 | 77,5 | 72,1 | 75,8 | 74,8 | 76,4 | 78,3 | 75,6 | 68,7 | |
| 2 | | | | | | | 89,5 | 83,2 | 76,6 | 62,3 | 58,3 | 57,2 | 60,1 | 61,5 | 66,3 | 67,0 | 61,4 | 62,8 | 64,2 | 63,1 | 63,5 | 58,6 | | |
| 3 | | | | | | 88,5 | 79,5 | 74,4 | 64,0 | 50,5 | 49,1 | 47,5 | 54,4 | 55,0 | 59,0 | 60,2 | 51,6 | 56,4 | 57,1 | 53,0 | 51,0 | | | |
| 4 | | | | | 86,2 | 78,7 | 69,9 | 62,8 | 56,7 | 43,0 | 42,3 | 42,3 | 49,5 | 48,7 | 53,5 | 53,6 | 47,5 | 50,5 | 50,0 | 42,7 | | | | |
| 5 | | | | 90,4 | 79,3 | 71,2 | 59,2 | 54,9 | 50,8 | 38,0 | 38,3 | 38,0 | 44,2 | 44,1 | 48,5 | 49,1 | 43,8 | 44,8 | 42,0 | | | | | |
| 6 | | | 90,8 | 83,6 | 69,7 | 59,7 | 52,5 | 48,9 | 46,7 | 34,8 | 34,8 | 34,4 | 41,1 | 40,1 | 45,4 | 45,7 | 39,3 | 39,7 | | | | | | |
| 7 | | 92,3 | 82,9 | 70,2 | 57,9 | 52,8 | 47,4 | 45,6 | 43,8 | 31,6 | 31,5 | 32,1 | 38,5 | 38,4 | 42,9 | 41,5 | 34,9 | | | | | | | |
| 8 | 91,6 | 85,9 | 72,7 | 57,6 | 52,5 | 49,4 | 42,4 | 42,2 | 41,0 | 29,1 | 29,2 | 29,6 | 36,7 | 36,3 | 39,5 | 37,0 | | | | | | | | |
| 9 | 85,4 | 76,8 | 58,0 | 47,7 | 47,0 | 43,9 | 39,3 | 40,1 | 38,5 | 26,8 | 26,8 | 28,1 | 35,1 | 33,3 | 34,4 | | | | | | | | | |
| 10 | 74,3 | 64,1 | 48,8 | 41,9 | 42,9 | 40,9 | 36,7 | 37,6 | 36,3 | 25,3 | 25,4 | 26,7 | 32,3 | 29,1 | | | | | | | | | | |
| 11 | 60,4 | 52,6 | 42,0 | 35,6 | 40,3 | 38,5 | 35,0 | 35,2 | 33,9 | 24,5 | 24,4 | 24,4 | 29,5 | | | | | | | | | | | |
| 12 | 52,3 | 44,4 | 36,2 | 33,1 | 37,3 | 36,9 | 32,6 | 34,0 | 32,5 | 23,1 | 22,2 | 22,4 | | | | | | | | | | | | |
| 13 | 46,4 | 37,9 | 31,8 | 30,9 | 35,6 | 34,0 | 30,8 | 33,2 | 31,4 | 21,6 | 19,3 | | | | | | | | | | | | | |
| 14 | 41,4 | 33,5 | 29,3 | 29,2 | 32,6 | 32,8 | 30,6 | 32,1 | 29,1 | 19,1 | | | | | | | | | | | | | | |
| 15 | 38,2 | 30,4 | 26,2 | 27,2 | 30,3 | 31,8 | 29,6 | 30,6 | 27,0 | | | | | | | | | | | | | | | |
| 16 | 35,0 | 27,4 | 24,6 | 25,4 | 28,9 | 30,9 | 28,3 | 27,9 | | | | | | | | | | | | | | | | |
| 17 | 31,2 | 25,5 | 22,7 | 23,5 | 28,2 | 29,2 | 25,8 | | | | | | | | | | | | | | | | | |
| 18 | 28,6 | 23,9 | 21,1 | 21,9 | 27,2 | 27,4 | | | | | | | | | | | | | | | | | | |
| 19 | 26,7 | 21,9 | 20,1 | 20,2 | 24,6 | | | | | | | | | | | | | | | | | | | |
| 20 | 23,9 | 20,6 | 19,4 | 18,5 | | | | | | | | | | | | | | | | | | | | |
| 21 | 22,2 | 19,0 | 17,6 | | | | | | | | | | | | | | | | | | | | | |
| 22 | 20,9 | 16,9 | | | | | | | | | | | | | | | | | | | | | | |
| 23 | 18,8 | | | | | | | | | | | | | | | | | | | | | | | |

Статистика эмпирического исследования

| | 1991 | 1992 | 1993 | 1994 | 1995 | 1996 | 1997 | 1998 | 1999 | 2000 | 2001 | 2002 | 2003 | 2004 | 2005 | 2006 | 2007 | 2008 | 2009 | 2010 | 2011 | 2012 | 2013 | 2014 |
|---|---|---|---|---|---|---|---|---|---|---|---|---|---|---|---|---|---|---|---|---|---|---|---|---|
| K1 | 618 | 1764 | 1258 | 677 | 585 | 729 | 949 | 1136 | 1757 | 1651 | 1988 | 2102 | 1872 | 1872 | 2071 | 2633 | 2083 | 2050 | 1621 | 1871 | 2086 | 1899 | 1628 | 1624 |
| K2 | 13,9 | 12,8 | 11,4 | 10,4 | 9,3 | 8,2 | 7,3 | 6,5 | 5,9 | 4,9 | 4,7 | 4,2 | 4,2 | 4,2 | 4,2 | 4,0 | 3,4 | 3,3 | 3,2 | 2,9 | 2,6 | 2,2 | 1,6 | – |
| K3 | 6,7 | | | | | | | | | | | | | | | | | | | | | | | |

Таблица 7.07 – Выживаемость компаний Курской области за период 1991–2014 гг., %

| Т+ | 1991 | 1992 | 1993 | 1994 | 1995 | 1996 | 1997 | 1998 | 1999 | 2000 | 2001 | 2002 | 2003 | 2004 | 2005 | 2006 | 2007 | 2008 | 2009 | 2010 | 2011 | 2012 | 2013 | 2014 |
|---|---|---|---|---|---|---|---|---|---|---|---|---|---|---|---|---|---|---|---|---|---|---|---|---|
| 0 | | | | | | | | | 91,7 | 87,0 | 95,5 | 90,1 | 94,3 | 93,6 | 96,7 | 95,4 | 95,1 | 92,0 | 95,3 | 93,4 | 91,7 | 93,0 | 86,6 | 83,0 |
| 1 | | | | | | | | 87,4 | 80,6 | 75,0 | 80,9 | 78,6 | 86,2 | 84,5 | 88,7 | 88,8 | 83,0 | 83,8 | 84,3 | 82,3 | 81,9 | 72,3 | 62,6 | |
| 2 | | | | | | | 85,3 | 75,1 | 70,4 | 60,2 | 72,3 | 69,0 | 78,2 | 78,3 | 83,6 | 80,8 | 76,2 | 74,3 | 75,7 | 71,8 | 64,6 | 55,3 | | |
| 3 | | | | | | 87,1 | 70,3 | 67,6 | 57,9 | 53,3 | 63,5 | 63,1 | 72,0 | 73,2 | 77,4 | 75,9 | 70,1 | 68,1 | 68,7 | 58,7 | 49,2 | | | |
| 4 | | | | | 87,2 | 75,4 | 60,2 | 58,1 | 50,2 | 50,3 | 58,7 | 58,1 | 68,5 | 67,9 | 70,9 | 70,8 | 64,3 | 65,1 | 56,8 | 45,8 | | | | |
| 5 | | | | 88,3 | 76,5 | 67,7 | 49,1 | 48,3 | 46,1 | 45,4 | 54,2 | 54,9 | 61,9 | 62,4 | 65,3 | 65,4 | 58,6 | 56,4 | 45,3 | | | | | |
| 6 | | | 91,2 | 81,3 | 69,7 | 60,5 | 43,4 | 43,6 | 42,7 | 41,8 | 51,9 | 49,5 | 57,2 | 58,9 | 61,6 | 62,2 | 51,5 | 48,5 | | | | | | |
| 7 | | 93,1 | 85,0 | 73,3 | 58,5 | 54,8 | 38,4 | 39,9 | 39,9 | 39,4 | 48,1 | 45,7 | 53,3 | 57,4 | 58,6 | 55,7 | 44,6 | | | | | | | |
| 8 | 92,1 | 89,4 | 78,9 | 60,5 | 52,6 | 50,8 | 36,2 | 36,6 | 37,0 | 35,7 | 43,6 | 42,1 | 50,6 | 54,1 | 52,5 | 48,9 | | | | | | | | |
| 9 | 87,5 | 85,2 | 69,8 | 53,3 | 50,8 | 46,0 | 32,3 | 33,8 | 34,5 | 32,5 | 40,7 | 39,8 | 48,7 | 48,6 | 47,3 | | | | | | | | | |
| 10 | 85,2 | 75,2 | 62,8 | 45,3 | 47,0 | 41,5 | 29,7 | 32,7 | 32,6 | 30,6 | 38,9 | 38,2 | 43,7 | 41,6 | | | | | | | | | | |
| 11 | 76,9 | 66,1 | 53,3 | 41,3 | 43,2 | 38,3 | 27,6 | 31,6 | 29,9 | 29,8 | 35,6 | 34,4 | 39,3 | | | | | | | | | | | |
| 12 | 74,5 | 54,7 | 48,0 | 39,3 | 41,0 | 34,7 | 26,2 | 30,7 | 28,9 | 28,4 | 32,4 | 30,0 | | | | | | | | | | | | |
| 13 | 67,1 | 45,0 | 44,8 | 35,3 | 41,0 | 33,1 | 22,9 | 29,6 | 27,5 | 26,0 | 29,5 | | | | | | | | | | | | | |
| 14 | 62,5 | 41,1 | 43,6 | 33,3 | 38,9 | 30,2 | 21,9 | 28,2 | 26,0 | 22,7 | | | | | | | | | | | | | | |
| 15 | 58,8 | 37,9 | 40,5 | 29,8 | 37,2 | 29,0 | 21,5 | 26,5 | 24,3 | | | | | | | | | | | | | | | |
| 16 | 57,4 | 35,0 | 39,4 | 27,5 | 35,9 | 28,2 | 19,7 | 23,7 | | | | | | | | | | | | | | | | |
| 17 | 53,2 | 33,7 | 36,6 | 25,8 | 35,9 | 25,4 | 18,6 | | | | | | | | | | | | | | | | | |
| 18 | 53,2 | 32,0 | 34,2 | 25,0 | 34,6 | 25,0 | | | | | | | | | | | | | | | | | | |
| 19 | 48,1 | 29,3 | 32,3 | 23,5 | 32,1 | | | | | | | | | | | | | | | | | | | |
| 20 | 45,4 | 28,1 | 30,5 | 22,0 | | | | | | | | | | | | | | | | | | | | |
| 21 | 43,5 | 26,5 | 28,5 | | | | | | | | | | | | | | | | | | | | | |
| 22 | 40,7 | 24,7 | | | | | | | | | | | | | | | | | | | | | | |
| 23 | 35,2 | | | | | | | | | | | | | | | | | | | | | | | |

| | 1991 | 1992 | 1993 | 1994 | 1995 | 1996 | 1997 | 1998 | 1999 | 2000 | 2001 | 2002 | 2003 | 2004 | 2005 | 2006 | 2007 | 2008 | 2009 | 2010 | 2011 | 2012 | 2013 | 2014 |
|---|---|---|---|---|---|---|---|---|---|---|---|---|---|---|---|---|---|---|---|---|---|---|---|---|
| | Статистика эмпирического исследования | | | | | | | | | | | | | | | | | | | | | | | |
| К1 | 216 | 1138 | 681 | 400 | 234 | 248 | 279 | 358 | 592 | 507 | 491 | 477 | 593 | 627 | 691 | 1026 | 793 | 847 | 674 | 786 | 884 | 899 | 978 | 962 |
| К2 | 15,5 | 13,3 | 12,1 | 10,5 | 9,0 | 8,4 | 6,7 | 6,1 | 5,4 | 5,1 | 5,7 | 5,3 | 5,7 | 5,5 | 5,4 | 5,0 | 4,4 | 3,9 | 3,8 | 3,3 | 2,8 | 2,2 | 1,6 | – |
| К3 | 7,4 | | | | | | | | | | | | | | | | | | | | | | | |

Таблица 7.08 – Выживаемость компаний Ивановской области за период 1991–2014 гг., %

| T+ | 1991 | 1992 | 1993 | 1994 | 1995 | 1996 | 1997 | 1998 | 1999 | 2000 | 2001 | 2002 | 2003 | 2004 | 2005 | 2006 | 2007 | 2008 | 2009 | 2010 | 2011 | 2012 | 2013 | 2014 |
|---|---|---|---|---|---|---|---|---|---|---|---|---|---|---|---|---|---|---|---|---|---|---|---|---|
| 0 | | | | | | | | | 96,3 | 94,4 | 93,7 | 85,2 | 93,2 | 92,5 | 92,1 | 91,4 | 92,5 | 91,9 | 94,0 | 94,2 | 93,7 | 93,0 | 90,2 | 82,3 |
| 1 | | | | | | | | 90,0 | 91,3 | 83,0 | 76,7 | 72,5 | 81,5 | 84,1 | 81,5 | 83,0 | 80,3 | 82,9 | 85,0 | 84,5 | 81,5 | 75,7 | 67,2 | |
| 2 | | | | | | | 89,1 | 80,3 | 83,9 | 66,3 | 66,7 | 62,4 | 72,5 | 74,2 | 72,9 | 74,7 | 72,8 | 75,4 | 75,6 | 72,9 | 64,8 | 53,0 | | |
| 3 | | | | | | 91,3 | 80,5 | 73,0 | 70,7 | 58,0 | 60,7 | 57,3 | 64,8 | 66,9 | 66,2 | 68,5 | 67,8 | 69,5 | 68,0 | 61,0 | 48,5 | | | |
| 4 | | | | | 93,7 | 85,1 | 69,3 | 61,3 | 62,2 | 51,9 | 55,8 | 51,5 | 58,9 | 62,8 | 61,8 | 64,3 | 63,4 | 63,6 | 59,2 | 47,5 | | | | |
| 5 | | | | 91,5 | 83,9 | 74,2 | 59,3 | 53,5 | 57,2 | 48,8 | 52,0 | 47,5 | 54,1 | 56,9 | 57,4 | 61,0 | 58,6 | 57,0 | 50,3 | | | | | |
| 6 | | | 93,4 | 83,6 | 73,6 | 63,1 | 51,9 | 49,6 | 51,3 | 44,9 | 48,4 | 43,5 | 51,1 | 53,1 | 54,5 | 57,9 | 52,0 | 48,4 | | | | | | |
| 7 | | 94,4 | 85,9 | 76,4 | 67,0 | 56,6 | 47,4 | 46,2 | 47,1 | 40,5 | 45,2 | 40,3 | 49,7 | 50,0 | 51,5 | 53,4 | 43,9 | | | | | | | |
| 8 | 96,8 | 88,3 | 79,3 | 65,9 | 60,5 | 52,0 | 44,7 | 42,7 | 42,4 | 36,3 | 42,6 | 37,5 | 47,8 | 48,1 | 46,3 | 47,0 | | | | | | | | |
| 9 | 91,5 | 82,3 | 68,8 | 59,8 | 56,4 | 49,2 | 40,9 | 37,6 | 40,4 | 33,4 | 39,5 | 35,5 | 45,8 | 43,5 | 39,6 | | | | | | | | | |
| 10 | 87,4 | 74,0 | 60,8 | 55,2 | 51,6 | 45,1 | 37,2 | 35,6 | 37,0 | 31,0 | 36,2 | 33,6 | 42,0 | 37,2 | | | | | | | | | | |
| 11 | 80,8 | 70,1 | 57,9 | 52,1 | 47,6 | 41,9 | 33,5 | 33,2 | 35,9 | 28,7 | 33,9 | 30,0 | 34,4 | | | | | | | | | | | |
| 12 | 75,7 | 67,0 | 53,9 | 49,3 | 44,6 | 38,6 | 31,4 | 30,3 | 33,3 | 27,3 | 31,2 | 25,9 | | | | | | | | | | | | |
| 13 | 72,9 | 63,6 | 51,3 | 46,7 | 41,8 | 37,6 | 28,4 | 28,8 | 30,9 | 25,3 | 26,1 | | | | | | | | | | | | | |
| 14 | 71,7 | 60,9 | 48,2 | 44,4 | 40,3 | 34,9 | 27,9 | 26,8 | 28,9 | 22,7 | | | | | | | | | | | | | | |
| 15 | 69,9 | 57,7 | 44,9 | 42,0 | 38,3 | 33,5 | 26,0 | 25,4 | 25,7 | | | | | | | | | | | | | | | |
| 16 | 67,9 | 55,5 | 42,9 | 41,0 | 36,8 | 32,3 | 22,8 | 23,2 | | | | | | | | | | | | | | | | |
| 17 | 66,2 | 53,9 | 41,4 | 39,2 | 35,0 | 29,9 | 20,7 | | | | | | | | | | | | | | | | | |
| 18 | 65,0 | 52,7 | 39,5 | 37,8 | 32,0 | 25,5 | | | | | | | | | | | | | | | | | | |
| 19 | 64,0 | 51,6 | 37,8 | 35,4 | 27,5 | | | | | | | | | | | | | | | | | | | |
| 20 | 63,5 | 49,0 | 35,3 | 32,7 | | | | | | | | | | | | | | | | | | | | |
| 21 | 61,4 | 43,5 | 31,0 | | | | | | | | | | | | | | | | | | | | | |
| 22 | 53,1 | 37,0 | | | | | | | | | | | | | | | | | | | | | | |
| 23 | 43,2 | | | | | | | | | | | | | | | | | | | | | | | |
| **Статистика эмпирического исследования** | | | | | | | | | | | | | | | | | | | | | | | | |
| K1 | 717 | 905 | 799 | 495 | 397 | 415 | 430 | 452 | 622 | 728 | 920 | 920 | 841 | 782 | 924 | 1505 | 1315 | 1301 | 1167 | 1319 | 1587 | 1276 | 1538 | 1624 |
| K2 | 16,7 | 14,5 | 12,5 | 10,9 | 10,4 | 9,1 | 7,8 | 6,8 | 6,7 | 5,6 | 5,6 | 4,9 | 5,3 | 5,1 | 4,8 | 4,4 | 4,2 | 3,9 | 3,6 | 3,3 | 2,8 | 2,3 | 1,7 | 1,0 |
| K3 | 7,1 | | | | | | | | | | | | | | | | | | | | | | | |

Таблица 7.09 – Выживаемость компаний Московской области за период 1991–2014 гг., %

| T+ | 1991 | 1992 | 1993 | 1994 | 1995 | 1996 | 1997 | 1998 | 1999 | 2000 | 2001 | 2002 | 2003 | 2004 | 2005 | 2006 | 2007 | 2008 | 2009 | 2010 | 2011 | 2012 | 2013 | 2014 |
|---|---|---|---|---|---|---|---|---|---|---|---|---|---|---|---|---|---|---|---|---|---|---|---|---|
| 0 | | | | | | | | | 95,7 | 93,4 | 94,6 | 92,5 | 92,2 | 93,5 | 94,4 | 92,1 | 93,3 | 94,4 | 93,5 | 91,6 | 95,0 | 95,2 | 90,4 | 86,8 |
| 1 | | | | | | | | 93,4 | 86,6 | 83,5 | 82,2 | 80,2 | 82,5 | 84,4 | 83,5 | 82,2 | 82,0 | 82,8 | 81,1 | 81,6 | 85,6 | 78,8 | 70,0 | |
| 2 | | | | | | | 89,1 | 85,5 | 77,2 | 72,1 | 72,9 | 70,4 | 73,2 | 76,6 | 71,9 | 73,4 | 72,6 | 72,4 | 72,9 | 71,3 | 69,7 | 59,5 | | |
| 3 | | | | | | 91,2 | 80,2 | 77,9 | 67,2 | 62,9 | 63,3 | 61,9 | 68,0 | 66,1 | 64,0 | 65,4 | 64,4 | 65,9 | 65,4 | 59,6 | 54,0 | | | |
| 4 | | | | | 90,4 | 83,6 | 71,8 | 69,8 | 59,0 | 54,7 | 55,7 | 55,2 | 61,7 | 59,6 | 57,9 | 60,3 | 59,5 | 60,4 | 56,4 | 47,8 | | | | |
| 5 | | | | 91,8 | 82,3 | 76,3 | 62,1 | 63,6 | 53,1 | 49,4 | 50,0 | 50,3 | 55,6 | 54,8 | 52,9 | 56,4 | 54,9 | 54,1 | 45,5 | | | | | |
| 6 | | | 92,8 | 84,7 | 75,0 | 67,3 | 55,6 | 59,2 | 47,5 | 45,1 | 44,3 | 45,6 | 50,3 | 50,5 | 49,5 | 52,0 | 48,2 | 43,8 | | | | | | |
| 7 | | 94,5 | 86,8 | 77,4 | 65,2 | 60,2 | 51,8 | 54,4 | 44,0 | 40,1 | 40,0 | 41,4 | 45,9 | 46,2 | 46,2 | 45,8 | 40,2 | | | | | | | |
| 8 | 90,1 | 88,9 | 80,0 | 69,0 | 58,9 | 56,2 | 47,1 | 51,7 | 40,2 | 36,5 | 36,6 | 38,2 | 43,1 | 44,0 | 40,8 | 38,2 | | | | | | | | |
| 9 | 85,4 | 83,4 | 72,4 | 63,0 | 53,4 | 52,8 | 43,7 | 48,9 | 37,0 | 34,0 | 34,0 | 36,3 | 41,2 | 39,7 | 34,1 | | | | | | | | | |
| 10 | 79,2 | 74,1 | 66,7 | 59,4 | 48,9 | 49,4 | 41,2 | 46,3 | 34,6 | 31,8 | 32,5 | 34,0 | 36,8 | 34,0 | | | | | | | | | | |
| 11 | 70,5 | 69,5 | 62,7 | 54,8 | 45,8 | 45,9 | 38,7 | 43,7 | 32,7 | 30,4 | 30,8 | 30,9 | 31,1 | | | | | | | | | | | |
| 12 | 67,1 | 66,3 | 58,9 | 51,7 | 42,4 | 43,3 | 35,8 | 41,5 | 30,8 | 28,8 | 27,8 | 26,9 | | | | | | | | | | | | |
| 13 | 64,2 | 62,3 | 56,1 | 48,4 | 39,8 | 40,6 | 34,2 | 40,2 | 28,9 | 26,9 | 23,4 | | | | | | | | | | | | | |
| 14 | 61,6 | 59,2 | 52,9 | 46,0 | 37,5 | 38,8 | 32,7 | 38,7 | 26,5 | 22,9 | | | | | | | | | | | | | | |
| 15 | 58,7 | 56,1 | 50,3 | 43,8 | 35,6 | 37,0 | 31,5 | 34,9 | 23,4 | | | | | | | | | | | | | | | |
| 16 | 55,7 | 54,1 | 48,5 | 42,4 | 34,5 | 35,2 | 29,1 | 31,2 | | | | | | | | | | | | | | | | |
| 17 | 54,7 | 52,2 | 46,5 | 41,0 | 33,7 | 31,6 | 25,1 | | | | | | | | | | | | | | | | | |
| 18 | 52,7 | 50,2 | 45,3 | 39,9 | 31,8 | 27,1 | | | | | | | | | | | | | | | | | | |
| 19 | 50,4 | 48,8 | 43,5 | 36,9 | 28,6 | | | | | | | | | | | | | | | | | | | |
| 20 | 49,2 | 47,6 | 40,5 | 32,8 | | | | | | | | | | | | | | | | | | | | |
| 21 | 47,5 | 43,7 | 35,8 | | | | | | | | | | | | | | | | | | | | | |
| 22 | 42,5 | 38,0 | | | | | | | | | | | | | | | | | | | | | | |
| 23 | 35,0 | | | | | | | | | | | | | | | | | | | | | | | |

Статистика эмпирического исследования

| | 1991 | 1992 | 1993 | 1994 | 1995 | 1996 | 1997 | 1998 | 1999 | 2000 | 2001 | 2002 | 2003 | 2004 | 2005 | 2006 | 2007 | 2008 | 2009 | 2010 | 2011 | 2012 | 2013 | 2014 |
|---|---|---|---|---|---|---|---|---|---|---|---|---|---|---|---|---|---|---|---|---|---|---|---|---|
| K1 | 583 | 1892 | 1520 | 1145 | 1087 | 1179 | 1424 | 1383 | 1782 | 1796 | 1749 | 1917 | 1867 | 1886 | 2143 | 2686 | 2239 | 2142 | 1850 | 1993 | 1866 | 1447 | 1276 | 1114 |
| K2 | 15,2 | 14,1 | 12,7 | 11,3 | 9,9 | 9,5 | 7,9 | 7,5 | 6,4 | 5,8 | 5,7 | 5,3 | 5,5 | 5,2 | 4,9 | 4,6 | 4,2 | 4,0 | 3,6 | 3,2 | 2,9 | 2,4 | 1,7 | – |
| K3 | 8,1 | | | | | | | | | | | | | | | | | | | | | | | |

Таблица 7.10 – Выживаемость компаний Рязанской области за период 1991–2014 гг., %

| T+ | 1991 | 1992 | 1993 | 1994 | 1995 | 1996 | 1997 | 1998 | 1999 | 2000 | 2001 | 2002 | 2003 | 2004 | 2005 | 2006 | 2007 | 2008 | 2009 | 2010 | 2011 | 2012 | 2013 | 2014 |
|---|---|---|---|---|---|---|---|---|---|---|---|---|---|---|---|---|---|---|---|---|---|---|---|---|
| 0 | | | | | | | | | 92,1 | 95,2 | 88,7 | 89,2 | 93,6 | 97,0 | 95,2 | 95,8 | 94,7 | 92,9 | 96,6 | 96,5 | 97,5 | 95,5 | 87,1 | 76,7 |
| 1 | | | | | | | | 93,9 | 83,4 | 79,5 | 75,2 | 74,6 | 87,6 | 89,7 | 89,1 | 91,1 | 87,8 | 87,5 | 90,9 | 90,7 | 89,2 | 77,4 | 63,1 | |
| 2 | | | | | | | 88,9 | 83,8 | 70,5 | 69,8 | 68,7 | 69,9 | 81,3 | 85,2 | 84,0 | 87,2 | 82,5 | 82,9 | 85,9 | 82,9 | 72,1 | 57,5 | | |
| 3 | | | | | | 89,2 | 78,0 | 71,9 | 61,2 | 61,1 | 63,1 | 63,6 | 78,6 | 80,7 | 79,6 | 82,7 | 78,8 | 78,8 | 80,1 | 67,5 | 55,1 | | | |
| 4 | | | | | 91,8 | 79,6 | 68,4 | 61,7 | 55,1 | 57,5 | 57,9 | 59,8 | 74,0 | 76,6 | 75,9 | 78,5 | 74,7 | 73,9 | 69,1 | 53,8 | | | | |
| 5 | | | | 93,5 | 84,4 | 66,4 | 60,8 | 56,5 | 52,6 | 51,9 | 53,8 | 56,7 | 71,2 | 73,6 | 73,2 | 74,5 | 71,2 | 64,3 | 56,2 | | | | | |
| 6 | | | 93,4 | 85,4 | 73,7 | 57,5 | 56,3 | 54,1 | 49,0 | 48,8 | 50,6 | 53,8 | 69,6 | 69,4 | 72,2 | 71,2 | 62,5 | 52,9 | | | | | | |
| 7 | | 92,3 | 87,2 | 77,2 | 63,5 | 53,5 | 53,2 | 50,0 | 44,9 | 46,2 | 47,7 | 51,9 | 67,9 | 67,3 | 69,3 | 64,1 | 52,1 | | | | | | | |
| 8 | 89,1 | 85,8 | 77,4 | 63,7 | 58,6 | 52,2 | 50,3 | 47,2 | 42,7 | 43,6 | 45,4 | 50,1 | 66,8 | 64,1 | 63,0 | 55,3 | | | | | | | | |
| 9 | 81,5 | 78,3 | 68,2 | 60,3 | 55,2 | 48,9 | 47,4 | 44,2 | 40,0 | 42,2 | 43,7 | 48,2 | 65,1 | 57,2 | 52,2 | | | | | | | | | |
| 10 | 75,4 | 69,9 | 63,1 | 56,1 | 51,6 | 46,2 | 44,8 | 41,6 | 37,8 | 40,8 | 42,4 | 46,2 | 58,4 | 48,1 | | | | | | | | | | |
| 11 | 65,9 | 64,6 | 60,1 | 52,7 | 48,4 | 45,7 | 42,1 | 40,1 | 36,0 | 39,2 | 40,7 | 41,2 | 50,9 | | | | | | | | | | | |
| 12 | 61,1 | 61,2 | 55,8 | 49,8 | 47,0 | 43,8 | 39,4 | 39,2 | 35,0 | 37,2 | 35,7 | 37,0 | | | | | | | | | | | | |
| 13 | 58,3 | 57,1 | 52,0 | 47,7 | 45,9 | 41,4 | 38,2 | 38,3 | 34,2 | 34,1 | 32,5 | | | | | | | | | | | | | |
| 14 | 56,4 | 52,0 | 49,7 | 46,2 | 43,6 | 40,3 | 37,6 | 37,4 | 30,9 | 29,8 | | | | | | | | | | | | | | |
| 15 | 54,5 | 49,4 | 47,9 | 44,1 | 43,1 | 39,5 | 36,1 | 34,6 | 27,3 | | | | | | | | | | | | | | | |
| 16 | 52,6 | 47,3 | 46,0 | 42,3 | 42,2 | 38,7 | 32,4 | 28,8 | | | | | | | | | | | | | | | | |
| 17 | 51,2 | 44,3 | 44,9 | 41,9 | 39,7 | 34,1 | 27,3 | | | | | | | | | | | | | | | | | |
| 18 | 48,8 | 42,7 | 43,3 | 40,1 | 34,8 | 29,0 | | | | | | | | | | | | | | | | | | |
| 19 | 47,9 | 41,4 | 42,3 | 37,2 | 31,2 | | | | | | | | | | | | | | | | | | | |
| 20 | 46,9 | 40,2 | 38,7 | 33,1 | | | | | | | | | | | | | | | | | | | | |
| 21 | 45,5 | 37,0 | 35,8 | | | | | | | | | | | | | | | | | | | | | |
| 22 | 43,6 | 34,0 | | | | | | | | | | | | | | | | | | | | | | |
| 23 | 39,8 | | | | | | | | | | | | | | | | | | | | | | | |
| Статистика эмпирического исследования | | | | | | | | | | | | | | | | | | | | | | | | |
| K1 | 211 | 1080 | 702 | 556 | 353 | 372 | 487 | 538 | 722 | 645 | 705 | 684 | 611 | 663 | 820 | 1333 | 954 | 1052 | 861 | 1049 | 1181 | 1401 | 1468 | 1409 |
| K2 | 13,7 | 13,4 | 12,2 | 11,1 | 10,2 | 8,8 | 8,0 | 7,1 | 5,9 | 5,7 | 5,3 | 5,1 | 6,2 | 6,4 | 5,8 | 5,5 | 4,9 | 4,5 | 4,2 | 3,6 | 3,1 | 2,4 | 1,6 | – |
| K3 | 7,5 | | | | | | | | | | | | | | | | | | | | | | | |

Таблица 7.11 – Выживаемость компаний Костромской области за период 1991–2014 гг., %

| T+ | 1991 | 1992 | 1993 | 1994 | 1995 | 1996 | 1997 | 1998 | 1999 | 2000 | 2001 | 2002 | 2003 | 2004 | 2005 | 2006 | 2007 | 2008 | 2009 | 2010 | 2011 | 2012 | 2013 | 2014 |
|---|---|---|---|---|---|---|---|---|---|---|---|---|---|---|---|---|---|---|---|---|---|---|---|---|
| 0 | | | | | | | | | 94,7 | 87,8 | 89,7 | 89,9 | 94,3 | 93,8 | 97,0 | 96,6 | 96,8 | 97,8 | 96,0 | 95,5 | 98,9 | 98,7 | 93,9 | 89,0 |
| 1 | | | | | | | | 87,0 | 81,9 | 69,6 | 74,9 | 79,3 | 88,1 | 89,2 | 90,7 | 92,9 | 90,0 | 93,6 | 89,2 | 92,0 | 95,9 | 87,8 | 79,4 | |
| 2 | | | | | | | 88,3 | 73,3 | 67,1 | 56,7 | 65,5 | 69,5 | 82,7 | 83,0 | 88,0 | 87,6 | 84,6 | 88,0 | 85,6 | 88,2 | 83,8 | 71,3 | | |
| 3 | | | | | | 86,5 | 72,4 | 63,5 | 59,1 | 48,6 | 60,7 | 65,4 | 76,0 | 77,3 | 83,3 | 83,5 | 80,1 | 85,1 | 81,8 | 76,8 | 71,3 | | | |
| 4 | | | | | 91,6 | 71,9 | 64,2 | 52,3 | 52,8 | 40,4 | 57,5 | 59,4 | 72,2 | 74,1 | 79,3 | 77,8 | 76,8 | 80,7 | 72,6 | 67,9 | | | | |
| 5 | | | | 93,4 | 77,9 | 58,5 | 56,4 | 45,5 | 47,5 | 38,2 | 53,0 | 54,5 | 67,0 | 68,8 | 74,2 | 74,6 | 73,2 | 72,4 | 59,4 | | | | | |
| 6 | | | 92,0 | 83,0 | 66,0 | 49,2 | 48,6 | 41,5 | 43,3 | 34,8 | 50,1 | 49,4 | 64,2 | 66,1 | 71,5 | 71,7 | 67,1 | 62,5 | | | | | | |
| 7 | | 94,8 | 85,5 | 76,7 | 54,2 | 41,5 | 43,6 | 39,0 | 40,9 | 32,0 | 47,3 | 47,3 | 62,4 | 64,0 | 68,7 | 66,4 | 57,4 | | | | | | | |
| 8 | 87,3 | 87,7 | 77,9 | 68,2 | 48,1 | 37,3 | 40,9 | 37,5 | 37,7 | 29,5 | 45,6 | 44,4 | 60,8 | 61,7 | 61,8 | 58,0 | | | | | | | | |
| 9 | 77,3 | 79,2 | 66,7 | 58,7 | 42,0 | 35,4 | 36,2 | 35,7 | 35,6 | 28,5 | 42,5 | 42,1 | 59,0 | 56,7 | 53,5 | | | | | | | | | |
| 10 | 71,8 | 68,4 | 60,4 | 48,5 | 38,5 | 31,9 | 33,5 | 33,2 | 34,1 | 27,0 | 40,5 | 39,5 | 55,7 | 49,1 | | | | | | | | | | |
| 11 | 62,7 | 62,5 | 54,9 | 45,9 | 38,2 | 30,0 | 31,9 | 32,5 | 32,6 | 25,7 | 39,0 | 38,5 | 49,0 | | | | | | | | | | | |
| 12 | 56,4 | 58,8 | 51,8 | 43,9 | 35,9 | 30,0 | 30,7 | 31,0 | 32,3 | 24,8 | 36,2 | 34,4 | | | | | | | | | | | | |
| 13 | 56,4 | 55,4 | 48,6 | 39,1 | 32,8 | 28,8 | 30,0 | 30,3 | 31,8 | 23,5 | 31,9 | | | | | | | | | | | | | |
| 14 | 55,5 | 51,3 | 42,5 | 35,7 | 30,2 | 26,9 | 29,6 | 29,2 | 30,3 | 21,9 | | | | | | | | | | | | | | |
| 15 | 54,5 | 47,6 | 39,3 | 34,5 | 27,9 | 26,2 | 28,8 | 26,7 | 26,1 | | | | | | | | | | | | | | | |
| 16 | 50,9 | 43,5 | 37,4 | 32,5 | 26,7 | 25,0 | 25,7 | 24,5 | | | | | | | | | | | | | | | | |
| 17 | 47,3 | 41,6 | 35,4 | 30,3 | 25,6 | 23,8 | 24,1 | | | | | | | | | | | | | | | | | |
| 18 | 45,5 | 39,6 | 34,2 | 29,4 | 24,0 | 20,8 | | | | | | | | | | | | | | | | | | |
| 19 | 42,7 | 39,3 | 33,0 | 27,9 | 20,6 | | | | | | | | | | | | | | | | | | | |
| 20 | 41,8 | 36,9 | 30,7 | 26,7 | | | | | | | | | | | | | | | | | | | | |
| 21 | 39,1 | 35,5 | 28,3 | | | | | | | | | | | | | | | | | | | | | |
| 22 | 39,1 | 32,7 | | | | | | | | | | | | | | | | | | | | | | |
| 23 | 37,3 | | | | | | | | | | | | | | | | | | | | | | | |

**Статистика эмпирического исследования**

| | 1991 | 1992 | 1993 | 1994 | 1995 | 1996 | 1997 | 1998 | 1999 | 2000 | 2001 | 2002 | 2003 | 2004 | 2005 | 2006 | 2007 | 2008 | 2009 | 2010 | 2011 | 2012 | 2013 | 2014 |
|---|---|---|---|---|---|---|---|---|---|---|---|---|---|---|---|---|---|---|---|---|---|---|---|---|
| К1 | 110 | 563 | 628 | 412 | 262 | 260 | 257 | 277 | 337 | 319 | 351 | 387 | 388 | 436 | 600 | 854 | 598 | 590 | 424 | 574 | 631 | 689 | 783 | 800 |
| К2 | 13,3 | 13,2 | 12,1 | 10,7 | 9,4 | 7,7 | 6,9 | 5,8 | 5,5 | 4,3 | 5,2 | 5,1 | 5,8 | 5,8 | 6,0 | 5,5 | 4,9 | 4,8 | 4,2 | 3,5 | 3,3 | 2,5 | 1,7 | – |
| К3 | 7,6 | | | | | | | | | | | | | | | | | | | | | | | |

Таблица 7.12 – Выживаемость компаний Калужской области за период 1991–2014 гг., %

| T+ | 1991 | 1992 | 1993 | 1994 | 1995 | 1996 | 1997 | 1998 | 1999 | 2000 | 2001 | 2002 | 2003 | 2004 | 2005 | 2006 | 2007 | 2008 | 2009 | 2010 | 2011 | 2012 | 2013 | 2014 |
|---|---|---|---|---|---|---|---|---|---|---|---|---|---|---|---|---|---|---|---|---|---|---|---|---|
| 0 | | | | | | | | | 96,3 | 94,3 | 90,5 | 87,2 | 91,5 | 91,9 | 95,7 | 95,8 | 94,8 | 96,1 | 96,0 | 97,1 | 98,0 | 98,2 | 92,9 | 87,5 |
| 1 | | | | | | | | 88,8 | 87,5 | 82,6 | 75,0 | 74,0 | 83,5 | 82,8 | 90,5 | 90,8 | 86,9 | 90,0 | 89,9 | 93,1 | 92,8 | 84,4 | 77,4 | |
| 2 | | | | | | | 87,9 | 78,9 | 75,0 | 69,3 | 64,9 | 64,0 | 74,7 | 76,4 | 85,6 | 85,4 | 82,4 | 85,1 | 86,5 | 88,3 | 81,2 | 66,3 | | |
| 3 | | | | | | 93,3 | 78,3 | 71,1 | 64,8 | 57,6 | 57,9 | 57,5 | 68,4 | 70,5 | 80,5 | 80,7 | 78,7 | 82,6 | 82,4 | 78,4 | 66,4 | | | |
| 4 | | | | | 91,0 | 82,6 | 69,9 | 62,6 | 57,4 | 51,3 | 51,7 | 54,0 | 63,2 | 66,3 | 77,9 | 76,9 | 76,0 | 79,9 | 72,4 | 67,3 | | | | |
| 5 | | | | 89,4 | 80,3 | 73,1 | 59,6 | 55,8 | 52,1 | 47,5 | 47,2 | 48,6 | 60,2 | 63,3 | 75,6 | 74,0 | 74,0 | 71,0 | 62,1 | | | | | |
| 6 | | | 93,0 | 77,8 | 74,0 | 61,3 | 51,3 | 52,0 | 49,5 | 44,1 | 44,1 | 45,6 | 58,0 | 59,7 | 74,4 | 70,7 | 65,4 | 62,1 | | | | | | |
| 7 | | 95,1 | 82,8 | 70,6 | 60,1 | 53,8 | 45,8 | 47,5 | 46,0 | 41,0 | 39,8 | 42,4 | 56,3 | 58,4 | 72,5 | 64,8 | 56,8 | | | | | | | |
| 8 | 94,5 | 87,3 | 75,7 | 61,8 | 54,3 | 50,1 | 43,3 | 44,4 | 42,2 | 38,8 | 36,9 | 39,8 | 54,7 | 56,7 | 67,2 | 57,3 | | | | | | | | |
| 9 | 87,7 | 80,3 | 67,0 | 55,3 | 48,9 | 45,1 | 40,4 | 42,8 | 39,5 | 36,1 | 36,4 | 38,4 | 52,8 | 51,6 | 61,6 | | | | | | | | | |
| 10 | 81,7 | 72,5 | 60,5 | 49,9 | 47,0 | 42,6 | 37,1 | 40,4 | 38,6 | 34,1 | 34,8 | 37,2 | 48,4 | 47,3 | | | | | | | | | | |
| 11 | 72,5 | 65,8 | 55,6 | 45,2 | 42,8 | 40,3 | 35,5 | 39,4 | 36,2 | 32,9 | 33,8 | 34,0 | 44,7 | | | | | | | | | | | |
| 12 | 66,0 | 60,7 | 50,7 | 42,0 | 41,4 | 38,4 | 33,5 | 36,3 | 34,8 | 32,3 | 30,5 | 29,8 | | | | | | | | | | | | |
| 13 | 62,0 | 56,2 | 48,4 | 40,9 | 38,4 | 35,9 | 31,9 | 34,8 | 33,4 | 29,6 | 27,7 | | | | | | | | | | | | | |
| 14 | 57,1 | 52,8 | 47,3 | 37,3 | 36,3 | 33,6 | 31,3 | 34,1 | 30,2 | 27,4 | | | | | | | | | | | | | | |
| 15 | 55,5 | 50,1 | 44,9 | 35,5 | 35,0 | 32,2 | 29,5 | 31,4 | 27,9 | | | | | | | | | | | | | | | |
| 16 | 52,4 | 48,4 | 43,1 | 33,9 | 34,3 | 31,9 | 26,1 | 28,3 | | | | | | | | | | | | | | | | |
| 17 | 50,0 | 46,4 | 41,8 | 31,9 | 33,8 | 28,3 | 23,4 | | | | | | | | | | | | | | | | | |
| 18 | 47,6 | 44,6 | 41,1 | 31,7 | 31,9 | 26,6 | | | | | | | | | | | | | | | | | | |
| 19 | 46,6 | 43,1 | 40,1 | 29,9 | 28,0 | | | | | | | | | | | | | | | | | | | |
| 20 | 45,0 | 42,3 | 37,5 | 27,6 | | | | | | | | | | | | | | | | | | | | |
| 21 | 43,7 | 40,0 | 34,2 | | | | | | | | | | | | | | | | | | | | | |
| 22 | 42,1 | 38,1 | | | | | | | | | | | | | | | | | | | | | | |
| 23 | 39,3 | | | | | | | | | | | | | | | | | | | | | | | |

**Статистика эмпирического исследования**

| | 1991 | 1992 | 1993 | 1994 | 1995 | 1996 | 1997 | 1998 | 1999 | 2000 | 2001 | 2002 | 2003 | 2004 | 2005 | 2006 | 2007 | 2008 | 2009 | 2010 | 2011 | 2012 | 2013 | 2014 |
|---|---|---|---|---|---|---|---|---|---|---|---|---|---|---|---|---|---|---|---|---|---|---|---|---|
| K1 | 382 | 1032 | 773 | 445 | 411 | 357 | 448 | 554 | 752 | 787 | 791 | 774 | 671 | 719 | 745 | 1148 | 1010 | 961 | 731 | 788 | 881 | 1073 | 1068 | 976 |
| K2 | 14,2 | 13,1 | 11,8 | 10,4 | 9,6 | 8,7 | 7,6 | 6,7 | 6,1 | 5,2 | 4,9 | 4,8 | 5,0 | 4,9 | 5,3 | 5,2 | 4,7 | 4,5 | 4,1 | 3,7 | 3,2 | 2,5 | 1,7 | – |
| K3 | 7,9 | | | | | | | | | | | | | | | | | | | | | | | |

Таблица 7.13 – Выживаемость компаний Липецкой области за период 1991–2014 гг., %

| Т+ | 1991 | 1992 | 1993 | 1994 | 1995 | 1996 | 1997 | 1998 | 1999 | 2000 | 2001 | 2002 | 2003 | 2004 | 2005 | 2006 | 2007 | 2008 | 2009 | 2010 | 2011 | 2012 | 2013 | 2014 |
|---|---|---|---|---|---|---|---|---|---|---|---|---|---|---|---|---|---|---|---|---|---|---|---|---|
| 0 | | | | | | | | | 95,0 | 91,1 | 92,3 | 86,2 | 87,2 | 90,6 | 90,8 | 94,9 | 94,4 | 93,6 | 96,0 | 96,7 | 97,0 | 94,9 | 89,7 | 86,6 |
| 1 | | | | | | | | 86,2 | 81,4 | 78,9 | 72,7 | 70,0 | 76,5 | 77,5 | 81,7 | 90,1 | 90,2 | 89,0 | 92,2 | 91,1 | 89,7 | 76,4 | 72,6 | |
| 2 | | | | | | | 88,9 | 76,1 | 68,9 | 59,9 | 60,7 | 59,6 | 69,2 | 71,4 | 75,9 | 85,2 | 85,8 | 84,6 | 85,0 | 81,6 | 69,1 | 57,6 | | |
| 3 | | | | | | 87,7 | 78,9 | 64,2 | 51,7 | 50,1 | 52,9 | 53,0 | 63,1 | 66,1 | 71,6 | 81,5 | 82,0 | 81,3 | 79,7 | 67,2 | 56,5 | | | |
| 4 | | | | | 91,7 | 78,1 | 68,4 | 50,9 | 42,9 | 42,5 | 45,8 | 47,6 | 59,0 | 61,7 | 68,0 | 78,1 | 79,3 | 77,0 | 67,6 | 55,9 | | | | |
| 5 | | | | 88,9 | 79,2 | 67,1 | 53,8 | 44,7 | 37,7 | 38,4 | 42,4 | 44,7 | 56,3 | 59,0 | 65,2 | 73,8 | 74,7 | 66,9 | 57,0 | | | | | |
| 6 | | | 93,6 | 78,6 | 69,3 | 59,9 | 43,6 | 36,8 | 33,8 | 35,5 | 40,2 | 42,6 | 54,7 | 57,6 | 62,6 | 70,1 | 66,0 | 55,3 | | | | | | |
| 7 | | 95,8 | 87,2 | 70,6 | 55,6 | 53,8 | 38,5 | 34,3 | 31,5 | 33,9 | 38,2 | 41,5 | 52,7 | 56,1 | 60,7 | 60,9 | 57,1 | | | | | | | |
| 8 | 92,4 | 91,7 | 81,2 | 60,7 | 46,6 | 46,6 | 35,3 | 32,1 | 28,7 | 32,7 | 37,2 | 39,3 | 50,7 | 53,9 | 55,8 | 51,1 | | | | | | | | |
| 9 | 84,1 | 85,0 | 68,9 | 55,4 | 40,6 | 42,8 | 33,3 | 30,5 | 27,2 | 31,5 | 35,9 | 38,0 | 48,7 | 49,1 | 49,0 | | | | | | | | | |
| 10 | 76,6 | 74,5 | 62,9 | 48,9 | 35,8 | 39,4 | 31,6 | 29,6 | 26,8 | 30,7 | 34,5 | 36,5 | 45,2 | 43,5 | | | | | | | | | | |
| 11 | 66,2 | 64,4 | 58,4 | 46,1 | 34,8 | 38,0 | 30,8 | 29,6 | 25,4 | 29,7 | 32,9 | 33,6 | 37,6 | | | | | | | | | | | |
| 12 | 60,7 | 58,6 | 55,9 | 43,0 | 34,5 | 37,3 | 29,9 | 28,6 | 24,9 | 28,5 | 29,8 | 31,1 | | | | | | | | | | | | |
| 13 | 58,6 | 51,8 | 53,0 | 40,9 | 32,3 | 35,6 | 29,3 | 27,7 | 24,1 | 26,1 | 26,3 | | | | | | | | | | | | | |
| 14 | 55,2 | 47,5 | 50,3 | 40,2 | 30,0 | 34,2 | 28,5 | 27,0 | 22,1 | 23,1 | | | | | | | | | | | | | | |
| 15 | 53,1 | 45,1 | 47,8 | 36,8 | 29,4 | 33,6 | 27,4 | 25,8 | 20,4 | | | | | | | | | | | | | | | |
| 16 | 51,0 | 43,7 | 47,2 | 35,0 | 27,8 | 32,5 | 25,1 | 24,2 | | | | | | | | | | | | | | | | |
| 17 | 48,3 | 41,7 | 44,5 | 34,7 | 26,2 | 30,1 | 21,7 | | | | | | | | | | | | | | | | | |
| 18 | 45,5 | 39,3 | 42,3 | 33,4 | 24,3 | 27,1 | | | | | | | | | | | | | | | | | | |
| 19 | 44,8 | 38,3 | 40,6 | 29,7 | 21,4 | | | | | | | | | | | | | | | | | | | |
| 20 | 44,8 | 37,0 | 38,4 | 28,2 | | | | | | | | | | | | | | | | | | | | |
| 21 | 44,1 | 35,4 | 37,1 | | | | | | | | | | | | | | | | | | | | | |
| 22 | 40,0 | 32,7 | | | | | | | | | | | | | | | | | | | | | | |
| 23 | 37,2 | | | | | | | | | | | | | | | | | | | | | | | |
| **Статистика эмпирического исследования** | | | | | | | | | | | | | | | | | | | | | | | | |
| K1 | 145 | 1030 | 485 | 323 | 313 | 292 | 351 | 318 | 515 | 743 | 806 | 723 | 702 | 595 | 684 | 948 | 767 | 812 | 754 | 879 | 1044 | 1330 | 1310 | 1511 |
| K2 | 13,9 | 13,3 | 12,0 | 10,5 | 9,3 | 8,3 | 7,1 | 5,4 | 5,0 | 4,7 | 4,7 | 4,2 | 5,0 | 4,7 | 4,8 | 5,6 | 5,0 | 4,6 | 4,2 | 3,6 | 3,0 | 2,3 | 1,6 | – |
| K3 | 6,7 | | | | | | | | | | | | | | | | | | | | | | | |

7. Центральный федеральный округ

Таблица 7.14 – Выживаемость компаний Тверской области за период 1991–2014 гг., %

| T+ | 1991 | 1992 | 1993 | 1994 | 1995 | 1996 | 1997 | 1998 | 1999 | 2000 | 2001 | 2002 | 2003 | 2004 | 2005 | 2006 | 2007 | 2008 | 2009 | 2010 | 2011 | 2012 | 2013 | 2014 |
|---|---|---|---|---|---|---|---|---|---|---|---|---|---|---|---|---|---|---|---|---|---|---|---|---|
| 0 | | | | | | | | | 93,4 | 91,9 | 93,9 | 89,0 | 91,4 | 95,0 | 93,8 | 96,5 | 94,9 | 94,1 | 94,7 | 94,8 | 95,8 | 94,9 | 92,2 | 88,5 |
| 1 | | | | | | | | 91,4 | 79,9 | 81,8 | 80,2 | 73,1 | 81,4 | 86,5 | 86,4 | 89,5 | 85,6 | 86,8 | 85,3 | 87,5 | 86,3 | 80,1 | 74,9 | |
| 2 | | | | | | | 90,7 | 80,2 | 72,2 | 67,7 | 67,4 | 63,5 | 75,6 | 78,7 | 79,5 | 82,8 | 78,5 | 78,3 | 79,2 | 78,6 | 71,1 | 62,6 | | |
| 3 | | | | | | 90,8 | 77,7 | 70,0 | 62,3 | 58,3 | 59,5 | 57,6 | 69,1 | 73,3 | 73,3 | 77,1 | 71,3 | 72,2 | 72,3 | 66,4 | 57,5 | | | |
| 4 | | | | | 89,0 | 79,7 | 68,8 | 61,2 | 56,6 | 53,4 | 54,9 | 52,8 | 65,6 | 67,9 | 68,7 | 72,6 | 66,7 | 66,6 | 62,0 | 54,2 | | | | |
| 5 | | | | 91,5 | 75,8 | 70,7 | 58,7 | 55,6 | 50,6 | 48,9 | 51,2 | 49,5 | 62,7 | 65,2 | 63,7 | 69,4 | 62,3 | 57,6 | 50,7 | | | | | |
| 6 | | | 95,2 | 81,1 | 67,9 | 61,5 | 51,2 | 50,2 | 47,5 | 45,8 | 47,2 | 46,7 | 59,7 | 62,5 | 61,0 | 65,9 | 55,0 | 49,3 | | | | | | |
| 7 | | 94,1 | 86,1 | 72,2 | 58,2 | 55,5 | 47,2 | 47,3 | 44,5 | 42,7 | 44,4 | 44,4 | 55,2 | 60,0 | 58,2 | 59,4 | 47,4 | | | | | | | |
| 8 | 91,7 | 86,4 | 77,5 | 60,5 | 53,2 | 51,2 | 43,6 | 44,7 | 41,7 | 40,2 | 42,4 | 41,0 | 52,3 | 56,6 | 53,2 | 52,9 | | | | | | | | |
| 9 | 83,1 | 80,0 | 67,7 | 53,1 | 46,8 | 48,4 | 41,5 | 41,5 | 39,1 | 38,1 | 40,4 | 39,5 | 50,5 | 48,8 | 46,7 | | | | | | | | | |
| 10 | 74,8 | 71,2 | 60,4 | 48,9 | 43,5 | 45,4 | 39,0 | 40,0 | 37,2 | 35,6 | 38,9 | 37,2 | 46,8 | 43,8 | | | | | | | | | | |
| 11 | 68,8 | 64,8 | 53,9 | 45,5 | 41,4 | 42,8 | 37,3 | 38,3 | 35,4 | 34,4 | 37,3 | 32,2 | 43,5 | | | | | | | | | | | |
| 12 | 63,9 | 58,6 | 49,8 | 42,4 | 39,8 | 41,3 | 35,2 | 36,8 | 34,2 | 32,7 | 34,0 | 27,3 | | | | | | | | | | | | |
| 13 | 60,9 | 52,6 | 45,7 | 41,1 | 38,1 | 39,6 | 33,9 | 35,9 | 33,7 | 29,1 | 32,0 | | | | | | | | | | | | | |
| 14 | 55,6 | 49,2 | 42,6 | 39,7 | 36,9 | 37,5 | 32,8 | 34,2 | 32,4 | 26,0 | | | | | | | | | | | | | | |
| 15 | 52,6 | 45,7 | 40,8 | 38,2 | 34,8 | 36,0 | 30,7 | 31,0 | 29,1 | | | | | | | | | | | | | | | |
| 16 | 51,5 | 43,3 | 39,5 | 36,5 | 34,2 | 34,3 | 29,1 | 27,6 | | | | | | | | | | | | | | | | |
| 17 | 50,0 | 41,5 | 38,2 | 35,1 | 33,3 | 31,5 | 25,9 | | | | | | | | | | | | | | | | | |
| 18 | 48,1 | 39,6 | 36,9 | 34,4 | 31,1 | 28,1 | | | | | | | | | | | | | | | | | | |
| 19 | 45,5 | 38,1 | 35,4 | 32,2 | 26,9 | | | | | | | | | | | | | | | | | | | |
| 20 | 44,4 | 36,1 | 33,2 | 30,4 | | | | | | | | | | | | | | | | | | | | |
| 21 | 43,2 | 34,2 | 30,8 | | | | | | | | | | | | | | | | | | | | | |
| 22 | 41,4 | 31,3 | | | | | | | | | | | | | | | | | | | | | | |
| 23 | 38,3 | | | | | | | | | | | | | | | | | | | | | | | |
| | | | | | | | | | | Статистика эмпирического исследования | | | | | | | | | | | | | | |
| K1 | 266 | 1332 | 1017 | 655 | 483 | 467 | 525 | 590 | 836 | 880 | 892 | 995 | 940 | 963 | 1091 | 1386 | 1326 | 1303 | 1183 | 1124 | 1363 | 1322 | 1440 | 1223 |
| K2 | 13,9 | 13,3 | 11,9 | 10,3 | 9,4 | 8,8 | 7,4 | 6,8 | 5,6 | 5,5 | 5,1 | 5,1 | 5,1 | 5,6 | 5,1 | 5,0 | 4,5 | 4,2 | 3,8 | 3,4 | 2,9 | 2,3 | 1,7 | – |
| K3 | 7,6 | | | | | | | | | | | | | | | | | | | | | | | |

Таблица 7.15 – Выживаемость компаний Ярославской области за период 1991–2014 гг., %

| T+ | 1991 | 1992 | 1993 | 1994 | 1995 | 1996 | 1997 | 1998 | 1999 | 2000 | 2001 | 2002 | 2003 | 2004 | 2005 | 2006 | 2007 | 2008 | 2009 | 2010 | 2011 | 2012 | 2013 | 2014 |
|---|---|---|---|---|---|---|---|---|---|---|---|---|---|---|---|---|---|---|---|---|---|---|---|---|
| 0 | | | | | | | | | 93,8 | 92,5 | 90,8 | 89,2 | 88,1 | 89,8 | 90,2 | 90,3 | 90,4 | 89,8 | 93,1 | 92,7 | 94,6 | 93,7 | 89,7 | 86,1 |
| 1 | | | | | | | | 88,3 | 80,7 | 74,7 | 73,0 | 72,1 | 75,8 | 76,6 | 79,9 | 82,3 | 77,0 | 79,1 | 83,0 | 83,5 | 84,7 | 79,0 | 70,2 | |
| 2 | | | | | | | 84,9 | 74,9 | 69,3 | 58,8 | 60,9 | 61,4 | 65,8 | 67,0 | 70,9 | 72,6 | 69,0 | 71,3 | 75,0 | 74,3 | 68,2 | 60,9 | | |
| 3 | | | | | | 88,9 | 71,9 | 63,8 | 58,7 | 47,4 | 52,8 | 53,6 | 58,4 | 60,6 | 63,0 | 66,7 | 61,0 | 65,0 | 67,6 | 61,1 | 52,6 | | | |
| 4 | | | | | 86,1 | 77,7 | 62,5 | 54,8 | 49,3 | 41,7 | 45,0 | 47,7 | 52,5 | 54,5 | 57,9 | 60,7 | 56,4 | 59,2 | 57,6 | 49,4 | | | | |
| 5 | | | | 91,2 | 73,6 | 68,3 | 52,4 | 46,0 | 42,6 | 37,1 | 40,4 | 43,2 | 48,1 | 50,8 | 54,1 | 55,0 | 52,4 | 51,0 | 48,2 | | | | | |
| 6 | | | 89,9 | 80,7 | 66,1 | 58,9 | 47,4 | 42,6 | 38,2 | 32,9 | 36,6 | 39,2 | 45,1 | 47,0 | 50,6 | 51,4 | 46,2 | 43,1 | | | | | | |
| 7 | | 94,3 | 83,7 | 73,4 | 57,3 | 51,9 | 43,6 | 38,7 | 34,0 | 29,7 | 33,2 | 36,6 | 41,1 | 44,6 | 47,4 | 46,5 | 38,9 | | | | | | | |
| 8 | 89,0 | 87,5 | 77,0 | 63,7 | 49,4 | 46,4 | 40,5 | 35,7 | 30,6 | 27,6 | 30,6 | 33,5 | 39,0 | 40,8 | 42,9 | 40,1 | | | | | | | | |
| 9 | 83,0 | 80,8 | 69,2 | 58,3 | 46,4 | 43,2 | 36,8 | 33,6 | 28,7 | 25,4 | 28,5 | 31,7 | 37,1 | 37,3 | 37,5 | | | | | | | | | |
| 10 | 74,9 | 73,4 | 63,8 | 54,5 | 41,5 | 40,6 | 34,4 | 31,8 | 26,7 | 23,9 | 27,4 | 30,3 | 33,6 | 33,9 | | | | | | | | | | |
| 11 | 64,3 | 66,8 | 60,4 | 49,9 | 39,3 | 38,3 | 32,1 | 29,7 | 25,0 | 22,9 | 26,6 | 27,9 | 29,4 | | | | | | | | | | | |
| 12 | 58,0 | 62,9 | 56,1 | 46,4 | 36,7 | 35,7 | 30,0 | 27,1 | 23,6 | 21,5 | 23,9 | 25,0 | | | | | | | | | | | | |
| 13 | 53,7 | 59,6 | 52,9 | 43,1 | 33,7 | 33,2 | 28,2 | 25,6 | 22,3 | 20,1 | 21,2 | | | | | | | | | | | | | |
| 14 | 49,7 | 57,1 | 50,6 | 41,0 | 32,7 | 31,7 | 27,2 | 24,6 | 20,7 | 17,7 | | | | | | | | | | | | | | |
| 15 | 45,2 | 54,5 | 48,3 | 38,9 | 30,6 | 30,9 | 26,3 | 22,1 | 19,2 | | | | | | | | | | | | | | | |
| 16 | 43,7 | 52,3 | 46,7 | 37,5 | 28,6 | 29,4 | 24,5 | 19,6 | | | | | | | | | | | | | | | | |
| 17 | 41,0 | 50,4 | 44,8 | 36,8 | 27,6 | 26,8 | 21,6 | | | | | | | | | | | | | | | | | |
| 18 | 39,5 | 47,7 | 43,8 | 35,4 | 25,6 | 23,6 | | | | | | | | | | | | | | | | | | |
| 19 | 36,7 | 45,8 | 42,3 | 32,4 | 24,0 | | | | | | | | | | | | | | | | | | | |
| 20 | 35,7 | 43,6 | 39,7 | 30,6 | | | | | | | | | | | | | | | | | | | | |
| 21 | 34,6 | 41,4 | 36,9 | | | | | | | | | | | | | | | | | | | | | |
| 22 | 31,4 | 37,6 | | | | | | | | | | | | | | | | | | | | | | |
| 23 | 28,0 | | | | | | | | | | | | | | | | | | | | | | | |

Статистика эмпирического исследования

| | 1991 | 1992 | 1993 | 1994 | 1995 | 1996 | 1997 | 1998 | 1999 | 2000 | 2001 | 2002 | 2003 | 2004 | 2005 | 2006 | 2007 | 2008 | 2009 | 2010 | 2011 | 2012 | 2013 | 2014 |
|---|---|---|---|---|---|---|---|---|---|---|---|---|---|---|---|---|---|---|---|---|---|---|---|---|
| К1 | 471 | 1595 | 1052 | 571 | 504 | 530 | 677 | 789 | 1138 | 1421 | 1276 | 1318 | 1333 | 1245 | 1491 | 1908 | 1782 | 1576 | 1273 | 1543 | 1773 | 1719 | 1640 | 1497 |
| К2 | 14,0 | 13,7 | 12,0 | 10,7 | 9,1 | 8,6 | 7,1 | 6,3 | 5,4 | 4,8 | 4,7 | 4,6 | 4,7 | 4,5 | 4,5 | 4,4 | 3,9 | 3,8 | 3,6 | 3,3 | 2,9 | 2,3 | 1,7 | – |
| К3 | 7,0 | | | | | | | | | | | | | | | | | | | | | | | |

Таблица 7.16 – Выживаемость компаний Тульской области за период 1991–2014 гг., %

| T+ | 1991 | 1992 | 1993 | 1994 | 1995 | 1996 | 1997 | 1998 | 1999 | 2000 | 2001 | 2002 | 2003 | 2004 | 2005 | 2006 | 2007 | 2008 | 2009 | 2010 | 2011 | 2012 | 2013 | 2014 |
|---|---|---|---|---|---|---|---|---|---|---|---|---|---|---|---|---|---|---|---|---|---|---|---|---|
| 0 | | | | | | | | | 94,6 | 92,8 | 93,3 | 92,1 | 91,9 | 94,0 | 95,2 | 95,4 | 95,2 | 91,8 | 94,7 | 93,3 | 95,5 | 92,7 | 91,7 | 84,8 |
| 1 | | | | | | | | 91,7 | 84,8 | 82,0 | 80,5 | 78,6 | 84,3 | 83,4 | 87,2 | 88,8 | 85,4 | 84,4 | 85,1 | 85,9 | 84,8 | 78,1 | 74,2 | |
| 2 | | | | | | | 92,4 | 80,3 | 73,5 | 70,5 | 72,9 | 70,1 | 77,4 | 75,1 | 79,5 | 81,4 | 78,0 | 75,5 | 77,5 | 76,9 | 69,9 | 60,2 | | |
| 3 | | | | | | 91,4 | 83,9 | 72,8 | 63,1 | 62,3 | 66,9 | 63,9 | 71,8 | 68,2 | 72,0 | 76,6 | 72,2 | 70,8 | 71,0 | 65,0 | 56,5 | | | |
| 4 | | | | | 94,4 | 81,8 | 75,9 | 64,3 | 56,2 | 56,6 | 61,2 | 59,1 | 67,2 | 63,9 | 67,0 | 72,0 | 68,4 | 66,5 | 62,3 | 55,4 | | | | |
| 5 | | | | 93,0 | 86,4 | 74,8 | 66,6 | 56,7 | 51,5 | 51,8 | 55,3 | 54,9 | 62,3 | 61,0 | 63,1 | 69,2 | 63,5 | 58,9 | 53,7 | | | | | |
| 6 | | | 95,0 | 86,5 | 80,1 | 66,4 | 59,8 | 52,2 | 47,1 | 47,1 | 50,8 | 51,5 | 58,9 | 58,2 | 60,7 | 65,0 | 57,0 | 50,3 | | | | | | |
| 7 | | 93,9 | 90,2 | 78,2 | 73,8 | 59,8 | 54,9 | 48,9 | 42,9 | 44,0 | 47,8 | 49,3 | 56,0 | 56,3 | 57,5 | 59,0 | 49,2 | | | | | | | |
| 8 | 95,9 | 89,3 | 84,3 | 69,2 | 67,1 | 54,8 | 50,4 | 45,4 | 39,6 | 41,4 | 45,0 | 45,8 | 54,0 | 53,9 | 53,1 | 51,7 | | | | | | | | |
| 9 | 89,9 | 83,6 | 76,8 | 63,2 | 60,7 | 52,0 | 47,3 | 42,2 | 37,6 | 39,3 | 43,1 | 44,5 | 51,8 | 49,2 | 48,4 | | | | | | | | | |
| 10 | 85,3 | 75,7 | 70,7 | 59,7 | 57,2 | 48,4 | 44,4 | 40,4 | 35,5 | 37,6 | 41,9 | 43,1 | 47,8 | 44,2 | | | | | | | | | | |
| 11 | 76,8 | 70,5 | 67,6 | 55,3 | 54,2 | 46,2 | 42,1 | 39,2 | 33,5 | 35,9 | 40,0 | 39,1 | 43,6 | | | | | | | | | | | |
| 12 | 72,7 | 65,4 | 63,2 | 52,2 | 50,5 | 42,6 | 40,9 | 36,9 | 32,5 | 34,7 | 36,1 | 35,3 | | | | | | | | | | | | |
| 13 | 70,3 | 62,0 | 60,6 | 50,2 | 48,4 | 40,8 | 39,2 | 36,1 | 31,8 | 32,3 | 32,8 | | | | | | | | | | | | | |
| 14 | 68,1 | 59,1 | 58,2 | 48,2 | 46,5 | 38,2 | 38,1 | 35,3 | 30,1 | 30,4 | | | | | | | | | | | | | | |
| 15 | 64,5 | 56,3 | 55,1 | 46,2 | 43,5 | 36,0 | 36,6 | 33,5 | 27,4 | | | | | | | | | | | | | | | |
| 16 | 63,8 | 53,9 | 52,8 | 44,2 | 42,1 | 35,4 | 34,3 | 29,7 | | | | | | | | | | | | | | | | |
| 17 | 61,4 | 52,1 | 50,4 | 42,2 | 41,4 | 32,2 | 31,7 | | | | | | | | | | | | | | | | | |
| 18 | 59,4 | 49,6 | 48,3 | 41,2 | 37,9 | 29,6 | | | | | | | | | | | | | | | | | | |
| 19 | 58,2 | 48,4 | 46,5 | 37,7 | 34,3 | | | | | | | | | | | | | | | | | | | |
| 20 | 57,2 | 47,1 | 43,0 | 33,8 | | | | | | | | | | | | | | | | | | | | |
| 21 | 54,8 | 42,9 | 37,9 | | | | | | | | | | | | | | | | | | | | | |
| 22 | 51,4 | 38,4 | | | | | | | | | | | | | | | | | | | | | | |
| 23 | 46,9 | | | | | | | | | | | | | | | | | | | | | | | |

| | | | | | | | | | | | Статистика эмпирического исследования | | | | | | | | | | | | | |
|---|---|---|---|---|---|---|---|---|---|---|---|---|---|---|---|---|---|---|---|---|---|---|---|---|
| K1 | 414 | 1339 | 1131 | 600 | 428 | 500 | 577 | 720 | 868 | 913 | 868 | 947 | 924 | 971 | 1144 | 1604 | 1427 | 1397 | 1090 | 1239 | 1311 | 1176 | 1248 | 1246 |
| K2 | 15,2 | 14,1 | 13,3 | 11,4 | 10,6 | 9,1 | 7,8 | 6,7 | 5,7 | 5,3 | 5,6 | 5,2 | 5,3 | 5,0 | 4,9 | 5,0 | 4,5 | 3,9 | 3,6 | 3,2 | 2,9 | 2,3 | 1,7 | - |
| K3 | 7,9 | | | | | | | | | | | | | | | | | | | | | | | |

Таблица 7.17 – Выживаемость компаний Орловской области за период 1991–2014 гг., %

| T+ | 1991 | 1992 | 1993 | 1994 | 1995 | 1996 | 1997 | 1998 | 1999 | 2000 | 2001 | 2002 | 2003 | 2004 | 2005 | 2006 | 2007 | 2008 | 2009 | 2010 | 2011 | 2012 | 2013 | 2014 |
|---|---|---|---|---|---|---|---|---|---|---|---|---|---|---|---|---|---|---|---|---|---|---|---|---|
| 0 | | | | | | | | | 97,4 | 95,9 | 94,5 | 90,9 | 90,3 | 92,3 | 95,5 | 95,6 | 94,9 | 91,0 | 95,2 | 95,2 | 94,7 | 97,4 | 89,3 | 87,4 |
| 1 | | | | | | | | 91,0 | 89,7 | 85,1 | 80,7 | 73,7 | 80,2 | 84,6 | 88,5 | 86,9 | 86,6 | 82,8 | 87,0 | 87,5 | 87,6 | 82,0 | 71,3 | |
| 2 | | | | | | | 86,0 | 83,1 | 82,0 | 71,3 | 67,3 | 65,7 | 71,7 | 76,7 | 81,3 | 79,7 | 81,9 | 77,4 | 81,6 | 80,3 | 73,4 | 69,7 | | |
| 3 | | | | | | 91,0 | 74,9 | 72,0 | 70,1 | 57,6 | 59,8 | 56,2 | 66,6 | 71,8 | 76,6 | 75,2 | 76,3 | 72,2 | 77,2 | 71,9 | 60,4 | | | |
| 4 | | | | | 92,4 | 79,4 | 66,2 | 63,3 | 60,3 | 50,5 | 53,6 | 48,6 | 60,9 | 67,6 | 70,6 | 70,6 | 72,4 | 69,7 | 70,6 | 63,5 | | | | |
| 5 | | | | 90,0 | 82,6 | 67,8 | 55,5 | 53,9 | 52,1 | 44,7 | 49,0 | 46,0 | 56,5 | 64,1 | 66,8 | 67,3 | 67,6 | 60,9 | 60,2 | | | | | |
| 6 | | | 90,6 | 83,6 | 74,0 | 61,4 | 49,8 | 46,1 | 46,9 | 41,3 | 45,1 | 42,8 | 54,7 | 60,6 | 64,5 | 64,1 | 57,8 | 52,7 | | | | | | |
| 7 | | 91,3 | 85,7 | 75,7 | 62,5 | 56,2 | 46,2 | 41,9 | 43,6 | 37,2 | 42,4 | 40,6 | 51,4 | 58,5 | 62,8 | 58,9 | 52,4 | | | | | | | |
| 8 | 91,8 | 85,6 | 78,3 | 68,9 | 55,3 | 49,4 | 40,8 | 39,5 | 38,9 | 34,6 | 40,0 | 38,2 | 49,7 | 56,4 | 59,6 | 51,4 | | | | | | | | |
| 9 | 84,4 | 76,8 | 66,7 | 63,0 | 47,4 | 45,7 | 38,1 | 35,5 | 36,1 | 32,1 | 36,9 | 36,7 | 48,3 | 50,8 | 53,8 | | | | | | | | | |
| 10 | 79,5 | 67,9 | 60,9 | 56,0 | 42,8 | 44,2 | 36,8 | 32,8 | 33,8 | 30,7 | 34,7 | 35,0 | 43,9 | 45,7 | | | | | | | | | | |
| 11 | 71,3 | 60,2 | 54,2 | 48,4 | 38,5 | 41,9 | 32,8 | 31,9 | 32,5 | 29,8 | 33,6 | 32,4 | 40,9 | | | | | | | | | | | |
| 12 | 62,3 | 56,1 | 49,7 | 46,3 | 35,9 | 40,4 | 30,4 | 31,3 | 31,2 | 28,4 | 32,1 | 30,7 | | | | | | | | | | | | |
| 13 | 59,0 | 51,7 | 47,4 | 42,8 | 33,6 | 37,8 | 29,1 | 30,1 | 29,6 | 25,9 | 29,2 | | | | | | | | | | | | | |
| 14 | 56,6 | 47,7 | 45,6 | 39,9 | 31,9 | 37,5 | 28,8 | 28,3 | 28,6 | 22,7 | | | | | | | | | | | | | | |
| 15 | 53,3 | 44,6 | 44,5 | 37,2 | 30,3 | 35,2 | 27,8 | 27,7 | 26,3 | | | | | | | | | | | | | | | |
| 16 | 50,8 | 42,3 | 42,1 | 35,5 | 29,6 | 34,1 | 26,4 | 25,6 | | | | | | | | | | | | | | | | |
| 17 | 49,2 | 41,5 | 36,3 | 34,0 | 28,6 | 32,6 | 23,7 | | | | | | | | | | | | | | | | | |
| 18 | 47,5 | 39,4 | 34,9 | 33,1 | 26,3 | 31,8 | | | | | | | | | | | | | | | | | | |
| 19 | 42,6 | 38,0 | 33,3 | 32,0 | 24,0 | | | | | | | | | | | | | | | | | | | |
| 20 | 38,5 | 37,4 | 30,0 | 29,6 | | | | | | | | | | | | | | | | | | | | |
| 21 | 36,1 | 35,9 | 29,3 | | | | | | | | | | | | | | | | | | | | | |
| 22 | 33,6 | 34,5 | | | | | | | | | | | | | | | | | | | | | | |
| 23 | 32,0 | | | | | | | | | | | | | | | | | | | | | | | |

Статистика эмпирического исследования

| | 1991 | 1992 | 1993 | 1994 | 1995 | 1996 | 1997 | 1998 | 1999 | 2000 | 2001 | 2002 | 2003 | 2004 | 2005 | 2006 | 2007 | 2008 | 2009 | 2010 | 2011 | 2012 | 2013 | 2014 |
|---|---|---|---|---|---|---|---|---|---|---|---|---|---|---|---|---|---|---|---|---|---|---|---|---|
| K1 | 122 | 757 | 553 | 341 | 304 | 267 | 299 | 332 | 388 | 436 | 455 | 463 | 545 | 429 | 470 | 710 | 689 | 634 | 500 | 537 | 533 | 666 | 670 | 629 |
| K2 | 14,5 | 12,6 | 12,1 | 10,9 | 9,6 | 8,1 | 7,1 | 6,4 | 6,1 | 5,5 | 5,1 | 4,4 | 4,8 | 5,2 | 4,9 | 4,8 | 4,6 | 3,9 | 3,8 | 3,2 | 2,9 | 2,3 | 1,6 | - |
| K3 | 7,7 | | | | | | | | | | | | | | | | | | | | | | | |

Таблица 7.18 – Выживаемость компаний Смоленской области за период 1991–2014 гг., %

| T+ | 1991 | 1992 | 1993 | 1994 | 1995 | 1996 | 1997 | 1998 | 1999 | 2000 | 2001 | 2002 | 2003 | 2004 | 2005 | 2006 | 2007 | 2008 | 2009 | 2010 | 2011 | 2012 | 2013 | 2014 |
|---|---|---|---|---|---|---|---|---|---|---|---|---|---|---|---|---|---|---|---|---|---|---|---|---|
| 0 |  |  |  |  |  |  |  |  | 96,2 | 95,1 | 90,3 | 92,7 | 95,0 | 95,7 | 96,3 | 95,8 | 95,2 | 92,1 | 96,5 | 93,1 | 94,8 | 94,7 | 90,7 | 86,3 |
| 1 |  |  |  |  |  |  |  | 94,2 | 85,7 | 81,5 | 80,7 | 83,5 | 86,0 | 87,0 | 91,4 | 88,2 | 86,3 | 86,6 | 85,6 | 86,6 | 86,7 | 82,0 | 72,2 |  |
| 2 |  |  |  |  |  |  | 90,8 | 82,6 | 76,4 | 68,5 | 72,2 | 77,0 | 81,5 | 79,6 | 83,5 | 80,8 | 80,7 | 79,0 | 79,2 | 79,0 | 73,6 | 67,0 |  |  |
| 3 |  |  |  |  |  | 92,8 | 80,9 | 74,3 | 64,3 | 60,0 | 66,5 | 71,1 | 76,5 | 73,2 | 75,9 | 76,2 | 73,9 | 73,3 | 73,0 | 66,7 | 60,8 |  |  |  |
| 4 |  |  |  |  | 94,2 | 86,8 | 74,3 | 63,3 | 58,5 | 54,2 | 60,5 | 64,4 | 69,1 | 64,9 | 71,6 | 72,2 | 69,8 | 68,5 | 63,8 | 55,8 |  |  |  |  |
| 5 |  |  |  | 93,5 | 84,6 | 77,9 | 61,7 | 55,0 | 54,0 | 51,6 | 56,8 | 59,4 | 63,8 | 59,5 | 68,5 | 68,5 | 66,1 | 61,8 | 53,9 |  |  |  |  |  |
| 6 |  |  | 95,8 | 82,8 | 74,3 | 68,5 | 56,1 | 50,5 | 51,1 | 46,6 | 52,0 | 53,5 | 61,0 | 57,0 | 66,8 | 65,2 | 59,4 | 53,0 |  |  |  |  |  |  |
| 7 |  | 96,3 | 91,5 | 76,0 | 65,6 | 63,4 | 53,1 | 48,0 | 47,4 | 41,4 | 49,1 | 50,4 | 57,1 | 55,6 | 64,1 | 60,4 | 51,6 |  |  |  |  |  |  |  |
| 8 | 96,0 | 91,8 | 81,5 | 67,2 | 61,4 | 60,0 | 50,8 | 46,2 | 44,5 | 38,6 | 45,4 | 46,3 | 55,2 | 53,5 | 57,4 | 54,0 |  |  |  |  |  |  |  |  |
| 9 | 89,1 | 81,8 | 74,0 | 63,4 | 58,5 | 55,3 | 48,5 | 40,7 | 41,7 | 35,9 | 41,9 | 44,4 | 52,7 | 48,4 | 51,2 |  |  |  |  |  |  |  |  |  |
| 10 | 84,1 | 69,0 | 68,4 | 60,7 | 54,8 | 53,6 | 43,6 | 38,5 | 40,0 | 33,4 | 41,0 | 42,4 | 49,5 | 43,8 |  |  |  |  |  |  |  |  |  |  |
| 11 | 77,1 | 62,5 | 62,9 | 56,9 | 51,9 | 51,5 | 41,3 | 36,1 | 37,9 | 32,1 | 37,7 | 38,9 | 45,1 |  |  |  |  |  |  |  |  |  |  |  |
| 12 | 74,1 | 58,1 | 58,7 | 52,7 | 48,1 | 48,5 | 40,6 | 32,4 | 37,2 | 30,7 | 34,2 | 34,6 |  |  |  |  |  |  |  |  |  |  |  |  |
| 13 | 72,6 | 52,9 | 54,9 | 49,6 | 43,6 | 47,2 | 36,6 | 30,9 | 35,7 | 28,4 | 30,0 |  |  |  |  |  |  |  |  |  |  |  |  |  |
| 14 | 66,7 | 50,8 | 53,0 | 45,8 | 41,1 | 45,1 | 34,3 | 30,3 | 34,3 | 25,8 |  |  |  |  |  |  |  |  |  |  |  |  |  |  |
| 15 | 65,7 | 47,1 | 51,0 | 42,7 | 39,8 | 44,3 | 33,7 | 28,7 | 30,9 |  |  |  |  |  |  |  |  |  |  |  |  |  |  |  |
| 16 | 63,2 | 45,0 | 49,3 | 42,0 | 38,2 | 43,0 | 31,4 | 25,7 |  |  |  |  |  |  |  |  |  |  |  |  |  |  |  |  |
| 17 | 59,2 | 42,6 | 47,7 | 40,8 | 37,3 | 37,9 | 28,7 |  |  |  |  |  |  |  |  |  |  |  |  |  |  |  |  |  |
| 18 | 57,2 | 40,8 | 45,8 | 39,3 | 34,9 | 34,0 |  |  |  |  |  |  |  |  |  |  |  |  |  |  |  |  |  |  |
| 19 | 53,7 | 39,2 | 44,0 | 37,4 | 32,0 |  |  |  |  |  |  |  |  |  |  |  |  |  |  |  |  |  |  |  |
| 20 | 50,2 | 37,9 | 42,2 | 34,0 |  |  |  |  |  |  |  |  |  |  |  |  |  |  |  |  |  |  |  |  |
| 21 | 48,8 | 36,1 | 37,8 |  |  |  |  |  |  |  |  |  |  |  |  |  |  |  |  |  |  |  |  |  |
| 22 | 44,8 | 33,6 |  |  |  |  |  |  |  |  |  |  |  |  |  |  |  |  |  |  |  |  |  |  |
| 23 | 40,8 |  |  |  |  |  |  |  |  |  |  |  |  |  |  |  |  |  |  |  |  |  |  |  |

Статистика эмпирического исследования

| | 1991 | 1992 | 1993 | 1994 | 1995 | 1996 | 1997 | 1998 | 1999 | 2000 | 2001 | 2002 | 2003 | 2004 | 2005 | 2006 | 2007 | 2008 | 2009 | 2010 | 2011 | 2012 | 2013 | 2014 |
|---|---|---|---|---|---|---|---|---|---|---|---|---|---|---|---|---|---|---|---|---|---|---|---|---|
| K1 | 201 | 1128 | 661 | 262 | 241 | 235 | 303 | 327 | 470 | 577 | 544 | 710 | 643 | 667 | 816 | 1366 | 1068 | 1004 | 770 | 921 | 1251 | 1182 | 1189 | 1284 |
| K2 | 15,6 | 13,2 | 12,7 | 11,2 | 10,1 | 9,5 | 7,9 | 6,9 | 5,9 | 5,5 | 5,8 | 5,7 | 5,6 | 5,2 | 5,4 | 4,8 | 4,5 | 4,0 | 3,8 | 3,3 | 2,9 | 2,3 | 1,7 | - |
| K3 | 7,3 |  |  |  |  |  |  |  |  |  |  |  |  |  |  |  |  |  |  |  |  |  |  |  |

Таблица 7.19 – Выживаемость компаний Тамбовской области за период 1991–2014 гг., %

| T+ | 1991 | 1992 | 1993 | 1994 | 1995 | 1996 | 1997 | 1998 | 1999 | 2000 | 2001 | 2002 | 2003 | 2004 | 2005 | 2006 | 2007 | 2008 | 2009 | 2010 | 2011 | 2012 | 2013 | 2014 |
|---|---|---|---|---|---|---|---|---|---|---|---|---|---|---|---|---|---|---|---|---|---|---|---|---|
| 0 | | | | | | | | | 97,6 | 90,5 | 95,7 | 91,0 | 91,9 | 95,0 | 93,0 | 95,4 | 94,3 | 93,9 | 96,6 | 95,3 | 94,0 | 94,5 | 90,0 | 83,6 |
| 1 | | | | | | | | 91,8 | 83,1 | 78,0 | 81,9 | 82,2 | 84,8 | 84,4 | 85,5 | 88,5 | 87,9 | 89,1 | 88,3 | 86,6 | 82,6 | 77,7 | 72,5 | |
| 2 | | | | | | | 89,0 | 81,9 | 73,1 | 67,2 | 74,0 | 72,4 | 76,2 | 77,1 | 78,2 | 84,1 | 83,6 | 82,0 | 81,1 | 76,1 | 66,8 | 58,8 | | |
| 3 | | | | | | 94,4 | 75,4 | 73,7 | 62,7 | 60,1 | 67,1 | 64,4 | 71,9 | 69,8 | 74,4 | 80,3 | 80,0 | 77,8 | 76,7 | 63,8 | 53,8 | | | |
| 4 | | | | | 90,3 | 83,2 | 69,7 | 62,5 | 58,2 | 56,1 | 59,6 | 58,6 | 66,2 | 66,3 | 70,7 | 76,5 | 77,0 | 71,8 | 67,4 | 54,7 | | | | |
| 5 | | | | 92,1 | 81,9 | 72,6 | 59,2 | 56,3 | 55,3 | 52,1 | 54,6 | 53,6 | 62,1 | 61,6 | 66,7 | 73,3 | 72,1 | 65,0 | 56,8 | | | | | |
| 6 | | | 96,0 | 83,9 | 73,8 | 64,2 | 52,2 | 53,6 | 51,1 | 49,0 | 49,5 | 50,2 | 60,5 | 59,0 | 64,6 | 70,0 | 65,7 | 55,2 | | | | | | |
| 7 | | 96,7 | 88,5 | 75,2 | 66,2 | 57,5 | 48,7 | 51,3 | 47,6 | 45,5 | 46,0 | 48,7 | 58,3 | 55,7 | 63,0 | 64,7 | 57,8 | | | | | | | |
| 8 | 96,4 | 92,7 | 78,8 | 62,7 | 57,8 | 54,7 | 46,5 | 48,4 | 45,1 | 43,7 | 43,9 | 46,2 | 56,2 | 53,3 | 55,1 | 59,3 | | | | | | | | |
| 9 | 90,4 | 85,6 | 65,9 | 56,1 | 53,2 | 49,7 | 43,0 | 45,4 | 42,9 | 40,8 | 38,9 | 43,9 | 53,3 | 50,0 | 50,3 | | | | | | | | | |
| 10 | 86,8 | 72,2 | 60,1 | 49,7 | 50,6 | 47,5 | 42,1 | 44,1 | 41,6 | 35,9 | 36,4 | 42,5 | 50,5 | 44,8 | | | | | | | | | | |
| 11 | 80,2 | 66,7 | 55,4 | 46,4 | 47,3 | 44,7 | 40,4 | 42,4 | 39,6 | 35,3 | 35,0 | 38,7 | 46,9 | | | | | | | | | | | |
| 12 | 78,4 | 61,8 | 49,1 | 44,5 | 45,1 | 41,9 | 39,0 | 40,8 | 36,2 | 33,3 | 32,7 | 35,6 | | | | | | | | | | | | |
| 13 | 77,2 | 55,2 | 46,4 | 41,2 | 43,9 | 40,2 | 36,8 | 38,2 | 35,6 | 31,7 | 29,5 | | | | | | | | | | | | | |
| 14 | 74,9 | 50,9 | 43,8 | 39,7 | 43,0 | 38,5 | 35,1 | 36,5 | 34,4 | 29,0 | | | | | | | | | | | | | | |
| 15 | 73,7 | 47,3 | 41,7 | 37,0 | 38,4 | 36,3 | 33,8 | 32,6 | 32,4 | | | | | | | | | | | | | | | |
| 16 | 71,9 | 45,6 | 40,1 | 33,9 | 36,7 | 35,2 | 32,9 | 29,9 | | | | | | | | | | | | | | | | |
| 17 | 69,5 | 43,6 | 38,4 | 30,9 | 34,2 | 31,8 | 28,9 | | | | | | | | | | | | | | | | | |
| 18 | 67,7 | 41,4 | 37,8 | 30,0 | 32,1 | 29,6 | | | | | | | | | | | | | | | | | | |
| 19 | 64,1 | 39,5 | 36,8 | 27,6 | 30,4 | | | | | | | | | | | | | | | | | | | |
| 20 | 62,3 | 37,6 | 34,1 | 25,2 | | | | | | | | | | | | | | | | | | | | |
| 21 | 60,5 | 34,9 | 32,8 | | | | | | | | | | | | | | | | | | | | | |
| 22 | 58,1 | 32,4 | | | | | | | | | | | | | | | | | | | | | | |
| 23 | 53,9 | | | | | | | | | | | | | | | | | | | | | | | |
| **Статистика эмпирического исследования** | | | | | | | | | | | | | | | | | | | | | | | | |
| K1 | 167 | 972 | 619 | 330 | 237 | 179 | 228 | 304 | 450 | 451 | 535 | 522 | 420 | 424 | 559 | 1081 | 696 | 688 | 592 | 633 | 731 | 835 | 904 | 860 |
| K2 | 15,6 | 13,7 | 11,8 | 11,0 | 9,9 | 9,0 | 7,4 | 7,0 | 5,7 | 5,4 | 5,7 | 5,1 | 5,1 | 5,1 | 5,0 | 4,9 | 4,7 | 4,3 | 3,9 | 3,3 | 2,8 | 2,3 | 1,6 | - |
| K3 | 7,7 | | | | | | | | | | | | | | | | | | | | | | | |

Таблица 8.01 – Выживаемость компаний Южного федерального округа за период 1991–2014 гг., % (скорректировано)

| T+ | 1991 | 1992 | 1993 | 1994 | 1995 | 1996 | 1997 | 1998 | 1999 | 2000 | 2001 | 2002 | 2003 | 2004 | 2005 | 2006 | 2007 | 2008 | 2009 | 2010 | 2011 | 2012 | 2013 | 2014 |
|---|---|---|---|---|---|---|---|---|---|---|---|---|---|---|---|---|---|---|---|---|---|---|---|---|
| 0 | | | | | | | | | 94,6 | 92,9 | 93,4 | 90,2 | 90,4 | 92,1 | 92,1 | 94,0 | 91,8 | 92,0 | 94,9 | 93,2 | 95,1 | 94,0 | 89,9 | 90,6 |
| 1 | | | | | | | | 91,6 | 83,4 | 81,0 | 80,0 | 76,4 | 80,1 | 80,5 | 83,2 | 84,6 | 81,5 | 83,5 | 84,4 | 85,4 | 84,7 | 77,1 | 71,9 | |
| 2 | | | | | | | 90,6 | 80,5 | 72,8 | 68,5 | 68,8 | 66,5 | 70,3 | 72,1 | 74,0 | 77,3 | 74,2 | 74,5 | 76,6 | 76,3 | 68,9 | 61,0 | | |
| 3 | | | | | | 91,5 | 80,3 | 70,9 | 62,3 | 59,1 | 60,2 | 58,6 | 64,0 | 64,7 | 67,3 | 71,8 | 68,1 | 69,5 | 69,9 | 64,0 | 55,7 | | | |
| 4 | | | | | 91,8 | 82,7 | 71,5 | 61,7 | 54,5 | 52,6 | 53,1 | 53,5 | 58,5 | 59,1 | 62,9 | 66,3 | 63,5 | 64,6 | 60,5 | 52,5 | | | | |
| 5 | | | | 92,0 | 83,1 | 74,8 | 63,2 | 54,8 | 49,4 | 47,4 | 48,8 | 48,9 | 53,9 | 55,4 | 59,2 | 61,7 | 59,2 | 55,6 | 49,5 | | | | | |
| 6 | | | 93,2 | 84,0 | 74,6 | 66,7 | 56,3 | 49,6 | 44,8 | 43,9 | 45,2 | 44,7 | 50,7 | 52,4 | 56,2 | 58,2 | 52,2 | 47,2 | | | | | | |
| 7 | | 94,0 | 85,9 | 77,2 | 66,0 | 60,3 | 51,8 | 45,3 | 41,8 | 40,2 | 42,1 | 41,6 | 47,8 | 50,0 | 53,3 | 52,1 | 44,7 | | | | | | | |
| 8 | 93,5 | 88,2 | 78,6 | 69,2 | 59,8 | 56,1 | 48,5 | 42,2 | 38,5 | 37,9 | 39,8 | 39,4 | 45,8 | 47,5 | 48,3 | 44,9 | | | | | | | | |
| 9 | 86,3 | 81,6 | 70,2 | 63,4 | 56,1 | 51,7 | 45,6 | 39,7 | 36,3 | 36,0 | 37,9 | 37,8 | 43,8 | 42,8 | 42,7 | | | | | | | | | |
| 10 | 79,1 | 73,1 | 63,6 | 58,9 | 52,4 | 48,5 | 43,0 | 37,4 | 35,0 | 34,5 | 36,4 | 36,2 | 40,4 | 38,0 | | | | | | | | | | |
| 11 | 70,5 | 65,4 | 59,1 | 54,3 | 49,6 | 46,0 | 40,7 | 35,3 | 33,5 | 33,2 | 34,7 | 33,4 | 36,2 | | | | | | | | | | | |
| 12 | 64,2 | 60,8 | 54,1 | 50,9 | 47,1 | 43,6 | 39,1 | 33,7 | 32,1 | 32,0 | 32,1 | 29,9 | | | | | | | | | | | | |
| 13 | 60,2 | 56,1 | 50,6 | 47,9 | 44,6 | 42,0 | 37,8 | 32,6 | 30,9 | 30,1 | 28,0 | | | | | | | | | | | | | |
| 14 | 55,9 | 52,6 | 47,6 | 45,0 | 42,7 | 40,6 | 36,8 | 31,4 | 29,0 | 27,0 | | | | | | | | | | | | | | |
| 15 | 53,1 | 49,7 | 44,9 | 43,2 | 41,1 | 39,6 | 35,4 | 29,4 | 26,2 | | | | | | | | | | | | | | | |
| 16 | 50,1 | 46,8 | 42,9 | 41,1 | 39,7 | 38,5 | 33,3 | 27,0 | | | | | | | | | | | | | | | | |
| 17 | 47,6 | 44,8 | 40,8 | 39,4 | 38,7 | 36,8 | 30,0 | | | | | | | | | | | | | | | | | |
| 18 | 45,4 | 42,9 | 38,9 | 37,8 | 36,3 | 34,2 | | | | | | | | | | | | | | | | | | |
| 19 | 43,2 | 40,7 | 37,4 | 35,3 | 33,3 | | | | | | | | | | | | | | | | | | | |
| 20 | 41,4 | 38,9 | 34,9 | 32,5 | | | | | | | | | | | | | | | | | | | | |
| 21 | 39,3 | 36,0 | 31,7 | | | | | | | | | | | | | | | | | | | | | |
| 22 | 36,7 | 33,0 | | | | | | | | | | | | | | | | | | | | | | |
| 23 | 33,1 | | | | | | | | | | | | | | | | | | | | | | | |

Статистика эмпирического исследования

| | 1991 | 1992 | 1993 | 1994 | 1995 | 1996 | 1997 | 1998 | 1999 | 2000 | 2001 | 2002 | 2003 | 2004 | 2005 | 2006 | 2007 | 2008 | 2009 | 2010 | 2011 | 2012 | 2013 | 2014 |
|---|---|---|---|---|---|---|---|---|---|---|---|---|---|---|---|---|---|---|---|---|---|---|---|---|
| K1 | 2708 | 9047 | 7535 | 5078 | 4670 | 4181 | 4224 | 4719 | 6417 | 6189 | 6061 | 6368 | 6083 | 5779 | 6858 | 10365 | 8022 | 7412 | 6061 | 6683 | 6759 | 6349 | 5714 | 9615 |
| K2 | 14,5 | 13,6 | 12,4 | 11,2 | 9,9 | 8,7 | 7,6 | 6,5 | 5,7 | 5,3 | 5,3 | 4,8 | 4,9 | 4,8 | 4,7 | 4,8 | 4,2 | 4,0 | 3,7 | 3,3 | 2,8 | 2,3 | 1,6 | - |
| K3 | 8,1 | | | | | | | | | | | | | | | | | | | | | | | |

Таблица 8.02 – Выживаемость компаний Республики Адыгея за период 1991–2014 гг., %

| Т+ | 1991 | 1992 | 1993 | 1994 | 1995 | 1996 | 1997 | 1998 | 1999 | 2000 | 2001 | 2002 | 2003 | 2004 | 2005 | 2006 | 2007 | 2008 | 2009 | 2010 | 2011 | 2012 | 2013 | 2014 |
|---|---|---|---|---|---|---|---|---|---|---|---|---|---|---|---|---|---|---|---|---|---|---|---|---|
| 0 | | | | | | | | | 95,6 | 92,0 | 92,4 | 83,5 | 91,0 | 95,0 | 96,4 | 96,6 | 95,7 | 94,0 | 93,4 | 96,3 | 95,4 | 92,2 | 89,9 | 88,8 |
| 1 | | | | | | | | 94,4 | 86,7 | 84,0 | 73,2 | 67,5 | 81,1 | 91,1 | 89,6 | 91,2 | 90,7 | 86,7 | 86,8 | 85,9 | 83,2 | 80,1 | 70,8 | |
| 2 | | | | | | | 90,4 | 82,6 | 77,2 | 64,0 | 62,9 | 56,5 | 71,1 | 80,4 | 81,3 | 85,8 | 84,5 | 78,3 | 78,9 | 77,3 | 70,0 | 68,0 | | |
| 3 | | | | | | 89,3 | 79,1 | 69,4 | 61,7 | 49,1 | 54,0 | 48,5 | 65,7 | 77,1 | 76,0 | 80,8 | 77,3 | 71,7 | 73,1 | 66,9 | 62,1 | | | |
| 4 | | | | | 96,3 | 80,9 | 67,0 | 50,7 | 51,1 | 44,6 | 49,1 | 43,0 | 61,2 | 73,2 | 70,8 | 75,6 | 71,1 | 67,2 | 66,9 | 56,9 | | | | |
| 5 | | | | 94,2 | 89,0 | 70,2 | 54,8 | 40,3 | 46,7 | 39,4 | 44,6 | 39,0 | 55,2 | 69,8 | 68,2 | 68,1 | 64,0 | 60,2 | 55,0 | | | | | |
| 6 | | | 95,7 | 84,4 | 80,4 | 62,6 | 45,2 | 32,6 | 43,3 | 36,6 | 43,8 | 35,0 | 51,2 | 69,3 | 67,2 | 65,1 | 57,8 | 53,6 | | | | | | |
| 7 | | 96,4 | 89,3 | 76,0 | 66,3 | 55,7 | 40,0 | 31,3 | 41,7 | 33,1 | 39,3 | 32,5 | 47,8 | 62,6 | 65,6 | 59,5 | 48,1 | | | | | | | |
| 8 | 96,2 | 92,1 | 80,1 | 61,7 | 55,8 | 50,4 | 39,1 | 27,8 | 38,9 | 30,9 | 37,5 | 31,5 | 44,3 | 59,8 | 60,4 | 51,3 | | | | | | | | |
| 9 | 90,4 | 85,2 | 68,7 | 53,9 | 52,1 | 45,0 | 36,5 | 25,7 | 36,1 | 28,6 | 36,6 | 31,0 | 40,8 | 57,0 | 54,2 | | | | | | | | | |
| 10 | 81,7 | 75,8 | 59,4 | 49,4 | 50,3 | 44,3 | 34,8 | 22,9 | 35,6 | 28,0 | 35,7 | 30,0 | 37,8 | 52,5 | | | | | | | | | | |
| 11 | 69,2 | 68,2 | 53,7 | 46,8 | 49,7 | 42,7 | 30,4 | 21,5 | 34,4 | 27,4 | 33,9 | 28,0 | 32,8 | | | | | | | | | | | |
| 12 | 59,6 | 63,5 | 51,2 | 44,8 | 47,9 | 41,2 | 28,7 | 20,1 | 34,4 | 26,3 | 29,9 | 23,5 | | | | | | | | | | | | |
| 13 | 55,8 | 61,0 | 50,2 | 42,2 | 46,6 | 38,2 | 27,8 | 18,8 | 32,8 | 24,0 | 25,0 | | | | | | | | | | | | | |
| 14 | 51,0 | 59,6 | 47,7 | 40,9 | 44,8 | 37,4 | 27,8 | 18,8 | 28,9 | 19,4 | | | | | | | | | | | | | | |
| 15 | 49,0 | 57,4 | 46,3 | 39,0 | 42,9 | 34,4 | 27,0 | 18,1 | 28,3 | | | | | | | | | | | | | | | |
| 16 | 45,2 | 53,8 | 45,2 | 38,3 | 40,5 | 33,6 | 25,2 | 16,7 | | | | | | | | | | | | | | | | |
| 17 | 42,3 | 51,3 | 43,4 | 35,7 | 39,9 | 32,8 | 22,6 | | | | | | | | | | | | | | | | | |
| 18 | 41,3 | 49,5 | 40,6 | 34,4 | 37,4 | 30,5 | | | | | | | | | | | | | | | | | | |
| 19 | 39,4 | 46,6 | 38,8 | 29,9 | 33,1 | | | | | | | | | | | | | | | | | | | |
| 20 | 38,5 | 44,0 | 37,0 | 28,6 | | | | | | | | | | | | | | | | | | | | |
| 21 | 32,7 | 40,8 | 35,6 | | | | | | | | | | | | | | | | | | | | | |
| 22 | 31,7 | 38,3 | | | | | | | | | | | | | | | | | | | | | | |
| 23 | 29,8 | | | | | | | | | | | | | | | | | | | | | | | |

| | Статистика эмпирического исследования | | | | | | | | | | | | | | | | | | | | | | | |
|---|---|---|---|---|---|---|---|---|---|---|---|---|---|---|---|---|---|---|---|---|---|---|---|---|
| К1 | 104 | 277 | 281 | 154 | 163 | 131 | 115 | 144 | 180 | 175 | 224 | 200 | 201 | 179 | 192 | 536 | 322 | 332 | 242 | 269 | 280 | 281 | 356 | 278 |
| К2 | 14,4 | 14,0 | 11,9 | 10,8 | 10,1 | 8,3 | 7,1 | 5,9 | 5,5 | 5,2 | 5,1 | 4,2 | 5,3 | 5,4 | 5,1 | 5,4 | 4,9 | 3,9 | 3,8 | 3,3 | 2,6 | 2,1 | 1,7 | – |
| К3 | 7,8 | | | | | | | | | | | | | | | | | | | | | | | |

Таблица 8.03 – Выживаемость компаний Краснодарского края за период 1991–2014 гг., %

| T+ | 1991 | 1992 | 1993 | 1994 | 1995 | 1996 | 1997 | 1998 | 1999 | 2000 | 2001 | 2002 | 2003 | 2004 | 2005 | 2006 | 2007 | 2008 | 2009 | 2010 | 2011 | 2012 | 2013 | 2014 |
|---|---|---|---|---|---|---|---|---|---|---|---|---|---|---|---|---|---|---|---|---|---|---|---|---|
| 0 | | | | | | | | | 96,3 | 94,6 | 93,5 | 92,0 | 90,0 | 93,7 | 91,4 | 94,3 | 92,1 | 93,6 | 95,8 | 94,5 | 95,6 | 93,0 | 89,1 | 82,9 |
| 1 | | | | | | | | 94,4 | 86,1 | 82,1 | 81,7 | 78,1 | 79,6 | 80,8 | 83,3 | 85,2 | 83,2 | 85,4 | 86,3 | 87,2 | 83,2 | 72,9 | 71,0 | |
| 2 | | | | | | | 92,5 | 85,6 | 77,0 | 71,0 | 69,5 | 68,2 | 68,8 | 72,9 | 73,8 | 78,1 | 75,9 | 76,8 | 78,5 | 76,3 | 62,4 | 56,5 | | |
| 3 | | | | | | 92,1 | 82,0 | 76,6 | 65,7 | 60,7 | 61,1 | 58,9 | 63,1 | 65,9 | 67,9 | 73,1 | 70,6 | 72,0 | 70,2 | 60,5 | 48,4 | | | |
| 4 | | | | | 91,1 | 84,1 | 73,5 | 66,8 | 57,8 | 53,0 | 52,7 | 53,9 | 57,5 | 60,2 | 63,7 | 68,3 | 66,5 | 66,1 | 58,4 | 48,2 | | | | |
| 5 | | | | 93,1 | 84,5 | 75,2 | 65,6 | 59,2 | 51,7 | 47,2 | 48,8 | 48,8 | 53,3 | 56,5 | 61,0 | 64,8 | 62,4 | 55,6 | 46,4 | | | | | |
| 6 | | | 94,7 | 86,1 | 75,0 | 67,5 | 57,2 | 53,7 | 46,2 | 44,2 | 44,4 | 45,3 | 50,2 | 53,1 | 58,0 | 60,7 | 53,8 | 44,9 | | | | | | |
| 7 | | 95,5 | 88,8 | 79,5 | 67,5 | 59,6 | 50,6 | 48,9 | 43,5 | 39,9 | 41,6 | 41,5 | 47,8 | 50,6 | 54,4 | 53,1 | 45,0 | | | | | | | |
| 8 | 94,9 | 90,9 | 82,6 | 72,9 | 61,3 | 54,6 | 46,8 | 45,4 | 40,5 | 37,5 | 39,6 | 39,3 | 45,9 | 47,5 | 47,5 | 44,6 | | | | | | | | |
| 9 | 88,1 | 84,4 | 74,8 | 67,6 | 58,0 | 49,5 | 44,0 | 42,4 | 38,2 | 35,5 | 37,4 | 38,0 | 44,1 | 41,7 | 40,8 | | | | | | | | | |
| 10 | 82,0 | 77,4 | 69,4 | 62,0 | 53,8 | 45,7 | 41,2 | 39,3 | 36,6 | 34,3 | 36,0 | 36,6 | 39,4 | 35,5 | | | | | | | | | | |
| 11 | 73,7 | 71,3 | 64,4 | 56,9 | 50,1 | 42,5 | 38,3 | 36,6 | 35,0 | 32,6 | 34,3 | 32,9 | 34,2 | | | | | | | | | | | |
| 12 | 67,0 | 66,2 | 59,1 | 53,6 | 47,4 | 39,9 | 36,5 | 34,5 | 33,6 | 30,8 | 31,0 | 28,5 | | | | | | | | | | | | |
| 13 | 61,8 | 60,9 | 55,2 | 49,7 | 44,5 | 38,3 | 34,9 | 33,4 | 32,0 | 28,6 | 26,6 | | | | | | | | | | | | | |
| 14 | 57,9 | 57,4 | 51,6 | 46,6 | 42,7 | 36,8 | 33,6 | 31,8 | 29,3 | 24,6 | | | | | | | | | | | | | | |
| 15 | 54,9 | 54,9 | 49,7 | 44,8 | 41,5 | 35,5 | 32,1 | 29,3 | 25,2 | | | | | | | | | | | | | | | |
| 16 | 51,8 | 52,7 | 47,9 | 42,9 | 40,3 | 34,2 | 29,1 | 26,5 | | | | | | | | | | | | | | | | |
| 17 | 50,1 | 50,8 | 45,5 | 41,3 | 39,0 | 32,0 | 25,7 | | | | | | | | | | | | | | | | | |
| 18 | 48,6 | 49,2 | 43,6 | 40,1 | 36,0 | 29,3 | | | | | | | | | | | | | | | | | | |
| 19 | 46,3 | 46,9 | 41,7 | 37,6 | 32,8 | | | | | | | | | | | | | | | | | | | |
| 20 | 43,9 | 44,8 | 38,4 | 34,3 | | | | | | | | | | | | | | | | | | | | |
| 21 | 41,6 | 40,6 | 34,6 | | | | | | | | | | | | | | | | | | | | | |
| 22 | 38,7 | 36,9 | | | | | | | | | | | | | | | | | | | | | | |
| 23 | 34,8 | | | | | | | | | | | | | | | | | | | | | | | |

Статистика эмпирического исследования

| | 1991 | 1992 | 1993 | 1994 | 1995 | 1996 | 1997 | 1998 | 1999 | 2000 | 2001 | 2002 | 2003 | 2004 | 2005 | 2006 | 2007 | 2008 | 2009 | 2010 | 2011 | 2012 | 2013 | 2014 |
|---|---|---|---|---|---|---|---|---|---|---|---|---|---|---|---|---|---|---|---|---|---|---|---|---|
| K1 | 874 | 2762 | 2229 | 1486 | 1252 | 1272 | 1149 | 1258 | 1657 | 1599 | 1691 | 1846 | 1752 | 1629 | 1933 | 2951 | 2280 | 2027 | 1663 | 1963 | 1979 | 1734 | 1295 | 817 |
| K2 | 14,8 | 14,2 | 12,9 | 11,5 | 10,1 | 8,9 | 8,0 | 7,2 | 6,2 | 5,6 | 5,4 | 5,1 | 5,0 | 5,2 | 5,0 | 5,0 | 4,4 | 4,3 | 3,9 | 3,4 | 2,9 | 2,2 | 1,6 | - |
| K3 | 8,7 | | | | | | | | | | | | | | | | | | | | | | | |

Таблица 8.04 – Выживаемость компаний Республики Калмыкии за период 1991–2014 гг., %

| T+ | 1991 | 1992 | 1993 | 1994 | 1995 | 1996 | 1997 | 1998 | 1999 | 2000 | 2001 | 2002 | 2003 | 2004 | 2005 | 2006 | 2007 | 2008 | 2009 | 2010 | 2011 | 2012 | 2013 | 2014 |
|---|---|---|---|---|---|---|---|---|---|---|---|---|---|---|---|---|---|---|---|---|---|---|---|---|
| 0 | | | | | | | | | 96,2 | 97,1 | 89,6 | 85,1 | 85,8 | 85,5 | 90,0 | 95,6 | 90,1 | 90,3 | 95,3 | 97,6 | 98,4 | 97,7 | 87,5 | 81,9 |
| 1 | | | | | | | | 94,4 | 90,0 | 76,7 | 74,0 | 63,1 | 70,8 | 75,2 | 74,0 | 85,8 | 80,9 | 81,2 | 91,6 | 92,8 | 93,8 | 79,1 | 62,5 | |
| 2 | | | | | | | 91,2 | 85,4 | 76,8 | 56,2 | 56,8 | 47,0 | 62,5 | 64,1 | 62,0 | 76,5 | 75,9 | 77,3 | 82,2 | 89,6 | 82,0 | 65,1 | | |
| 3 | | | | | | 95,8 | 87,9 | 71,9 | 66,8 | 46,2 | 41,7 | 42,3 | 56,7 | 53,0 | 53,0 | 73,0 | 68,1 | 75,3 | 74,8 | 75,2 | 70,3 | | | |
| 4 | | | | | 90,4 | 89,6 | 65,9 | 53,9 | 54,5 | 36,2 | 32,8 | 36,3 | 48,3 | 43,6 | 48,0 | 70,8 | 63,8 | 70,8 | 67,3 | 60,0 | | | | |
| 5 | | | | 90,7 | 82,7 | 72,9 | 48,4 | 42,7 | 46,9 | 28,6 | 28,6 | 32,7 | 43,3 | 40,2 | 42,0 | 66,4 | 63,8 | 61,0 | 53,3 | | | | | |
| 6 | | | 92,0 | 77,1 | 67,3 | 60,4 | 40,7 | 37,1 | 40,8 | 22,9 | 27,6 | 28,6 | 40,0 | 37,6 | 41,0 | 63,3 | 53,2 | 51,3 | | | | | | |
| 7 | | 95,0 | 83,3 | 71,2 | 55,8 | 50,0 | 37,4 | 30,3 | 34,1 | 18,1 | 26,0 | 26,2 | 36,7 | 35,9 | 40,0 | 56,2 | 44,0 | | | | | | | |
| 8 | 97,9 | 91,6 | 74,7 | 60,2 | 48,1 | 44,8 | 33,0 | 24,7 | 30,3 | 14,3 | 24,5 | 24,4 | 35,8 | 35,9 | 35,0 | 45,6 | | | | | | | | |
| 9 | 93,6 | 86,6 | 66,0 | 53,4 | 44,2 | 39,6 | 30,8 | 21,3 | 28,4 | 12,9 | 23,4 | 23,8 | 34,2 | 30,8 | 33,0 | | | | | | | | | |
| 10 | 87,2 | 78,2 | 58,0 | 49,2 | 34,6 | 33,3 | 24,2 | 19,1 | 27,0 | 12,4 | 23,4 | 23,2 | 29,2 | 26,5 | | | | | | | | | | |
| 11 | 74,5 | 74,8 | 56,0 | 44,9 | 33,7 | 31,3 | 24,2 | 18,0 | 26,5 | 11,9 | 22,4 | 21,4 | 26,7 | | | | | | | | | | | |
| 12 | 66,0 | 72,3 | 49,3 | 42,4 | 30,8 | 30,2 | 20,9 | 18,0 | 25,1 | 11,9 | 17,7 | 16,1 | | | | | | | | | | | | |
| 13 | 66,0 | 68,9 | 46,0 | 40,7 | 29,8 | 28,1 | 19,8 | 18,0 | 25,1 | 11,0 | 15,6 | | | | | | | | | | | | | |
| 14 | 63,8 | 67,2 | 44,7 | 38,1 | 25,0 | 27,1 | 18,7 | 18,0 | 21,8 | 10,0 | | | | | | | | | | | | | | |
| 15 | 59,6 | 64,7 | 43,3 | 36,4 | 22,1 | 26,0 | 17,6 | 16,9 | 19,0 | | | | | | | | | | | | | | | |
| 16 | 57,4 | 62,2 | 37,3 | 32,2 | 18,3 | 25,0 | 15,4 | 16,9 | | | | | | | | | | | | | | | | |
| 17 | 55,3 | 56,3 | 34,7 | 28,8 | 17,3 | 21,9 | 12,1 | | | | | | | | | | | | | | | | | |
| 18 | 51,1 | 52,1 | 28,7 | 26,3 | 15,4 | 20,8 | | | | | | | | | | | | | | | | | | |
| 19 | 42,6 | 46,2 | 28,7 | 22,9 | 13,5 | | | | | | | | | | | | | | | | | | | |
| 20 | 40,4 | 43,7 | 28,7 | 18,6 | | | | | | | | | | | | | | | | | | | | |
| 21 | 38,3 | 40,3 | 23,3 | | | | | | | | | | | | | | | | | | | | | |
| 22 | 31,9 | 35,3 | | | | | | | | | | | | | | | | | | | | | | |
| 23 | 25,5 | | | | | | | | | | | | | | | | | | | | | | | |
| **Статистика эмпирического исследования** | | | | | | | | | | | | | | | | | | | | | | | | |
| K1 | 47 | 119 | 150 | 118 | 104 | 96 | 91 | 89 | 211 | 210 | 192 | 168 | 120 | 117 | 100 | 226 | 141 | 154 | 107 | 125 | 128 | 129 | 192 | 127 |
| K2 | 16,3 | 15,3 | 12,5 | 11,3 | 9,8 | 8,6 | 7,5 | 5,8 | 6,0 | 4,5 | 4,4 | 4,1 | 4,4 | 4,2 | 3,8 | 5,1 | 4,4 | 4,0 | 4,1 | 3,9 | 3,1 | 2,3 | 1,7 | - |
| K3 | 7,3 | | | | | | | | | | | | | | | | | | | | | | | |

Таблица 8.05 – Выживаемость компаний Астраханской области за период 1991–2014 гг., %

| T+ | 1991 | 1992 | 1993 | 1994 | 1995 | 1996 | 1997 | 1998 | 1999 | 2000 | 2001 | 2002 | 2003 | 2004 | 2005 | 2006 | 2007 | 2008 | 2009 | 2010 | 2011 | 2012 | 2013 | 2014 |
|---|---|---|---|---|---|---|---|---|---|---|---|---|---|---|---|---|---|---|---|---|---|---|---|---|
| 0 |  |  |  |  |  |  |  |  | 95,3 | 91,4 | 92,3 | 86,9 | 90,3 | 91,0 | 93,6 | 95,7 | 92,6 | 93,8 | 97,2 | 96,6 | 96,9 | 97,6 | 90,5 | 87,1 |
| 1 |  |  |  |  |  |  |  | 91,6 | 81,1 | 74,9 | 75,3 | 70,8 | 79,6 | 83,7 | 86,5 | 88,8 | 82,7 | 86,6 | 90,9 | 93,2 | 92,9 | 82,2 | 71,2 |  |
| 2 |  |  |  |  |  |  | 88,2 | 79,1 | 66,4 | 56,7 | 62,3 | 62,8 | 70,4 | 75,8 | 80,5 | 83,7 | 79,4 | 82,4 | 86,1 | 88,8 | 80,8 | 66,6 |  |  |
| 3 |  |  |  |  |  | 91,0 | 77,1 | 64,0 | 54,5 | 45,5 | 51,8 | 55,7 | 63,0 | 67,5 | 73,9 | 79,0 | 75,5 | 78,9 | 82,2 | 76,6 | 64,9 |  |  |  |
| 4 |  |  |  |  | 90,9 | 78,5 | 66,3 | 53,9 | 46,8 | 39,2 | 44,3 | 49,5 | 58,7 | 60,3 | 69,6 | 75,9 | 73,1 | 74,3 | 72,2 | 61,6 |  |  |  |  |
| 5 |  |  |  | 90,7 | 81,3 | 67,0 | 53,8 | 46,1 | 41,4 | 35,3 | 40,7 | 44,3 | 55,1 | 58,0 | 65,8 | 72,1 | 67,9 | 60,9 | 61,0 |  |  |  |  |  |
| 6 |  |  | 91,1 | 80,9 | 72,1 | 55,2 | 43,1 | 39,3 | 38,8 | 32,4 | 36,0 | 40,4 | 51,6 | 54,9 | 63,9 | 69,3 | 59,1 | 52,6 |  |  |  |  |  |  |
| 7 |  | 91,1 | 81,5 | 71,9 | 59,9 | 49,5 | 38,5 | 36,3 | 35,4 | 29,0 | 33,4 | 37,8 | 49,2 | 52,8 | 61,9 | 61,2 | 50,9 |  |  |  |  |  |  |  |
| 8 | 92,0 | 85,2 | 71,9 | 61,9 | 51,0 | 45,9 | 36,1 | 32,8 | 32,0 | 26,9 | 31,0 | 35,1 | 47,2 | 51,0 | 57,6 | 53,1 |  |  |  |  |  |  |  |  |
| 9 | 84,1 | 80,1 | 59,3 | 52,6 | 47,7 | 41,2 | 33,3 | 31,7 | 29,7 | 25,7 | 30,0 | 33,3 | 45,8 | 44,0 | 50,5 |  |  |  |  |  |  |  |  |  |
| 10 | 73,1 | 69,5 | 53,0 | 48,2 | 43,5 | 39,1 | 30,6 | 29,3 | 28,1 | 24,1 | 28,1 | 31,6 | 41,9 | 40,9 |  |  |  |  |  |  |  |  |  |  |
| 11 | 60,7 | 60,1 | 49,9 | 41,1 | 40,9 | 37,6 | 28,1 | 27,9 | 27,5 | 22,9 | 26,7 | 28,6 | 38,7 |  |  |  |  |  |  |  |  |  |  |  |
| 12 | 53,2 | 54,6 | 45,9 | 38,4 | 38,5 | 35,1 | 25,7 | 27,1 | 25,9 | 22,2 | 25,1 | 24,9 |  |  |  |  |  |  |  |  |  |  |  |  |
| 13 | 49,3 | 50,4 | 42,6 | 36,0 | 37,0 | 33,3 | 24,7 | 26,6 | 25,0 | 20,8 | 22,7 |  |  |  |  |  |  |  |  |  |  |  |  |  |
| 14 | 44,8 | 47,7 | 40,1 | 34,9 | 35,4 | 31,5 | 24,3 | 26,0 | 23,7 | 18,4 |  |  |  |  |  |  |  |  |  |  |  |  |  |  |
| 15 | 40,8 | 45,1 | 37,4 | 33,8 | 34,1 | 31,2 | 24,0 | 24,4 | 22,7 |  |  |  |  |  |  |  |  |  |  |  |  |  |  |  |
| 16 | 38,8 | 42,7 | 35,9 | 31,6 | 33,1 | 30,5 | 21,5 | 23,0 |  |  |  |  |  |  |  |  |  |  |  |  |  |  |  |  |
| 17 | 35,3 | 40,8 | 35,2 | 31,3 | 32,6 | 27,6 | 18,4 |  |  |  |  |  |  |  |  |  |  |  |  |  |  |  |  |  |
| 18 | 33,3 | 38,5 | 33,9 | 30,2 | 30,7 | 24,4 |  |  |  |  |  |  |  |  |  |  |  |  |  |  |  |  |  |  |
| 19 | 29,9 | 37,4 | 32,3 | 27,0 | 29,2 |  |  |  |  |  |  |  |  |  |  |  |  |  |  |  |  |  |  |  |
| 20 | 29,4 | 36,1 | 29,6 | 25,1 |  |  |  |  |  |  |  |  |  |  |  |  |  |  |  |  |  |  |  |  |
| 21 | 28,9 | 33,9 | 26,5 |  |  |  |  |  |  |  |  |  |  |  |  |  |  |  |  |  |  |  |  |  |
| 22 | 27,9 | 30,5 |  |  |  |  |  |  |  |  |  |  |  |  |  |  |  |  |  |  |  |  |  |  |
| 23 | 24,9 |  |  |  |  |  |  |  |  |  |  |  |  |  |  |  |  |  |  |  |  |  |  |  |

**Статистика эмпирического исследования**

| | 1991 | 1992 | 1993 | 1994 | 1995 | 1996 | 1997 | 1998 | 1999 | 2000 | 2001 | 2002 | 2003 | 2004 | 2005 | 2006 | 2007 | 2008 | 2009 | 2010 | 2011 | 2012 | 2013 | 2014 |
|---|---|---|---|---|---|---|---|---|---|---|---|---|---|---|---|---|---|---|---|---|---|---|---|---|
| K1 | 201 | 637 | 551 | 367 | 384 | 279 | 288 | 369 | 556 | 510 | 494 | 535 | 506 | 443 | 687 | 1065 | 717 | 677 | 562 | 615 | 619 | 757 | 771 | 721 |
| K2 | 13,6 | 13,1 | 11,7 | 10,5 | 9,1 | 8,3 | 7,2 | 5,8 | 5,0 | 4,5 | 4,7 | 4,7 | 4,7 | 4,9 | 5,0 | 5,3 | 4,5 | 4,4 | 4,2 | 3,8 | 3,2 | 2,4 | 1,7 | - |
| K3 | 7,4 |  |  |  |  |  |  |  |  |  |  |  |  |  |  |  |  |  |  |  |  |  |  |  |

Таблица 8.06 – Выживаемость компаний Волгоградской области за период 1991–2014 гг., %

| Т+ | 1991 | 1992 | 1993 | 1994 | 1995 | 1996 | 1997 | 1998 | 1999 | 2000 | 2001 | 2002 | 2003 | 2004 | 2005 | 2006 | 2007 | 2008 | 2009 | 2010 | 2011 | 2012 | 2013 | 2014 |
|---|---|---|---|---|---|---|---|---|---|---|---|---|---|---|---|---|---|---|---|---|---|---|---|---|
| 0 | | | | | | | | | 92,9 | 88,2 | 93,5 | 87,3 | 89,7 | 89,9 | 90,2 | 91,5 | 88,9 | 88,8 | 92,6 | 89,1 | 93,1 | 92,2 | 88,4 | 83,9 |
| 1 | | | | | | | | 89,2 | 78,8 | 77,3 | 77,0 | 72,8 | 77,7 | 77,0 | 79,6 | 78,8 | 74,5 | 78,5 | 76,2 | 78,5 | 79,4 | 74,0 | 69,7 | |
| 2 | | | | | | | 86,9 | 74,9 | 67,1 | 63,4 | 64,4 | 60,7 | 67,7 | 67,4 | 67,9 | 69,4 | 65,9 | 65,6 | 65,7 | 67,2 | 62,2 | 55,1 | | |
| 3 | | | | | | 88,6 | 73,1 | 64,8 | 56,2 | 53,2 | 55,6 | 53,5 | 60,4 | 58,4 | 60,0 | 62,1 | 57,1 | 59,2 | 58,0 | 55,4 | 48,9 | | | |
| 4 | | | | | 88,6 | 76,1 | 64,1 | 56,3 | 48,4 | 47,5 | 48,7 | 47,8 | 52,9 | 52,8 | 54,9 | 54,2 | 51,7 | 53,8 | 48,1 | 44,9 | | | | |
| 5 | | | | 89,9 | 75,6 | 69,4 | 55,2 | 50,0 | 43,8 | 42,4 | 43,7 | 43,0 | 47,2 | 48,4 | 49,8 | 49,5 | 47,0 | 45,2 | 38,5 | | | | | |
| 6 | | | 91,5 | 80,8 | 66,4 | 60,6 | 48,9 | 44,2 | 39,3 | 38,6 | 40,2 | 38,0 | 43,5 | 44,8 | 46,1 | 46,0 | 40,6 | 37,7 | | | | | | |
| 7 | | 92,6 | 82,1 | 73,9 | 56,3 | 54,1 | 44,8 | 39,1 | 36,0 | 34,0 | 36,6 | 34,8 | 39,4 | 42,3 | 43,0 | 41,0 | 34,6 | | | | | | | |
| 8 | 91,1 | 85,3 | 74,1 | 64,3 | 50,0 | 49,8 | 41,2 | 36,3 | 32,3 | 31,4 | 33,5 | 32,6 | 37,0 | 39,5 | 38,4 | 35,4 | | | | | | | | |
| 9 | 82,3 | 77,2 | 64,9 | 57,5 | 45,1 | 45,7 | 37,5 | 33,4 | 30,0 | 29,0 | 31,0 | 30,5 | 34,2 | 34,4 | 33,5 | | | | | | | | | |
| 10 | 74,5 | 67,0 | 56,6 | 52,7 | 41,6 | 42,1 | 34,5 | 31,3 | 28,6 | 26,4 | 29,1 | 28,8 | 30,9 | 30,7 | | | | | | | | | | |
| 11 | 65,6 | 57,0 | 50,8 | 48,1 | 38,7 | 38,7 | 32,1 | 29,2 | 27,1 | 25,1 | 27,2 | 26,3 | 27,2 | | | | | | | | | | | |
| 12 | 57,4 | 52,2 | 44,7 | 44,0 | 35,6 | 35,4 | 30,6 | 27,7 | 25,5 | 24,0 | 24,7 | 23,0 | | | | | | | | | | | | |
| 13 | 53,8 | 46,2 | 40,1 | 40,1 | 32,4 | 33,5 | 28,7 | 26,4 | 24,2 | 21,8 | 21,2 | | | | | | | | | | | | | |
| 14 | 48,1 | 41,9 | 37,1 | 36,3 | 30,6 | 31,8 | 27,1 | 25,2 | 22,9 | 19,1 | | | | | | | | | | | | | | |
| 15 | 44,5 | 37,7 | 33,4 | 34,1 | 28,6 | 30,9 | 25,3 | 23,2 | 20,7 | | | | | | | | | | | | | | | |
| 16 | 41,1 | 33,6 | 31,4 | 31,4 | 27,2 | 29,9 | 23,9 | 20,8 | | | | | | | | | | | | | | | | |
| 17 | 36,7 | 31,6 | 28,7 | 29,2 | 26,1 | 28,7 | 20,5 | | | | | | | | | | | | | | | | | |
| 18 | 34,4 | 29,5 | 26,5 | 27,7 | 23,6 | 26,4 | | | | | | | | | | | | | | | | | | |
| 19 | 31,6 | 27,5 | 25,2 | 25,1 | 21,5 | | | | | | | | | | | | | | | | | | | |
| 20 | 29,4 | 26,2 | 23,5 | 22,8 | | | | | | | | | | | | | | | | | | | | |
| 21 | 27,1 | 24,1 | 21,6 | | | | | | | | | | | | | | | | | | | | | |
| 22 | 24,7 | 21,8 | | | | | | | | | | | | | | | | | | | | | | |
| 23 | 22,2 | | | | | | | | | | | | | | | | | | | | | | | |

Статистика эмпирического исследования

| | 1991 | 1992 | 1993 | 1994 | 1995 | 1996 | 1997 | 1998 | 1999 | 2000 | 2001 | 2002 | 2003 | 2004 | 2005 | 2006 | 2007 | 2008 | 2009 | 2010 | 2011 | 2012 | 2013 | 2014 |
|---|---|---|---|---|---|---|---|---|---|---|---|---|---|---|---|---|---|---|---|---|---|---|---|---|
| К1 | 643 | 2775 | 2042 | 1392 | 1119 | 944 | 1104 | 1261 | 1652 | 1548 | 1479 | 1501 | 1509 | 1439 | 1721 | 2520 | 2058 | 2021 | 1706 | 1780 | 1842 | 1734 | 1529 | 1413 |
| К2 | 14,3 | 13,1 | 11,9 | 11,1 | 9,4 | 8,3 | 7,4 | 6,3 | 5,3 | 5,1 | 5,2 | 4,6 | 4,9 | 4,6 | 4,4 | 4,2 | 3,8 | 3,6 | 3,4 | 3,0 | 2,7 | 2,2 | 1,6 | – |
| К3 | 7,5 | | | | | | | | | | | | | | | | | | | | | | | |

Таблица 8.07 – Выживаемость компаний Ростовской области за период 1991–2014 гг., %

| T+ | 1991 | 1992 | 1993 | 1994 | 1995 | 1996 | 1997 | 1998 | 1999 | 2000 | 2001 | 2002 | 2003 | 2004 | 2005 | 2006 | 2007 | 2008 | 2009 | 2010 | 2011 | 2012 | 2013 | 2014 |
|---|---|---|---|---|---|---|---|---|---|---|---|---|---|---|---|---|---|---|---|---|---|---|---|---|
| 0 |  |  |  |  |  |  |  |  | 93,3 | 93,6 | 92,5 | 90,9 | 89,5 | 91,3 | 92,0 | 93,8 | 92,1 | 91,4 | 94,9 | 93,0 | 94,7 | 94,2 | 90,4 | 90,4 |
| 1 |  |  |  |  |  |  |  | 89,0 | 82,2 | 80,7 | 79,5 | 76,5 | 78,6 | 77,4 | 82,0 | 84,2 | 80,9 | 81,9 | 85,1 | 84,8 | 85,4 | 77,4 | 72,6 |  |
| 2 |  |  |  |  |  |  | 89,5 | 76,7 | 71,4 | 68,4 | 69,6 | 66,4 | 67,2 | 68,3 | 72,5 | 76,8 | 72,2 | 73,1 | 77,7 | 75,6 | 72,5 | 61,2 |  |  |
| 3 |  |  |  |  |  | 89,7 | 78,9 | 66,8 | 61,3 | 59,1 | 60,2 | 57,0 | 59,7 | 60,2 | 64,6 | 70,9 | 66,0 | 67,7 | 71,5 | 64,6 | 59,0 |  |  |  |
| 4 |  |  |  |  | 92,8 | 80,1 | 68,8 | 57,6 | 53,3 | 51,4 | 52,8 | 51,8 | 54,6 | 54,1 | 60,2 | 65,2 | 60,5 | 63,5 | 63,0 | 53,5 |  |  |  |  |
| 5 |  |  |  | 91,0 | 83,2 | 70,7 | 59,7 | 50,2 | 48,2 | 45,4 | 47,6 | 47,1 | 49,2 | 49,8 | 56,0 | 59,1 | 55,8 | 55,5 | 51,2 |  |  |  |  |  |
| 6 |  |  | 92,7 | 82,3 | 74,7 | 60,5 | 52,5 | 45,5 | 43,0 | 40,8 | 43,9 | 41,7 | 45,5 | 47,1 | 52,3 | 55,4 | 49,7 | 48,1 |  |  |  |  |  |  |
| 7 |  | 93,8 | 85,7 | 74,2 | 66,1 | 53,5 | 48,3 | 40,7 | 40,3 | 37,5 | 40,1 | 38,4 | 42,4 | 44,5 | 49,5 | 49,8 | 42,3 |  |  |  |  |  |  |  |
| 8 | 92,8 | 87,2 | 78,0 | 65,9 | 59,7 | 48,6 | 44,0 | 37,6 | 36,3 | 35,1 | 37,6 | 35,6 | 40,6 | 42,2 | 44,7 | 43,2 |  |  |  |  |  |  |  |  |
| 9 | 85,0 | 81,3 | 70,1 | 60,4 | 55,4 | 43,0 | 40,8 | 34,9 | 34,3 | 33,3 | 35,4 | 33,7 | 38,6 | 38,8 | 39,7 |  |  |  |  |  |  |  |  |  |
| 10 | 77,2 | 72,8 | 63,6 | 56,4 | 51,2 | 39,2 | 38,1 | 32,6 | 33,1 | 31,7 | 33,6 | 31,4 | 35,8 | 34,5 |  |  |  |  |  |  |  |  |  |  |
| 11 | 68,9 | 65,5 | 59,6 | 51,5 | 48,2 | 37,1 | 36,0 | 30,4 | 31,1 | 30,5 | 31,8 | 28,8 | 32,3 |  |  |  |  |  |  |  |  |  |  |  |
| 12 | 64,9 | 61,3 | 55,0 | 47,6 | 45,8 | 34,3 | 34,3 | 28,4 | 29,6 | 29,2 | 29,2 | 26,6 |  |  |  |  |  |  |  |  |  |  |  |  |
| 13 | 61,1 | 58,0 | 52,2 | 45,3 | 43,1 | 32,8 | 33,2 | 27,1 | 28,4 | 27,0 | 25,1 |  |  |  |  |  |  |  |  |  |  |  |  |  |
| 14 | 56,9 | 54,5 | 48,9 | 41,9 | 40,5 | 31,1 | 32,4 | 25,7 | 26,8 | 24,3 |  |  |  |  |  |  |  |  |  |  |  |  |  |  |
| 15 | 55,0 | 52,2 | 46,1 | 40,1 | 38,4 | 29,6 | 30,5 | 23,6 | 24,5 |  |  |  |  |  |  |  |  |  |  |  |  |  |  |  |
| 16 | 51,9 | 49,3 | 43,6 | 37,9 | 36,9 | 28,2 | 28,0 | 21,4 |  |  |  |  |  |  |  |  |  |  |  |  |  |  |  |  |
| 17 | 49,7 | 47,5 | 41,5 | 35,8 | 35,4 | 26,4 | 25,6 |  |  |  |  |  |  |  |  |  |  |  |  |  |  |  |  |  |
| 18 | 46,5 | 45,3 | 40,0 | 33,5 | 33,0 | 23,9 |  |  |  |  |  |  |  |  |  |  |  |  |  |  |  |  |  |  |
| 19 | 45,1 | 42,7 | 38,5 | 30,8 | 29,5 |  |  |  |  |  |  |  |  |  |  |  |  |  |  |  |  |  |  |  |
| 20 | 43,7 | 40,4 | 35,7 | 28,0 |  |  |  |  |  |  |  |  |  |  |  |  |  |  |  |  |  |  |  |  |
| 21 | 42,1 | 37,9 | 31,9 |  |  |  |  |  |  |  |  |  |  |  |  |  |  |  |  |  |  |  |  |  |
| 22 | 38,8 | 35,1 |  |  |  |  |  |  |  |  |  |  |  |  |  |  |  |  |  |  |  |  |  |  |
| 23 | 34,5 |  |  |  |  |  |  |  |  |  |  |  |  |  |  |  |  |  |  |  |  |  |  |  |

Статистика эмпирического исследования

| | 1991 | 1992 | 1993 | 1994 | 1995 | 1996 | 1997 | 1998 | 1999 | 2000 | 2001 | 2002 | 2003 | 2004 | 2005 | 2006 | 2007 | 2008 | 2009 | 2010 | 2011 | 2012 | 2013 | 2014 |
|---|---|---|---|---|---|---|---|---|---|---|---|---|---|---|---|---|---|---|---|---|---|---|---|---|
| K1 | 727 | 2227 | 2017 | 1226 | 1286 | 1003 | 1074 | 1308 | 1897 | 1711 | 1627 | 1731 | 1581 | 1628 | 1873 | 2704 | 2094 | 1804 | 1447 | 1574 | 1533 | 1364 | 1223 | 1048 |
| K2 | 14,5 | 13,6 | 12,5 | 11,2 | 10,1 | 8,5 | 7,4 | 6,4 | 5,6 | 5,3 | 5,4 | 4,8 | 4,6 | 4,5 | 4,6 | 4,7 | 4,1 | 3,8 | 3,8 | 3,2 | 2,8 | 2,3 | 1,6 | – |
| K3 | 8,3 |  |  |  |  |  |  |  |  |  |  |  |  |  |  |  |  |  |  |  |  |  |  |  |

Таблица 9.01 – Выживаемость компаний Российской Федерации за период 1991–2014 гг., %

*Евгений Кузьмин. Эмпирическая оценка выживаемости компаний в России*

| T+ | 1991 | 1992 | 1993 | 1994 | 1995 | 1996 | 1997 | 1998 | 1999 | 2000 | 2001 | 2002 | 2003 | 2004 | 2005 | 2006 | 2007 | 2008 | 2009 | 2010 | 2011 | 2012 | 2013 | 2014 |
|---|---|---|---|---|---|---|---|---|---|---|---|---|---|---|---|---|---|---|---|---|---|---|---|---|
| 0 | | | | | | | | | 94,2 | 92,0 | 92,1 | 88,5 | 89,6 | 91,1 | 92,1 | 92,2 | 91,6 | 91,9 | 93,9 | 92,5 | 94,6 | 94,1 | 89,5 | 86,0 |
| 1 | | | | | | | | 88,6 | 82,6 | 79,1 | 75,7 | 73,4 | 77,9 | 79,5 | 81,3 | 82,8 | 80,6 | 82,4 | 82,8 | 83,8 | 84,2 | 77,7 | 70,4 | |
| 2 | | | | | | | 87,2 | 77,1 | 71,4 | 64,2 | 63,2 | 62,9 | 67,9 | 70,7 | 72,2 | 74,8 | 72,1 | 73,5 | 74,8 | 74,0 | 68,4 | 60,0 | | |
| 3 | | | | | | 88,4 | 75,7 | 66,9 | 59,5 | 53,9 | 54,8 | 54,8 | 61,2 | 62,9 | 64,9 | 68,6 | 65,1 | 67,8 | 67,8 | 61,8 | 54,2 | | | |
| 4 | | | | | 89,5 | 78,2 | 65,9 | 56,0 | 51,5 | 47,1 | 48,1 | 49,1 | 55,8 | 56,9 | 59,8 | 63,2 | 60,8 | 62,7 | 58,3 | 50,5 | | | | |
| 5 | | | | 90,6 | 79,5 | 68,9 | 55,7 | 48,7 | 46,0 | 41,8 | 43,5 | 44,6 | 51,0 | 52,7 | 55,5 | 58,9 | 56,5 | 54,6 | 48,4 | | | | | |
| 6 | | | 92,1 | 81,8 | 70,5 | 58,7 | 49,0 | 43,8 | 41,6 | 38,0 | 39,7 | 40,8 | 47,6 | 49,1 | 52,6 | 55,2 | 49,9 | 46,0 | | | | | | |
| 7 | | 93,2 | 84,2 | 73,4 | 60,3 | 52,0 | 44,4 | 39,9 | 38,2 | 34,6 | 36,5 | 38,0 | 44,5 | 46,8 | 49,8 | 49,6 | 42,5 | | | | | | | |
| 8 | 91,7 | 86,5 | 76,0 | 63,2 | 53,8 | 47,4 | 40,4 | 36,9 | 35,2 | 32,0 | 33,9 | 35,4 | 42,5 | 44,5 | 45,0 | 42,8 | | | | | | | | |
| 9 | 84,6 | 78,7 | 66,1 | 56,4 | 49,0 | 43,4 | 37,4 | 34,3 | 32,9 | 29,9 | 31,8 | 33,8 | 40,5 | 40,3 | 39,3 | | | | | | | | | |
| 10 | 77,1 | 68,7 | 59,1 | 51,6 | 45,0 | 40,4 | 34,8 | 32,1 | 31,1 | 28,1 | 30,4 | 32,2 | 37,0 | 35,4 | | | | | | | | | | |
| 11 | 67,5 | 61,6 | 54,2 | 47,2 | 42,0 | 37,8 | 32,6 | 30,1 | 29,4 | 26,9 | 28,9 | 29,4 | 32,7 | | | | | | | | | | | |
| 12 | 61,2 | 56,3 | 49,6 | 43,8 | 39,3 | 35,5 | 30,8 | 28,5 | 28,2 | 25,6 | 26,4 | 26,0 | | | | | | | | | | | | |
| 13 | 57,0 | 51,2 | 46,3 | 41,0 | 37,0 | 33,7 | 29,0 | 27,4 | 27,0 | 23,6 | 23,3 | | | | | | | | | | | | | |
| 14 | 52,8 | 47,6 | 43,5 | 38,6 | 35,0 | 31,9 | 28,0 | 26,3 | 25,1 | 20,9 | | | | | | | | | | | | | | |
| 15 | 50,0 | 44,5 | 41,2 | 36,6 | 33,0 | 30,7 | 26,8 | 24,5 | 22,6 | | | | | | | | | | | | | | | |
| 16 | 47,3 | 42,0 | 39,3 | 34,3 | 31,8 | 29,6 | 24,8 | 22,1 | | | | | | | | | | | | | | | | |
| 17 | 44,9 | 40,1 | 37,2 | 32,9 | 30,6 | 27,5 | 22,4 | | | | | | | | | | | | | | | | | |
| 18 | 42,9 | 38,2 | 35,6 | 31,6 | 28,3 | 24,9 | | | | | | | | | | | | | | | | | | |
| 19 | 40,9 | 36,6 | 34,3 | 29,4 | 25,5 | | | | | | | | | | | | | | | | | | | |
| 20 | 39,3 | 35,2 | 31,9 | 26,7 | | | | | | | | | | | | | | | | | | | | |
| 21 | 37,7 | 32,7 | 28,9 | | | | | | | | | | | | | | | | | | | | | |
| 22 | 34,6 | 29,7 | | | | | | | | | | | | | | | | | | | | | | |
| 23 | 30,7 | | | | | | | | | | | | | | | | | | | | | | | |
| **Статистика эмпирического исследования** | | | | | | | | | | | | | | | | | | | | | | | | |
| K1 | 24236 | 82479 | 68257 | 46444 | 41839 | 41273 | 49192 | 55922 | 77155 | 78690 | 82134 | 82391 | 78074 | 76621 | 91921 | 126953 | 102274 | 97708 | 83703 | 93314 | 98786 | 94784 | 88881 | 81679 |
| K2 | 14,3 | 13,2 | 12,0 | 10,8 | 9,6 | 8,4 | 7,2 | 6,2 | 5,6 | 5,1 | 4,9 | 4,7 | 4,8 | 4,7 | 4,6 | 4,6 | 4,1 | 3,9 | 3,6 | 3,2 | 2,8 | 2,3 | 1,6 | – |
| K3 | 7,3 | | | | | | | | | | | | | | | | | | | | | | | |

93

Таблица 10.01 – Сводный рейтинг регионов по средней продолжительности жизни компаний за период 1991–2014 гг.

| Регион | Период | Округ | Регион | Период | Округ |
|---|---|---|---|---|---|
| Дагестан (Республика) | 9,83 | СКФО | Алтайский край | 7,16 | СФО |
| Карачаево-Черкесская Республика | 8,73 | СКФО | Санкт-Петербург | 7,13 | СЗФО |
| Краснодарский край | 8,73 | ЮФО | Ивановская область | 7,10 | ЦФО |
| Ставропольский край | 8,66 | СКФО | Мордовия (Республика) | 7,08 | ПФО |
| Кабардино-Балкарская Республика | 8,50 | СКФО | Коми (Республика) | 7,07 | СЗФО |
| Чукотский автономный округ | 8,48 | ДФО | Ингушетия (Республика) | 7,06 | СКФО |
| Северная Осетия (Республика)-Алания | 8,33 | СКФО | Приморский край | 7,05 | ДФО |
| Ростовская область | 8,25 | ЮФО | Хакасия (Республика) | 7,05 | СФО |
| Чеченская Республика | 8,24 | СКФО | Нижегородская область | 7,01 | ПФО |
| Ленинградская область | 8,14 | СЗФО | Ярославская область | 7,00 | ПФО |
| Тыва (Республика) | 8,12 | СФО | Свердловская область | 7,00 | УрФО |
| Московская область | 8,11 | ЦФО | Мурманская область | 6,98 | СЗФО |
| Новгородская область | 8,11 | СЗФО | Амурская область | 6,97 | ДФО |
| Тульская область | 7,95 | ЦФО | Саха (Республика) (Якутия) | 6,93 | ДФО |
| Курганская область | 7,94 | УрФО | Карелия (Республика) | 6,91 | СЗФО |
| Калужская область | 7,92 | ЦФО | Марий Эл (Республика) | 6,90 | ПФО |
| Псковская область | 7,89 | СЗФО | Ульяновская область | 6,83 | ПФО |
| Тюменская область | 7,84 | УрФО | Еврейская автономная область | 6,82 | ДФО |
| Адыгея (Республика) (Адыгея) | 7,76 | ЮФО | Вологодская область | 6,78 | СЗФО |
| Калининградская область | 7,73 | СЗФО | Бурятия (Республика) | 6,77 | СФО |
| Саратовская область | 7,73 | ПФО | Липецкая область | 6,74 | ЦФО |
| Орловская область | 7,72 | ЦФО | Белгородская область | 6,73 | ЦФО |
| Тамбовская область | 7,69 | ЦФО | Воронежская область | 6,72 | ЦФО |
| Сахалинская область | 7,68 | ДФО | Чувашская Республика-Чувашия | 6,72 | ПФО |
| Тверская область | 7,56 | ЦФО | Кемеровская область | 6,71 | СФО |
| Костромская область | 7,55 | ЦФО | Кировская область | 6,70 | ПФО |
| Магаданская область | 7,53 | ДФО | Самарская область | 6,68 | ПФО |
| Волгоградская область | 7,52 | ЮФО | Хабаровский край | 6,67 | ДФО |
| Рязанская область | 7,46 | ЦФО | Пензенская область | 6,65 | ПФО |
| Оренбургская область | 7,44 | ПФО | Иркутская область | 6,59 | СФО |
| Владимирская область | 7,43 | ЦФО | Удмуртская Республика | 6,48 | ПФО |
| Камчатский край | 7,41 | ДФО | Томская область | 6,47 | СФО |
| Курская область | 7,37 | ЦФО | Омская область | 6,43 | СФО |
| Астраханская область | 7,36 | ЮФО | Татарстан (Республика) (Татарстан) | 6,34 | ПФО |
| Челябинская область | 7,35 | УрФО | Новосибирская область | 6,01 | СФО |
| Москва | 7,32 | ЦФО | Алтай (Республика) | 5,43 | СФО |
| Брянская область | 7,31 | ЦФО | Северо-Кавказский федеральный округ | 8,72 | |
| Красноярский край | 7,30 | СФО | Южный федеральный округ | 8,01 | |
| Башкортостан (Республика) | 7,28 | ПФО | Уральский федеральный округ | 7,42 | |
| Смоленская область | 7,27 | ЦФО | Центральный федеральный округ | 7,36 | |
| Архангельская область | 7,27 | СЗФО | Северо-Западный федеральный округ | 7,34 | |
| Калмыкия (Республика) | 7,26 | ЮФО | Дальневосточный федеральный округ | 7,04 | |
| Забайкальский край | 7,22 | СФО | Приволжский федеральный округ | 6,92 | |
| Пермский край | 7,18 | ПФО | Сибирский федеральный округ | 6,66 | |
| | | | РОССИЯ | 7,31 | |

# БЛАГОДАРНОСТИ

Автор хотел бы выразить глубокую признательность Александру Корчемному и Валентине Гусевой за техническую помощь в проведении исследования и создании специального программного обеспечения (свидетельство Федеральной службы по интеллектуальной собственности Российской Федерации, № 2017615569 от 18.05.2017 г.) для обработки данных и анализа результатов.

www.ingramcontent.com/pod-product-compliance
Lightning Source LLC
Chambersburg PA
CBHW081607220526

45468CB00010B/2804